Journal of International Economic Law
Volume 22, Number 3, 2015

为适应我国信息化建设，扩大《学刊》及作者知识信息交流渠道，本《学刊》已被《中国学术期刊网络出版总库》及CNKI系列数据库收录，其作者文章著作权使用费与《学刊》稿酬一次性给付。CNKI免费提供作者文章引用统计分析资料。如作者不同意文章被收录，请在来稿时声明，本《学刊》将做适当处理。

国际经济法学刊

第22卷 第3期（2015）

陈 安 主编　陈喜峰 执行编辑

图书在版编目(CIP)数据

国际经济法学刊. 第 22 卷. 第 3 期:2015/陈安主编. —北京:北京大学出版社,2016.1
 ISBN 978-7-301-26725-7

Ⅰ. ①国… Ⅱ. ①陈… Ⅲ. ①国际经济法—文集 Ⅳ. ①D996-53

中国版本图书馆 CIP 数据核字(2016)第 000526 号

书　　名	国际经济法学刊(第 22 卷第 3 期)(2015)
著作责任者	陈　安　主编　陈喜峰　执行编辑
责 任 编 辑	冯益娜
标 准 书 号	ISBN 978-7-301-26725-7
出 版 发 行	北京大学出版社
地　　　址	北京市海淀区成府路 205 号　100871
网　　　址	http://www.pup.cn
电 子 信 箱	law@pup.pku.edu.cn
新 浪 微 博	@北京大学出版社　@北大出版社法律图书
电　　　话	邮购部 62752015　发行部 62750672　编辑部 62752027
印 刷 者	北京大学印刷厂
经 销 者	新华书店
	965 毫米×1300 毫米　16 开本　18.5 印张　284 千字
	2016 年 1 月第 1 版　2016 年 1 月第 1 次印刷
定　　　价	38.00 元

未经许可,不得以任何方式复制或抄袭本书之部分或全部内容。
版权所有,侵权必究
举报电话:010-62752024　电子信箱:fd@pup.pku.edu.cn
图书如有印装质量问题,请与出版部联系,电话:010-62756370

《学刊》组织机构

顾问

朱学山　郭寿康

编辑委员会

主　任：陈　安
副主任：李国安
委　员（以姓氏笔画为序）：
王传丽　王贵国　车丕照　朱榄叶　余劲松
吴志攀　吴焕宁　张月姣　张玉卿　李国安
陈　安　陈治东　徐崇利　莫世健　曾令良
曾华群　董世忠　廖益新

编辑部

主　　任：李国安
本期执行编辑：陈喜峰
本　期　编辑（以姓氏笔画为序）：
李冬冬　张川方　张亮　余贺伟　倪小璐　高乐鑫
崔勇涛
本期英文编辑：龚　宇

序言

《国际经济法学刊》(以下简称《学刊》,原名《国际经济法论丛》)是全国性、开放性的国际经济法领域优秀学术著述的汇辑,是国际经济法理论界与实务界笔耕的园地、争鸣的论坛和"以文会友"的平台。其宗旨是:立足我国改革开放与建立社会主义市场经济体制的实践,借鉴国外的先进立法经验和最新研究成果,深入研究和探讨国际经济关系各领域的重要法律问题,开展国内、国际学术交流,推动我国国际经济法教学与科研的发展,并为我国积极参与国际经济法律实践以及我国的涉外经济立法、决策和实务操作,提供法理依据或业务参考。

《学刊》系"中文社会科学引文索引"(CSSCI)学术数据来源集刊。《学刊》每年出版一卷,每卷四期。本期为《学刊》第22卷第3期,共设"学术争鸣:WTO法是模范国际法吗"、"中国自贸区的国际经济法问题"、"国际经济法基本理论"和"国际贸易法"等四个栏目。

2015年是WTO成立20周年,也是中国加入WTO的第15年。在国际法体系中,WTO法的发展自成一体,具有鲜明的特色。近年来,海内外WTO法学者围绕WTO法的成就、不足和挑战,进行了富有成效的研讨,见仁见智,发人深思。为此,《学刊》特开辟"学术争鸣:WTO法是模范国际法吗"专栏,7位WTO法的专家学者以及新锐才俊撰文展开学术讨论。在《**回顾历史,解剖现实:WTO体制的瑕疵与漏洞应予重视及修补**》一文中,冯雪薇律师指出,乌拉圭回合谈判的巨大成就尽人皆知,但此后二十年来WTO协定的运行实践揭示出原来条约起草当中的一些缺陷,例如《马拉喀什协定》第9条、第10条以及DSU中一些程序性条款的缺失。近年来DSU改革的谈判过程中,也收到了为数众多的具体条文修改建议。此外,WTO争端解决实践积累了较多数目的判例,这些判例本身涉及诸多适用协定的法律解释问题。特别是有两个较大的体制性问题,上诉机构和专家组尚未在争端解决过程中予以澄清和解决:一是新加入成员的加入议定书与各个适用协定之间的法律关系;二是WTO协定与区域贸易协定之间的法律关系。该文通过分析有关案例,提出了解决这两个体制性问题的基本思路,并指出,回顾历史和解剖现实,WTO体制之中的缺失、瑕疵、漏洞不少,不宜笼统赞颂为"模范国际法",而是应予重视、研究,努力加以修补和纠正。对专业人员特别是专门从事WTO理论研究或实务运作的专家学者来说,显然不宜只停留在歌颂WTO法律体系的先进性或"模范性",而对其中明显存在和亟待改进的瑕疵和漏洞,却熟视无睹、袖手旁观,或避而不谈。秉持法律专业人员应有的正义感,理应做一名现行WTO制度运行的密切守望者、探究者、解剖者和开拓者,就像是一名专业的医生,发现一个法律系统的弊病,诊病、开方、治疗,使组织的机体健康生长,这就是专业人员对WTO能做的历史贡献,这也正是WTO目前所亟须的。在《反思WTO法:二十年及未来——兼评"WTO法是模范国际法"》一文中,张乃根教授指出,WTO法与作为国际组织的WTO相辅相成,是包括庞大的条约法及有关法律文件或渊源的复杂体系。WTO法的"伞形"条约结构涵盖了"一揽子协定"及诸边协定,还有大量货物或服务贸易的减让表与新加入WTO成员的议定书及附件。WTO争端解决的条约解释是"活的"WTO法。WTO法的许多"惯例"也是重要的组成部分。反思WTO的二十年,可以发现其具有争端解决的强制管辖、丰富的条约解释等优点,但也显然存在决策机制效率低、区域贸易安排缺少协调和争端解决的贸易救济不够等缺点。针对"WTO法是模范国际法"的观点,作者认为应作具体分析,避免一概而论,不应全盘肯定。展望WTO法的未来,中国需要WTO,WTO也需要中国。中国应当积极参与新的国际经贸法律秩序的建设;同时,中国必须加快国内经济社会等各方面改革,促进经济发展模式的改变,朝着以制度创新、技术创新为导向的发展道路迈进。只有中国自身真正强大到足以替代美国的经贸地位时,包括更加健全的WTO法在内,新的国际经贸法律秩序才可能形成。在《初识GATT与WTO:反思和不平》一文中,王传丽教授阐述了初识 GATT 的过程以及对 GATT/WTO 的理解。作者尽管不是政府官员也不是办案律师,但每当阅读 WTO 争端解决机制涉及中国案件的裁决时,心情总是不能平静并产生许多烦恼和无奈。由于中文不是 WTO 协定的正式语言,专家小组在涉及词语解释时,表现得过于强势;在涉及入世议定书性质及与 WTO 协定的关系问题上,WTO 不应表示沉默。专家小组和上诉机构的法官们乐于展示其才华,却丝毫没有顾及到国人的感受。由于中文不是 WTO 的工作语言,中国在入世议定书中承诺了什么,按照自己的理解说了不算,要人家解释说你说了什么才算,只需想想就让人崩溃!工业革命后英国的霸主地位以及第二次世界大战后形成的欧美一超多强的局面,促成并维持了英语的强势地位。看来中文要成为国际商务通用语言,成为国际组织的官方语言,大概就是中国成为大国并是强国的那一天。作者强调,语言真的不仅仅是工具,而是活生生的话语权!何志鹏教授的《"WTO 法是模范国际法"的语义分析与现实观察》一文认为,"WTO 法是模范国际法"的论断首先意味着是在国际法的大语境中考虑 WTO 的制度体系,而不是将之作为完全独立的单元分析其长短优劣;其次意味着 WTO 在国际法的体系中具有引领和示范的效应。分析这一论断,如果以静态的、绝对的良法善治标准来看待和评价,则 WTO 并没有可能成为模范国际法。然而,如果以动态的、相对的视角来分析,则 WTO 确实在规则结构、体系发展、规范施行方面取得了相当的成就,优于国际法的绝大多数部门和领域。对于这一问题的论断,必须结合具体的语境和目的,就当代中国的国际经济法立场而言,宜缓称"WTO 法是模范国际法"。顾宾副教授的《论 WTO 稀土案裁决报告的明显失误和亟宜纠正》一文认为,中国与西方在 WTO 稀土案的诉讼博弈虽已结束,中国也以失败告终,但是,该案有关条约解释的问题却值得持续而深入的讨论。这样的讨论关乎条约文本缺失的解释技术,关乎 WTO 协定的系统性问题,关乎 WTO 争端解决机制的纠错机制,根本上影响 WTO 体制存在与发展的合法性基础。该文分别深入讨论了上诉机构报告与专家组报告提及的若干重大条约解释问题,认为上诉机构报告对《中国入世议定书》与 WTO 协定之间的系统性关系的解释存在明显失误;而专家组报告对文本缺失的解释技术体现司法造法的激进思想,但处理 WTO 协定的系统性问题时又遵循了文本主义的保守思路,显然是自相矛盾、双重标准的典型。该文还对稀土案折射的国家主权等根本性问题作了初步思考。王海浪博士的《WTO"中国原材料案"报告中的解释失范问题初探——以中国出口税义务与 GATT 1994 第 20 条的关系为中心》一文认为，WTO"中国原材料案"专家组对《中国入世议定书》第 11.3 条与《中国加入工作组报告》第 170 条的解释，存在着故意回避对关键用语的解释、不陈述理由以及"因果错位"等问题。上诉机构最初宣称将"根据 DSU 第 3.2 条适用包括《维也纳条约法公约》第 31、32 条中解释规则在内的各项习惯法解释因素"，但最终所选择的解释方法却大相径庭。即便是适用"文本"这个单一的解释因素，上诉机构对该第 11.3 条附件 6 中"例外情况"的解读也仍然有失偏颇，并没有得到附件 6 中全部三个句子的文本支持。中国应该根据不利解释结论形成的原因，采取相应的应对之策。张川方博士生的《论 WTO 驶向法治——灯塔在望，航程迢迢》一文认为，WTO 在法治的意义上取得了一定成就。然而，无论在立法、司法还是执法层面，WTO 的成就和发展与法治的距离都还十分遥远。从立法的角度看，WTO"密室会议"的谈判方式缺乏透明度和民主参与度；多哈发展回合谈判的停滞以及各种特惠贸易协定（PTAs）谈判的进行则表明，WTO 作为一种多边贸易体制已被边缘化。从司法的角度看，WTO 的争端解决机制在解决耗时过长以及对申诉方救济不足等问题时，未能实现更广泛意义上的法治。从执法的角度看，贸易政策审议机制在日常的运行中存在着许多亟待解决的问题，贸易政策审议机制所能发挥的平台作用也被严重忽视了。此外，WTO 的立法机制、司法机制及执法机制还应当相互协调、相互支持、相互促进，作为一个整体共同发挥作用。只有各种机制平衡地有机运转，才能最终实现 WTO 成立的宗旨和目标。

除中国参与的国家和地区间的自贸区和自贸协定（FTAs）外，中国自身的自贸试验区建设既是国家的重大战略决策，也为国际经济法研究带来新的研究主题。为此，《学刊》特开辟"中国自贸区的国际经济法问题"专栏，以期带动和促进中国所参与和自身建设的自贸区研究。在《国内规制主权与自由贸易的冲突及解决方案——技术性贸易壁垒的本质及规则发展趋势初探》一文中，安佰生先生指出，WTO 规则中的技术壁垒本质是国内规制。WTO 规则规定国内规制不得对贸易造成不必要障碍，这被视为协调国内规制主权和自由贸易关系的重要规定。但因国内规制主权与自由贸易内在的紧张关系，技术壁垒协定的实施遭遇越来越严峻的挑战。近年来，WTO 开始承认现行规则的局限性，并探讨通过规制合作的方式应对技术壁垒。目前,WTO 内规制合作进展不畅,贸易伙伴主要通过自贸区等双边途径推进技术壁垒相关工作。在《中韩 FTA 之 SPS 规范:个性、局限与效应》一文中,肖冰教授指出,中韩 FTA 之 SPS 章只有六个条文,与大多数 FTA 的 SPS 规范相比,不仅条款数量少、内容过于简单,而且规制间接、范围狭隘且约束不足,具有明显的局限性。因而在文本层面,其现实效应与价值重点在于宣示中韩 FTA 对于 SPS 领域的纳入和双方的合作愿望,而非提高规制 SPS 规范的现实水平,可谓形式意义大于实质意义。在实施层面,一方面,受规制标准和约束程度的限制,其实施前景尚难预估;另一方面,SPS 领域的体制性合作及其所设空间,为未来双方的进一步合作与发展提供了无限潜能。朱秋沅副教授的《中美自贸区知识产权边境侵权行为规制比较研究——以美国对外贸易区相关案例为视角》一文认为,美国通过立法规定和司法诠释将自由贸易区的法律性质明确确定为海关密切监管的区域,自由贸易区并非处于"境内关外",而是属于"境内关内"的区域,并禁止滥用区域便利功能实施多种知识产权边境侵权行为。为将我国自由贸易区建成法律环境规范、贸易便利、监管高效的具备国际水平的自由贸易区,可参考美国相关立法与判例,对我国自贸区法律地位进行准确定性,并通过立法明确我国对自贸区知识产权边境侵权行为的管辖权和规制的具体内容。余丽博士的《〈贸易便利化协定〉在我国的实施研究》一文认为,作为"巴厘一揽子协定"的重要组成部分,《贸易便利化协定》(TFA)将以修正议定书的方式纳入到 WTO 协定的附件 1A 中。考虑到不同国家实施 TFA 的水平和能力的差异,TFA 在义务要求上作出了与其他多边贸易协定不同的弹性化和灵活化的处理方式。我国已经完成 TFA 的国内批准程序,并向 WTO 贸易便利化筹备委员会提交了 A 类措施通报以及国内批准书。综观我国贸易便利化现状与 TFA 的要求,对于 A 类通报措施,我国总体实施情况良好。在作出 A 类措施排除的"确定和公布平均放行时间"、"单一窗口"、"货物暂进口与入境及出境加工"和"海关合作"方面,我国实施现状与 TFA 的要求差距较大,需要从人员、机构、信息通讯技术、基础设施建设和法律等方面进行完善。我国将以实施 TFA 为契机,以外促内促进我国口岸综合管理能力和口岸监管能力的提升。

在"国际经济法基本理论"栏目,Branislav Gosovic 先生著、张泽忠博士译的《南方国家重整旗鼓与全球南北关系的重塑》一文指出,"国际发展问题"是战后国际经济秩序的核心议题。南方国家在20世纪六七十年代为维护、实现自身的发展利益充分利用"万隆会议"、"不结盟运动"和"77国集团"等,与发达国家开展了针锋相对的抗争、对话和谈判,并取得了一定的成果。然而自冷战结束后,由西方主要国家所主导的新自由主义全球化秩序不断得到强化,随之国际发展议程受到冷落,大多数发展中国家的政策空间受到限制。这一时期,面对北方国家的攻势,南方国家在团结一致方面表现得犹豫不决,也未能建立自己的统一、高效的组织机构,往往被北方国家逐个击破策略所击溃。进入21世纪以来,以金砖国家(BRICS)为核心的主要南方国家崛起,在推动多中心、多元化和民主的世界经济秩序中具备全球引领作用的实力。鉴此,该文指出经常召开区域性、跨区域性、全球性南方国家的南南合作会议具有重大的意义,并要重视诸如"金砖国家新开发银行"、"亚非中心"、联合国南南合作专门机构等南方国家组织机构的建设,希望主要的南方国家在南南合作中发挥"火车头"作用,同时发展中国家也要充分利用互联网来鼓舞和恢复"南方声音"。

在"国际贸易法"栏目,李仲平博士生的《欧盟反补贴中"一般"基础设施的判断逻辑》一文认为,欧盟委员会根据成员政府资助是否授予接受者不公平的竞争优势来区分"一般"基础设施和"特定使用者"基础设施,并分别在使用者、所有者/管理者及所有者/管理者的股东三大层面上,形成判断竞争优势的公开使用原则、国家职责原则、公开招投标原则、私人投资者原则和低利润原则。此外,基于协调保护竞争与其他社会目标及克服市场失灵的现实需要,欧盟委员会豁免为促进某一经济活动或区域发展以及为一般经济利益提供服务的"特定使用者"基础设施。

特别声明:在本刊发表的论文,其所论证的各种观点,未必是本刊编辑部所持的立场和见解。秉承"百家争鸣"的方针,欢迎持有不同见解的学界同仁惠赐佳作,以本刊作为平台,针对各有关问题,各抒己见,深入探讨,互相补益,共同提高。

《国际经济法学刊》编辑部
2015年11月10日

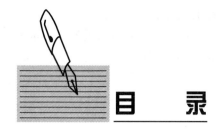

目 录

学术争鸣：WTO 法是模范国际法吗

回顾历史，解剖现实：WTO 体制的瑕疵与漏洞应予重视
及修补 …………………………………………… 冯雪薇 （1）
反思 WTO 法：二十年及未来
——兼评"WTO 法是模范国际法" ……………… 张乃根 （35）
初识 GATT 与 WTO：反思和不平 ………………… 王传丽 （56）
"WTO 法是模范国际法"的语义分析与现实观察 …… 何志鹏 （68）
论 WTO 稀土案裁决报告的明显失误和亟宜纠正 …… 顾 宾 （83）
WTO"中国原材料案"报告中的解释失范问题初探
——以中国出口税义务与 GATT 1994 第 20 条的关系
为中心 …………………………………… 王海浪（103）
论 WTO 驶向法治
——灯塔在望，航程迢迢 ………………………… 张川方（122）

中国自贸区的国际经济法问题

国内规制主权与自由贸易的冲突及解决方案
——技术性贸易壁垒的本质及规则发展趋势初探
………………………………………………… 安佰生（146）
中韩 FTA 之 SPS 规范：个性、局限与效应 ………… 肖 冰（180）

中美自贸区知识产权边境侵权行为规制比较研究
　　——以美国对外贸易区相关案例为视角 ············ 朱秋沅(196)
《贸易便利化协定》在我国的实施研究 ················ 余　丽(213)

国际经济法基本理论

南方国家重整旗鼓与全球南北关系的重塑
　　···················· Branislav Gosovic 著　张泽忠译(238)

国际贸易法

欧盟反补贴中"一般"基础设施的判断逻辑 ········ 李仲平(262)

附　录

《国际经济法学刊》稿约 ································ (277)
《国际经济法学刊》书写技术规范 ···················· (279)

Contents

Academic Contention: Whether the Law of WTO Is the Model of International Law

Reflecting on the History and Examining the Reality: The Systemic Defects and Loopholes of the WTO should be Highlighted and Mended ··· Feng Xuewei(1)

Critically Rethinking the Law of WTO: Its 20 Years and Future: With Comments on "The Law of WTO Is the Model of International Law" ······································ Zhang Naigen(35)

First Acquaintance with WTO: Reflection and Unfairness ·· Wang Chuanli(56)

Semantic Analysis and Practical Observation on "The Law of WTO Is the Model International Law" ··············· He Zhipeng(68)

The Obvious Mistakes in the WTO *Rare Earths Case* Report Should Be Corrected ·· Gu Bin(83)

The Interpretative Misconducts of WTO Reports on *China—Raw Materials Case*: Focusing on the Relationship between China's Export Duties and Article XX of the GATT 1994 ·· Wang Hailang(103)

Rule of Law: the Beacon Ahead of the WTO ··· Zhang Chuanfang(122)

International Economic Law, FTAs of China and Pilot Free Trade Zone in China

The Conflicts between Domestic Regulatory Autonomy and Free Trade and Its Solutions: Initial Exploration on the Nature of Technical Barriers to Trade and the Trend of Rule-making
.... An Baisheng(146)

SPS Rules of China-Korea FTA: Individuality, Limitations and Effects .... Xiao Bing(180)

Comparative Study of the Regulation of IPR Infringements at Border in China and the U.S.: From the Perspective of Cases relating to FTZ in the U.S. .... Zhu Qiuyuan(196)

The Implementation of Trade Facilitation Agreement in China
.... Yu Li(213)

Fundamental Theory of International Economic Law

The South Resurrecting and Shaping of the Global Future
.... Branislav Gosovic(238)

International Trade Law

The Judgment Logic of "General" Infrastructure in European Union's Countervailing Practice .... Li Zhongping(262)

Appendix

Notice to Contributors from the *Journal of International Economic Law* .... (277)

Technical Rules of Writing Adopted by the *Journal of International Economic Law* .... (279)

> 学术争鸣:WTO 法是模范国际法吗

回顾历史,解剖现实 WTO 体制的瑕疵与漏洞应予重视及修补

■ 冯雪薇*

【内容摘要】 乌拉圭回合谈判的巨大成就尽人皆知,但此后二十年来 WTO 协定的运行实践揭示出原来条约起草当中的一些缺陷,例如《马拉喀什协定》第 9 条、第 10 条以及 DSU 中一些程序性条款的缺失。近年来 DSU 改革的谈判过程中,也收到了为数众多的具体条文修改建议。此外,WTO 争端解决实践积累了较多数目的判例,这些判例本身涉及诸多适用协定的法律解释问题。特别是 WTO 目前有两个较大的体制性问题,上诉机构和专家组尚未在争端解决过程中予以澄清和解决:一是新加入成员的加入议定书与各个适用协定之间的法律关系;二

---

* 作者系锦天城律师事务所高级顾问,中国稀土案代理律师,荷兰伊拉斯默大学国际法硕士。1999～2001 年作为中国代表团成员参加中国入世谈判;2002～2011 年曾任 WTO 秘书处法律司法律事务官员和参赞。特别感谢陈安教授对本文初稿提供的评论和修改建议。感谢曾任锦天城律师事务所律师的杨楠、武汉大学法学院硕士研究生李书言和清华大学法学院实习生杨斯杰同学分别协助作者进行的一些基础研究工作。但文中如有任何法律观点和事实错误均应由作者本人承担。

是WTO协定与区域贸易协定之间的法律关系。笔者通过分析有关案例,提出了解决这两个体制性问题的基本思路。总之,回顾历史和解剖现实,WTO体制之中的缺失、瑕疵、漏洞不少,不宜笼统赞颂为"模范国际法",而是应予重视、研究,努力加以修补和纠正。对专业人员特别是专门从事WTO理论研究或实务运作的专家学者来说,显然不宜只停留在歌颂WTO法律体系的先进性或"模范性",而对其中明显存在和亟待改进的瑕疵和漏洞,却熟视无睹,袖手旁观,或避而不谈。秉持法律专业人员应有的正义感,理应做一名现行WTO制度运行的密切守望者、探究者、解剖者和开拓者,就像是一名专业的医生,发现一个法律系统的弊病,诊病、开方、治疗,使组织的机体健康生长,这就是专业人员对WTO能做的历史贡献,这也正是WTO目前所亟需的。

一、认识WTO、研究其运作是为了不断发现问题、弥补漏洞

(一)从关贸总协定到世界贸易组织的历史发展回顾

WTO究竟是一个什么性质的国际组织?她是模范国际法吗?回答这一问题的比较对象是什么?是其他国际组织吗?国际货币基金组织、世界银行、国际法院、世界知识产权组织、国际劳工组织、世界气象组织、世界卫生组织、世界动物卫生组织、联合国粮农组织等专门性国际组织的职能作用各有不同,它们互相补充,完成其他组织无法替代的特定功能。所以很难说某一条约是模范法,其他条约不是模范法。笔者以为,用简单的二分法来为WTO这个组织定性似乎没有太大必要。WTO和国内法相比较也不甚合适,二者规范的对象有区别:一个是调整成员政府间某一类行为(贸易相关措施)的国际公法;另一个规范的内容是包括宪法、行政法、民事刑事法律等部门法在内的国内法。诚然,作为国际贸易法律制度体系,WTO法在立法执法的透明度、争端解决的高效率、争端立案的低门槛、裁决说理的充分性、遵循先例等方面对于国内法确有不少借鉴意义;但由于两类法律规范所调整的实体内容不同,二者并无太多可比性。笔者认为,回顾历史和解剖现实,WTO瑕疵漏洞不少,不宜称其为模范法。

从历史的眼光来看,任何一个组织、一项制度都在永远渐进的发展完善过程之中成长。誉其为"模范"不意味着它不再需要改善和进步。20世纪40年代英美双方在第二次世界大战后启动双边援助谈判时认识到降低关税、自由贸易对于稳定贸易、维护世界和平的益处,为此进行了削减关税、制定自由和公平贸易规则的谈判。① 从一开始,双方就期待有共同观点的其他国家最终会加入谈判中来。该谈判的特点是,通过要价还价确定究竟谈判方各自削减哪些产品的进口关税至何等水平。同时进行的还有贸易规则的谈判,包括最惠国待遇、国民待遇、市场准入约束、取消非关税的数量限制措施、一般例外、国家安全例外等。当时的谈判源于一种不同于第二次世界大战之前高关税壁垒的新理念,即通过降低壁垒来避免新的战争风险。在上述理念的推动之下,包括美国、英国、中国在内的23个谈判方于1947年签订了《关税和贸易总协定》(简称《关贸总协定》或GATT)。

作为第二次世界大战之后诞生的新制度,虽然GATT只是一个多边条约,但对于促进各国经济贸易交往、防止国家之间战争的爆发起到了公认的重要作用。GATT的缔结体现了当时人类对自由贸易的最新认识,是第二次世界大战后国际治理方面的重大改革。但GATT问世近七十年以来,世界科技、经济、贸易和国际法治都有了许多新发展。1994年乌拉圭回合谈判设立的世界贸易组织,是GATT历经四十多年后一次里程碑式的进步。谈判达成了一揽子的WTO协定,其中包括《设立世界贸易组织的马拉喀什协定》(以下简称"《马拉喀什协定》")和《关于争端解决规则与程序的谅解》(简称DSU)。WTO的每个适用协定对所有WTO成员都适用。如此,当一个成员违约时,其他成员可以通过争端解决程序寻求救济。这样的安排大大提高了一揽子协定的可执行性,也使得依法制裁违约行为成为可能。由于一揽子协定涵盖的贸易领域范围较广,乌拉圭回合的谈判被视为GATT历史上的重大成果,受到各成员和学者们的普遍欢迎。

在《关贸总协定》的各轮谈判期间,随着加入GATT的发展中国家不断增多,发达国家分别给予各自前殖民地发展中国家的特殊优惠待

---

① Douglus A. Irwin, Petros Mavroidis & Alan O. Sykes, *The Genesis of the GATT*, Cambridge University Press, 2008, p.21.

遇造成了发展中国家之间的贸易不公平。这成为上世纪六七十年代很多国家关注的主要问题。② 如何改善 GATT,使得这个自由贸易体系适应原属殖民地的发展中国家的特殊发展状况,从而使所有发展中国家从中真正受益,成为一个备受关注的问题。发展中国家在联合国贸发组织论坛内发起了普惠制待遇(generalized system of preferences, GSP)的谈判与设计活动,推动发达国家在自愿基础上给发展中国家全体提供普遍的关税优惠待遇。经过若干年的谈判,普惠制设计完毕,各国在联合国贸发组织达成一致意见。③ 在此基础之上,GATT 缔约方全体于 1970 年通过了一项豁免决定,将普惠制待遇作为全体成员所接纳的一个豁免条款纳入 GATT 体系中(有效期 10 年),使发达国家可以背离 GATT 第 1 条规定的最惠国原则对发展中国家提供普惠制待遇。普惠制待遇的具体内容是,发达国家缔约方可以在自愿基础上对发展中国家缔约方某些进口产品提供更低的进口关税,帮助缺少贸易优势却与别国竞争的发展中国家在国际贸易中能够获得实际利益。当然普惠制待遇要求发达国家对所有发展中国家在非歧视的原则下适用这一更低关税待遇(低于最惠国待遇的关税税率)。

此后,在豁免决定到期以前的 1979 年东京回合谈判中,GATT 缔约方专门为普惠制待遇作了一个永久性的决定,即"授权条款"(enabling clause),授权缔约方可以对发展中国家缔约方实行普惠制的关税优惠待遇。这使得原本具有临时性质的豁免决定变成了可以长期实施普惠制待遇的法律依据。④ 在东京回合之后的乌拉圭回合谈判中,各国的关注中心不再是发展中国家的特殊问题及待遇,而是改革完善各种规则,特别是非关税的各种贸易壁垒规则,如农产品规则、纺织品贸易规则、反倾销、补贴与反补贴、保障措施、贸易的技术壁垒规则、卫生与植物卫生规则,等等。与此同时,谈判各方强化了争端解决过程的自动性质并且增加了两审制度。可以说,GATT 每个回合谈判缔约方关

---

② The Problem of Special Preferences-trade Policy Aspects, TD/16, Report by the secretariat of UNCTAD, paras. 19, 21, 23, 86, 89, in Proceedings of the United Nations Conference on Trade and Development, Second Session, Vol. 29, 1968.

③ See Agreed Conclusions of the Special Committee on Preferences, Approved by Decision 75 (S-IV) of the UNCTAD Trade & Development Board, October 13, 1970.

④ 陈安:《论 WTO 体制下的立法、执法、守法与变法》,载于《国际经济法学刊》第 17 卷第 4 期,北京大学出版社 2011 年版,第 20~27 页。

注的主要问题不同,条约改善的内容就有所不同。正因如此,陈安教授提出的贸易谈判的"6C定律",很能反映贸易谈判的基本和普遍的规律:贸易谈判永远在"矛盾—冲突—磋商—妥协—合作—协调—新矛盾"循环往复的过程中进行。⑤ 多哈回合虽被称为"发展"回合,但是成员们显然貌合神离,关注的重心各不相同,成员们的谈判目标也不一致,妥协的难度较大,这也是为什么这个回合的谈判久拖不决的原因之一。

(二)《马拉喀什协定》规定的条约解释和修订的决策程序有瑕疵

自乌拉圭回合以后,普遍适用于各成员的新规则增加,扩大了WTO法调整的贸易关系范围;争端解决机制得到了进一步的改善增强,自然推动争端解决实践有更大发展,争端解决也成为了WTO运作的亮点。相比之下,2001年启动的多哈回合谈判却举步维艰,WTO众多成员之间就范围广泛的议题达成一致的难度,比23个谈判方达成关贸总协定困难得多。特别是,发展中国家成员与发达国家成员之间对于谈判目标和可获得的利益有不同的诉求,成员之间的利益冲突很难平衡妥协。另外,多哈回合谈判十多年没有足够的进展,也表现出WTO在谈判达成共识方面的困难以及决策机制方面的效率低下。人们不禁要问:谈判的组织形式是否需要变化?哪些原因导致《马拉喀什协定》规定的很多决策程序都没有得到实际应用?事实上,WTO的各项谈判还是在遵守GATT时期协商一致的传统决策规则进行。这是否说明《马拉喀什协定》中设计的更新的决策程序不合理?

要回答上述问题应分析《马拉喀什协定》第9条和第10条。其中第9.2条规定一项解释的决定应由成员四分之三多数通过;第10.1条规定,除部分协定或条款外,修订条约条款应当采用部长级会议三分之二多数票通过的办法,此项修订待三分之二多数成员接受以后即生效,但对于未接受修订的成员不能生效(第10.3条)。相比之下,修订条约比解释条约还容易,因为修订需要三分之二的WTO成员同意,而解释需要四分之三的WTO成员同意。但修订条约的适用问题却不那么简单:在都接受修订的成员之间能适用修订后的条约,但在未接受修订

---

⑤ 同上注引文,第3页。

的部分成员和接受修订的部分成员之间是适用旧法还是新法？如果未接受修订的成员适用旧法而接受修订的成员适用新法，就会出现不同成员之间的立法真空。虽然1969年《维也纳条约法公约》第39条至第41条对此有相关的规则，但WTO并未明确作出规定，这带来了很大的不确定性。

另外，对于非关键条款的修订，那些在三分之二以外没有接受修订的成员，经过部长会议四分之三多数票的表决还可以退出WTO（第10.3条、第10.5条）。这就意味着，成员退出WTO以后，所有的协定对该成员都不适用，其也就失去了基本的最惠国待遇，这样的安排是否太极端而不符合成员们的实际需求？只有第10.2条和第10.8条特别规定，多边贸易协定中的最重要原则条款和DSU条款的修订，需要全体成员接受才能生效。总之，这套决策程序缺乏实用性，有导致立法真空和成员退出整个世贸组织使贸易关系退步的风险。如此缺乏确定性（security）和可预测性（predictability）的决策规则，难怪成员们二十年来也未敢轻易试用；一旦使用，很可能发生不可预测的情况，如同打开一只潘多拉盒子。笔者认为，这样的决策程序规则，可能归因于当时《马拉喀什协定》谈判时时间急迫，容不得反复进行可行性研究；也可能归因于以前没有一个国际贸易组织，成员们对于解释条约和修订条约没有实践经验可以借鉴。如此不完善的决策程序及不能被成员信任和使用的条文，如何能成为模范法？笔者认为，学者从条约法的角度进行充分研究上述条款，在条件成熟时应该予以改革，使之更为切合实际需要，至少应避免立法真空，减少不确定性。多哈回合谈判多年无进展的困境，固然与WTO成员增多有关系，但笔者认为，《马拉喀什协定》中不合理的条约解释和修订程序也难辞其咎，这些规定没有能对成员们提高决策效率作出任何贡献。这样的规则应该尽早列入改革的范围。

（三）争端解决中若干重大问题的解释尚未确定、DSU程序规则存在漏洞

从争端解决实践来看，WTO争端解决制度运行了20年，虽然被誉为是"皇冠上的明珠"，得到成员们的信任和充分利用，专家组和上诉机构裁定的案件数目年年增多，但在一些重要法律问题的解释上也产

生了新问题,对很多成员都有影响:

第一,对于新加入成员,加入议定书和多边协定的关系究竟如何,多边协定的法定例外可否适用于议定书中的承诺条款?经过出版物案、原材料案和稀土案,专家组和上诉机构仍然没有理出一个可以清晰引导成员们理解二者关系的思路来。

第二,面对方兴未艾的区域贸易协定与WTO义务冲突的情况,专家组和上诉机构尚未在判例中建立一种冲突规则,以妥善处理区域贸易协定与WTO之间的关系,使它们之间避免互相冲突,而是作为国际法的不同组成部分互相协调互相补充。

第三,专家组和上诉机构以前作出的解释如果有错误,什么情况下应该纠正?如何纠正?什么条件构成强有力的理由(cogent reasons)?

第四,DSU经过20年的实践检验,也发现了当初本身的起草中存在的一些明显漏洞和缺陷:比如在请求设立执行专家组(第21.5条)和请求报复授权(第22.2条)之间没有一个清晰的程序顺序;在授权报复以后缺乏一个终止报复措施的决策程序;在进行报复水平仲裁时(第22.6条),没有明确是否仲裁员可以同时作出新措施合法与否的裁决;在上诉机构推翻专家组裁决后需要更多事实的认定来完成上诉问题法律分析时,没有发回重审的程序,导致很多案件无法得到最后结果,降低了争端解决的效率。此外,是否建立常设专家组成员名单,是否增加上诉机构成员的人数等问题也值得关注。

实际上,WTO的DSU改革谈判也一直在讨论如何修补这些问题。乌拉圭回合谈判的缔约方还是比较务实的,他们最初就在部长会议决定中设定了《马拉喀什协定》生效四年以后对DSU进行审查的规则⑥,因此成员们早就意识到,DSU并非一个已经完美的程序规则,还会在实践中发现漏洞需要及时修补。笔者所提出的上述第四个问题是成员们在判案实践中已经发现的程序规则瑕疵问题,亟待弥补,目前DSU谈判中也正对此进行讨论。其余三个问题都是在判案当中出现的对于WTO整个体制的发展至关重要的新问题,也有待逐一认真解决。正确地处理这些体制性的问题,才能使WTO法律体系本身以及WTO法与

---

⑥ See Decision on the Application and Review of the Understanding on Rules and Procedures Governing the Settlement of Disputes.

其他国际法领域的关系臻于和谐。

有鉴于此,我们似乎不该只停留在歌颂 WTO 的规则和判例是"模范国际法"上,更应该作一个探究者、解剖者和开拓者,通过实证研究来考察这些规则的合理性或者漏洞,制定参与谈判的方案。同时,密切跟踪研究争端解决的个案解释,帮助专家组和上诉机构思考如何应对一些难题,保证作出对全体成员利益最佳的解释,以此作为中国这个主要成员对于 WTO 的实在贡献。在当前的新一轮多哈回合贸易协定谈判中,对于实体协定的谈判也有纠正既有规则中缺陷的必要。比如,乌拉圭回合达成的《农业协定》,其规则要求谈判基期(1986~1990 年)没有农产品出口补贴的成员,不得提供补贴[7],但在乌拉圭回合谈判基期存在大量农业出口补贴的成员,只要求他们在实施期内削减三分之一左右的农产品出口补贴量。[8] 这对于当时因为财政困难而没有出口补贴的发展中国家是公平的农产品国际贸易条件吗?答案当然是否定的。因此,发展中成员在多哈回合中要求发达国家取消所有的农产品出口补贴,改进乌拉圭回合《农业协定》不公平的方面,使规则更为公平,正是符合陈安教授所提出的关于贸易谈判的"6C 定律"。

(四) 小结

综上,我们可以看出 WTO 的法律体系尽管是先进的,但也显然存在不容漠视、亟待改进的种种瑕疵和漏洞。成员们以及专家学者们理应通过认真研究,找出瑕疵所在,提出修补漏洞的合理可行建议,才能够对这个体系作出我们的实在贡献。尤其是,中国作为全球最大的发展中国家以及最重要的贸易大国之一,责无旁贷,更应该积极参与谈判进一步完善 DSU 以及提出其他协定的修改完善建议,同时对专家组和上诉机构的判案持续进行跟踪分析评论,保证判案解释公平地考虑所有类型成员的利益。这就需要在判案实践中密切关注和发现系统漏洞,研究如何修补漏洞,这才能维护 WTO 的良好运行,使其适应各成员之间贸易关系不断发展的需要。特别是,WTO 的判案实践正在不断形成一些先例规则,这些规则是否都能经得起实践的检验,需要持久深入

---

[7] 《农业协定》第 3.3 条。
[8] 《农业协定》第 9.2(b)(iv)条的规定。

的跟踪研究。对专业人员来说,特别是对专门从事 WTO 理论研究或实务运作的专家学者来说,显然不宜只停留在歌颂 WTO 法律体系的先进性或"模范性",而对其中明显存在和亟待改进的瑕疵和漏洞,却熟视无睹、袖手旁观,或避而不谈。秉持法律专业人员应有的正义感,理应做一名现行 WTO 制度运行的密切守望者、探究者、解剖者和开拓者,就像是一名专业的医生,发现一个法律系统的弊病、诊病、开方、治疗,使组织的机体健康生长,这就是专业人员对 WTO 能做的历史贡献,这也正是 WTO 目前所亟需的。

二、认识 WTO 成员之间互相监督、讨价还价的文化与交往方式

WTO 各成员之间礼貌性的赞誉是一种文明的外交辞令,表面上的温文有礼和思想深处的怀疑防范同时并行并不奇怪。记得当年加入谈判工作组会议茶歇期间,中方谈判团一位领导和工作组主席瑞士大使吉拉德谈天,询问主席先生,为什么西方人对于中国在会上口头承诺的一些事项并不信任?吉拉德大使笑答说,西方人不仅仅是不信任中国人,他们对任何人都不信任,只信任真实的制度保证,这是他们的文化。

今天看来,这种不信任来自于对于人性的基本认识。孟德斯鸠在《论法的精神》里提出:"自古以来的经验表明,所有拥有权力的人,都倾向于滥用权力,而且不用到极限决不罢休……为了防止滥用权力,必须通过事务的统筹协调,以权力制止权力。我们可以有这样一种政治体制,不强迫任何人去做法律不强制他做的事,也不强迫任何人不去做法律允许他做的事。"⑨由此可见,西方人认为任何权力都是一件危险的事情,永远都需要别的权力来监督制衡。另外,因为除了法律,没有人能强迫别人去做任何事,所以西方成员的要价、要求中国承诺的事项,一定要白纸黑字写在书面上,成为有拘束力的法律条文,才使他们觉得有安全保障。因此西方成员会站在各自的立场上,互不信任、彼此监督制衡、讨价还价,对于申请加入的成员就讨价更高。

笔者本人曾有幸参与中国加入 WTO 谈判最后几年的多边谈判过

---

⑨ 〔法〕孟德斯鸠:《论法的精神》(上卷),许明龙译,商务印书馆 2009 年版,第 166 页。

程。其时正值中美和中欧都分别达成双边协议以后，中国加入 WTO 的漫长过程忽然似乎有了曙光在前的局面。多边谈判是在 WTO 设立的中国加入工作组里进行。1999～2001 年期间，中国加入 WTO 的多边谈判紧锣密鼓地进行，笔者当时作为国务院法制办 WTO 小组的成员参加中国谈判代表团的部分谈判工作，主要承担国际法和国内法的协调，为此进行专题研究与谈判，并研究如何修改国内法律法规及规章使其符合条约和承诺的义务。在当时的谈判中，美欧着重要求中国在与贸易有关的措施方面应有透明度、要对贸易措施提供司法审查的机制、要统一实施所有贸易方面的法律法规和措施，还要求 WTO 协定在中国国内法院直接适用。在工作组报告中美欧还有其他过分要求，比如要求国营贸易企业向 WTO 通报其进口采购的条款。这些问题经过讨价还价的谈判，我们接受了与条约义务一致的要求，比如透明度、司法审查、统一实施；拒绝了超过 WTO 条约义务的要求，比如条约在国内法院的直接适用，因为主要成员都没有承担此类义务。出于保护企业的商业秘密的考虑，我们也拒绝了通报国家贸易采购合同条款的要求。这些都经过了艰苦的讨论过程。有些特别的条款，比如反倾销的非市场经济条款和产品特别保障措施条款，都是中美双边协议中已经确定的要价和条款，但是有时限性。这是为了换来美国同意中国加入 WTO 而自动给予中国最惠国待遇的条件。[10] 在谈判中，发达成员非常关注中国修改国内法的过程，要求我们提供包括时间进度在内的修改国内法律法规的书面计划。成员们并不满足于中国代表的口头承诺，无论多么确定也无用。因此，中国在谈判期间就提交了国内法律法规修改的具体计划和进度，并且按照时间计划完成了国内立法的修订工作。

  在西方文化里，虽然谈判的共同目标是双赢，但实际过程需要每个成员代表自己的利益进行讨价还价，直到确保自己的要价对方能够予以承诺并且有切实的书面协议来保障。他们认为对方并不会站在自己的利益上为自己服务，否则就会构成利益冲突。一个人只能扮演一个角色，而每个人都把自己的角色演好了，双赢才有可能实现。因此，期待对方轻易同意自己的看法和做法，是不切实际的幻想。这就是西方

---

[10] 在中国加入 WTO 以前，美国国会每年讨论决定本年度是否给予中国最惠国待遇，当时给或不给都是合法的。

的现实主义。这种思想根植于《圣经》中。《圣经》中说世上没有一个完全的义人⑪,任何人都需要别人来监督。孟德斯鸠因而在《论法的精神》中提出国家机关也应该三权分立、相互制衡,各自在划定的权力范围内运作,才能实现良治。⑫ 在这样的文化中,如果我们只看到 WTO 规则是模范法,对我们自己在其中的利益关注不够,那就没有人会为中国的利益着想;如果不研究中国是否受到了其他成员不法行为的损害以及有什么办法可以减少损害,其他成员也不会保护我国的合法利益。即使是 WTO 的争端解决机制具有被动性,只是提供一个解决争端的途径,如果中国自身不起诉其他成员的违法行为,WTO 不会主动为中国主持公道。

保护自己的权益,首先是权利人自己的事;同样,保护我国企业和消费者的利益,首先是我国政府自己的任务。WTO 的规则再先进,也需要每个成员自己来使用谈判权利和争端解决权利来维护自身利益。每个成员承担自己的角色而行动才能维护这个体制的公平和良好运作。WTO 的国际贸易法体系只提供一个法律框架,具体的运行要靠各成员采取具体行为来实现,这是一个动态的过程,而非静止不变的静态状态。我国近年来积极参与争端解决,不论是应诉还是起诉,采取积极行动保护自身利益就是一个可喜的历史进步。

在争端解决的实践当中,我们也不断发现 WTO 这个系统存在的问题,思考解决的方法,这就是我们官员、学者、律师面临的任务。面对问题不是坏事,发现问题是解决问题的第一步。历史往往会把问题交给能够解决问题的人来承担,所以我们面对问题,不应该逃避,而是应该积极研究思考,成为推动解决问题的人(成员)。特别是,鉴于中国的贸易额不断增长,已经成为一个重要成员,我们肩负着这个历史使命。通过积极参与来帮助 WTO 解决目前面临的一些问题来维护其良性运作,体现了主人翁的态度。正视问题、研究问题、解决问题,如果我们能够积极看待自己在 WTO 中的作用,秉持一种使命感,就会不回避遇到的问题,而是为解决问题尽心尽力研究思考并实践。法国作家圣埃克苏佩里在《小王子》中说,只有我们亲手浇灌过的玫瑰才和我们有真正

---

⑪ 《圣经》新约罗马书,中国基督教三自爱国委员会、中国基督教协会 2009 年版,第 170 页。

⑫ 〔法〕孟德斯鸠,同注⑨引文,第 172~174 页。

重要的关系。发现瑕疵、修补漏洞就是浇灌一朵玫瑰花。那些最初推动和参与 GATT 谈判的英美外交官们何尝不是面对了很多艰难时刻，研究问题、出谋划策、坚持不懈，才使得 GATT 能够问世？任何时候，总有人需要为了制度的不断完善推进而背负十字架前行，WTO 在目前运作中产生的新问题，亟须我们及时发现、研究、解决。

三、原材料案和稀土案中对《中国加入议定书》的解释未能澄清议定书与 WTO 有关协定之间的法律关系

（一）原材料案专家组对于是否可以援引 GATT 第 20 条为出口税措施抗辩的推理瑕疵

在《中国加入议定书》第 11.3 段中作了 84 种产品以外的产品不征收出口税的承诺，这是一般情况下的义务。但如果是为了 GATT 1994 第 20 条所列举的健康、环保、资源保护等目的，中国是否有权采取违反第 11.3 段承诺的措施而能被 GATT 1994 第 20 条所允许？是否像违反 GATT 1994 任何条款时一样，中国有权引用 GATT 1994 第 20 条为此抗辩？

对于上述问题，原材料案的专家组已经裁定中国无权引用第 20 条抗辩。主要理由为：第一，第 11.3 段的语言以及上下文排除了中国援引 GATT 1994 第 20 条抗辩违反《中国加入议定书》第 11.3 段的行为正当合法的可能性。第二，《中国加入议定书》中没有适用第 20 条例外的基础。当没有明确的语言允许适用第 20 条例外时，如果援引第 20 条抗辩将会改变《中国加入议定书》谈判中所实现的利益平衡，并破坏国际贸易体系的可预见性和稳定性。第三，适用第 20 条例外为中国所采取的背离其《加入议定书》第 11.3 段中义务的相关措施抗辩违反中国与其他 WTO 成员的谈判意图。[13]

专家组也认为，对于解决 GATT 1994 第 20 条例外条款的可适用性问题，首先应澄清《中国加入议定书》在 WTO 协定中的法律地位和 WTO 法律体系中不同法律文件之间的关系。特别是，《中国加入议定

---

[13] Panel Report, China-Measures Related to the Exportation of Various Raw Materials, WT/DS394/R, WT/DS395/R, WT/DS398/R, 5 July 2011, paras. 7.158 – 7.160.

书》第 11.3 段和 WTO 协定的其他组成部分之间的关系。⑭

该专家组注意到：此前上诉机构曾在两个案件中解释过《中国加入议定书》，并在出版物案中处理过能否援引 GATT 1994 第 20 条证明违反《中国加入议定书》的行为正当合法这一问题。但是上诉机构并没有在该案中讨论《中国加入议定书》条款和 GATT 1994 条款之间的关系，只是审查了《议定书》的相关条款文本以及上下文和整体结构。上诉机构认为《中国加入议定书》第 5.1 段中明确援引了 GATT 1994 第 20 条，所以中国可以适用第 20 条作为抗辩理由。而在本案（原材料案）中，专家组必须解释的条文是《中国加入议定书》第 11.3 段。⑮

专家组继续指出，《中国加入议定书》第 11.3 段没有明确援引 GATT 1994 第 20 条或 GATT 1994，也没有类似于第 5.1 段"在不损害中国以与符合 WTO 协定的方式管理贸易的权利的情况下"的条款。⑯ 这是专家组区别原材料案与出版物案的不同结果的理由。但是笔者认为上述推理并不够充分。这一点是否足够区分两个案件的不同？第 5.1 段的文字仅仅提及 WTO 协定，并未提及 GATT 1994 这个协定，为何 GATT 1994 第 20 条可以用来为违反第 5.1 段的措施抗辩而不可以用来为违反第 11.3 段的措施抗辩？专家组没有进行详细充分的分析。

专家组还认为，议定书第 11.3 段只明确援引了 GATT 1994 第 8 条，而没有援引其他任何条款，包括第 20 条。在本可以援引 GATT 1994 全部或 GATT 1994 第 20 条的情况下，WTO 成员很明确地决定不这么做。这说明了中国和其他 WTO 成员并不想把 GATT 1994 第 20 条例外条款纳入到第 11.3 段中。⑰ 笔者认为，需要特别关注的是，原材料案中的原告并没有提出肯定性证据（positive evidence）证明成员们的意图是排除 GATT 1994 第 20 条的适用，只是用第 11.3 段提及 GATT 1994 第 8 条的事实推定这样一个意图的存在，专家组的推测实在过于大胆和跳跃。出口税和 GATT 1994 第 8 条的进口行政程序费用在性质上是有区别的，这一点已经明确在 GATT 1994 第 8 条的条文中，议定书第 11.3 段不过是强调这一点，第 11.3 段提及 GATT 1994 第 8 条也

---

⑭ *Ibid.*, para. 7.116.
⑮ *Ibid.*, paras. 7.117, 7.119 – 7.120.
⑯ *Ibid.*, para. 7.124.
⑰ *Ibid.*, para. 7.129.

不是为了使之适用于第11.3段,而是明确使之不适用,明确第11.3段调整的出口税不包括进口行政程序费用而已。如何能够因此推断出成员们未提及GATT 1994第20条,便是排除了第20条的适用性呢?专家组的推理逻辑十分缺乏关联性。另外,按照谁主张谁举证的原则,上述论点的肯定性证据举证责任应该在原告方,专家组却并未要求原告承担任何实在证据的举证责任,证据标准要求之低显示出专家组有失公允。

专家组还注意到,《马拉喀什协定》下没有普遍适用的例外条款,每一个WTO协定有适用于自身协定的例外条款规定。GATT 1994的其他条款可能与出口税相关,但它们并没有规定适用于出口税的规则,也没有援引GATT 1994第20条。由此带来的问题是:是否可以援引GATT 1994第20条来抗辩违反GATT 1994之外条款的措施。对此,专家组指出,GATT 1994第20条规定:"本协定的任何规定不得解释为阻止任何缔约方采取或实施以下措施……:""本协定"表明其中规定的例外只与GATT 1994相关。仅在少数情况下,WTO成员可以通过交叉援引的方式,将GATT 1994第20条纳入到其他WTO协定中。比如,《与贸易有关的投资措施协定》(《TRIMs协定》)明确规定了援引GATT 1994第20条的权利。专家组认为对《TRIMs协定》下的义务适用第20条的法律基础在于《TRIMs协定》相关的文本本身,而非GATT 1994第20条的文本。比如,《服务贸易总协定》(GATS)第14条规定了针对GATS义务违反的一般例外。其他的WTO协定,如《与贸易有关的知识产权协定》(《TRIPS协定》)、《技术性贸易壁垒协定》(《TBT协定》)和《实施卫生与植物卫生措施协定》(《SPS协定》),都规定了自己的例外规定。所以,如果GATT 1994第20条意图适用于《中国加入议定书》第11.3段,会在条文中作出明确规定。但是《中国加入议定书》第11.3段中没有这样的语言。[18]

原材料案专家组上述严格的文本主义解读,事实上要求议定书的任何条款若想引用GATT 1994第20条进行抗辩,就必须在每个条款中明确规定可以援引GATT 1994第20条,舍此之外别无他法。但这是合理的推论吗?第11.3段的出口税承诺完全没有提及GATT第1条

---

[18] *Ibid.*, paras. 7.150 – 7.154.

最惠国待遇,中国是否可以在适用符合第 11.3 段的出口税时,违反最惠国待遇原则?后来稀土案专家组就此问题询问过稀土案的各个当事方。包括第三方在内的所有各方都认为最惠国待遇应该适用于出口税,虽然第 11.3 段并未提及 GATT 1994 第 1 条。同理,GATT 1994 第 20 条对第 11.3 段是否适用不仅仅取决于议定书第 11.3 段的文字对第 20 条有所明确提及,因为《维也纳条约法公约》第 31 条、第 32 条提供了许多的解释考虑要素,文字只是条约解释中考虑的因素之一而已。

原材料案上诉阶段,上诉机构基本认同了专家组的以上分析,认定中国无权引用 GATT 1994 第 20 条对出口税措施进行抗辩,而没有纠正其推理的瑕疵、推敲其中的问题。作为"二审"机构,对"一审"的推理瑕疵不予纠正,反而予以认同和支持,是否失之草率?如何能冠之以"模范"的美誉?

(二) 稀土案专家组程序中各方观点的分析

稀土案专家组面临着与原材料案相同的上述问题。中方挑战了原材料专家组的纯粹文本主义解释方法,提出了更多的新观点支持自己的诉求。原材料案之后,WTO 成员也进行了更多的研究反思。稀土案中作为第三方参与争端解决的各成员纷纷提出了各自的具体分析,虽然其侧重点各有不同。第三方的观点很有独到之处,值得认真研究分析。

澳大利亚认为,即使原材料案的专家组和上诉机构已经认定 GATT 1994 第 20 条不适用于违反《中国加入议定书》第 11.3 条的出口税措施,在存在强有力的理由时,本案专家组不一定要遵循这一裁决。澳大利亚引用了美国不锈钢案中上诉机构的认定,认为上诉机构(专家组)报告对自身案件以外的问题不具备约束力。当然,这不意味着在之后的案件中裁决机构可以随意无视之前专家组或上诉机构的法律解释和判决。只有当具备强有力的理由时,裁决机构才能背离之前的法律解释和判决。[19]

稀土案另一个第三方——巴西也在其第一次书面陈述中讨论了原材料案关于第 20 条可适用性的判决。巴西认为,文本沉默不一定是决

---

[19] Australia's Written Submission, paras. 31–32.

定性的,并引用加拿大汽车产业措施案的上诉机构报告来支持其观点。[20]

在加拿大汽车产业措施案中,上诉机构推翻了专家组关于《补贴与反补贴措施协定》(《SCM协定》)第3.1(b)条是否适用于事实上的(in fact)进口替代补贴的判决。专家组通过比较第3.1(a)款和第3.1(b)条的用语指出,由于第3.1(b)条并未如第3.1(a)条一般明确地包含"法律上的或事实上的"(in law or in fact)这一用语,这种在相邻且密切联系的条款中的差异表明了立法者仅将法律上的补贴(subsidies in law)涵盖于第3.1(b)条的意图。[21]但上诉机构对此并不认同。上诉机构认为,虽然文本沉默应当有某些意义,但在不同语境中的文本沉默可能有着不同的意义,且文本沉默并不具有决定性意义。[22]最终,上诉机构通过分析上下文、《SCM协定》的宗旨和意图等因素,认定第3.1(b)条也应当同时适用于事实上的(in fact)进口替代补贴。[23]

巴西还进一步指出:在文本沉默不是决定性的情况下,专家组应考虑其他上下文因素来辨析条文的意思,这符合《维也纳条约法公约》第31、32条的规定。巴西认为,《维也纳条约法公约》第31、32条规定的条约解释方法是整体解释方法。针对稀土案具体情况,在解释《中国加入议定书》第11.3段时,鉴于议定书是WTO协定固有的一部分,WTO协定的原则是需要考虑的上下文因素之一。在巴西看来,原材料案的判决过分关注于文本主义,忽略了GATT 1994第20条的法律性质及其与第11.3段的关系。因此,稀土案专家组应对此事项进行更为细致的考量。[24]

巴西举例称:虽然第11.3条中没有明确的相关文字表述,但GATT 1994第1.1条(最惠国待遇条款)以及第8条仍然适用于第11.3条所规定的情况。GATT 1994第1.1条以及第8条实际上规定了除第11.3条之规定以外额外或者说平行地适用于相关情况的义务,因此第11.3条无需明确提及GATT 1994第1.1条以及第8条;这样的明确提及是

---

[20] Brazil's First Written Submission, para. 11.
[21] Appellate Body Report, Canada-Certain Measures Affecting the Automotive Industry, WT/DS139/AB/R, May 31, 2000, paras. 136 – 137.
[22] Ibid., para. 138.
[23] Ibid., paras. 139 – 143.
[24] Brazil's Oral Statement at the First Panel Meeting, para. 6.

多余的,仅仅起到了确认第 1.1 条和第 8 条之适用性的作用。由此可见,文本沉默不一定是决定性的,不同语境中的文本沉默可能有着不同的意义。条约解释应当考量其他上下文因素来辨析条文的意思。㉕

最后,巴西还指出:GATT 1994 第 20 条并不是一味地有利于非贸易政策,而应被视为确保 WTO 规则下贸易与非贸易相关目标之平衡的手段。为防止成员国假借非贸易政策之名实施保护主义,第 20 条提供了必要的保障,使得只有确实是为了第 20 条下各非贸易政策目标所实施的、非歧视非任意的措施才是合法的。据此,巴西认为:不能仅仅由于《中国加入议定书》第 11.3 段没有明确提及 GATT 1994 就认为 GATT 1994 第 20 条这一 WTO 基本条款不能适用于中国的出口税措施。㉖

阿根廷在第一次听证会的口头陈述中表达了如下观点:虽然中国根据其《加入议定书》承担了第 11.3 段等 GATT 附加(GATT-plus)义务,但这不意味着在缺乏明确引用或表述的情况下,GATT 1994 的规则就不能适用。阿根廷注意到:在《中国加入议定书》第 7.3 段也承诺了 GATT 附加义务条款。第 7.3 条在贸易有关的投资措施方面规定了中国不得援用《TRIMs 协定》第 5 条(通报与过渡安排条款)。㉗ 这说明,当中国要明确放弃在其《加入议定书》某项义务下援引相关 WTO 多边贸易协定相关条款的权利时,中国会将这一意图明确表述在其文字中,而不是在条文中对此保持沉默。

作为稀土案的第三方,刚加入 WTO 不久的俄罗斯在第一次听证会上的口头陈述中,对原材料案上诉机构认定中国无权援引 GATT 1994 第 20 条为其出口税抗辩,表达了严重的忧虑。俄罗斯称,在其加入 WTO 的谈判过程中,曾多次讨论 WTO 协定例外条款对其加入承诺的适用性问题。为此,俄罗斯曾主张在其入世议定书中加入一段文字,来表明俄罗斯仍然有权援引 WTO 协定所提供的各种例外抗辩权利,包括 GATT 1994 第 20 条、第 21 条等。对此提议,成员国称:根据 WTO 实践惯例以及成员国共识,这样的文字是多余的,因为所有成员都有平等援引 WTO 协定所提供的例外抗辩的权利——即使在成员国的加入议定

㉕ *Ibid.*, paras. 7–12.
㉖ *Ibid.*, paras. 13–15.
㉗ Argentina's Oral Statement at the First Panel Meeting, paras. 10–12.

书中没有明确相关表述。最终,俄罗斯放弃了在其《加入议定书》中加入其提议的文字。对于稀土案中一些成员国持有与俄罗斯加入 WTO 谈判过程中完全相反的观点,俄罗斯表示惊讶和忧虑。㉘

俄罗斯进一步指称:根据《维也纳条约法公约》,对 WTO 多边贸易协定以及入世议定书任何条文的解释都不能脱离 WTO 协定的上下文,应当遵循善意解释原则。考虑到 WTO 一般例外旨在保护成员内部的人类和动植物的生命与健康、公共道德等重要价值,在判定一个成员是否放弃了援引一般例外的权利时应进行严格的审查。俄罗斯认为,如果成员国确有放弃援引一般例外之权利的意图,应当将此意图明确清晰地表述出来;在没有这类表述的情况下,成员不应被剥夺援引一般例外为其措施抗辩、保护其核心价值的权利。相反的解释不仅违反了善意解释原则,也违背了 WTO 协定的精神与原则。以 GATT 1994 第 21 条安全例外条款为例:相反的解释会使成员国在没有明确表述的情况下丧失保护其最基本的安全利益的权利,也可能会阻碍联合国要求的国际和平和安全相关措施、使得成员国违背其联合国义务。这显然是不合理的。㉙

值得注意的是,《中国加入议定书》第 18 段规定了特有的过渡性审议机制。该审议机制是专门针对中国的临时性机制,其中规定:在加入世界贸易组织后 8 年内,世界贸易组织每年都将对中国履行加入世贸组织承诺的情况进行审议,并在第 10 年或总理事会决定的较早日期进行最终审议。在第 18 段没有就 WTO 正常审议机制是否适用于中国进行明确表述的情况下,实践证明,WTO 正常审议机制仍然适用于中国。该情况说明,条文文字不是决定性的,文字沉默并不代表相关规则就不适用。

在稀土案中,中国认为,按照《马拉喀什协定》第 12 条的规定,加入议定书不是一个完全独立的协定,其仅仅规定了新成员国加入 WTO 的条件。《中国加入议定书》只是为了明确和细化中国在 WTO 协定及其附属多边贸易协定下的义务,包括超出多边贸易协定以外的义务。换言之,1994 年后的入世议定书旨在明确新加入成员国如何履行 WTO

㉘ Russia's Oral Statement at the First Panel Meeting, paras. 4–6.
㉙ Ibid., paras. 7–9.

协定及其附属多边贸易协定的义务。这体现出加入议定书与WTO协定之间具备总体的本质联系,该本质联系是新成员国入世的重要特征。因此,WTO协定第12条为专家组在考量入世议定书条款(包括WTO-plus条款)与哪个适用协定本质相关提供了依据。如果此类本质联系确实存在,那么议定书该条款应被视为该适用协定的组成部分。在此情况下,除非加入议定书有明确相反规定,与议定书中某条款本质相关的适用协定的例外规则可以适用于该条款。㉚ 中国认为,议定书第11.3段与GATT 1994的第2条、第11条有本质相关的内在联系,是GATT的组成部分,因此GATT 1994第20条适用于议定书第11.3段。

而稀土案专家组的主要裁决思路是,认为议定书第1.2段中的WTO协定是指狭义的《马拉喀什协定》,不包括后附的多边贸易协定;议定书的某一条款也不会自动成为后附协定的组成部分。议定书某个条款成为某一多变贸易协定组成部分的条件是该条款有明确的文字指明如是联系。因为第11.3段没有明确文字指向GATT 1994,专家组甚至拒绝考虑中国提出的第11.3段出口税义务与GATT 1994第2.1条以及第11条有内在联系的论点,更否认第11.3段与GATT 1994之间有内在联系、前者是后者组成部分的论点。所以,稀土案和原材料专家组采取的都是狭隘的文本主义解释方法,得出的结论也完全相同。然而,这一结论与出版物案中上诉机构作出的GATT 1994第20条可以适用于议定书第5.1段的裁决互相矛盾。如此便无法达到WTO判例体系的和谐。

(三)稀土案裁决留下诸多不确定性

原材料案专家组简单认定第5.1段中的"不损害中国以与符合WTO协定的方式管理贸易的权利"这一表述并未见于第11.3段,因此上诉机构在出版物案中所作的GATT 1994第20条适用于第5.1条义务的论断,不能表明中国可以把GATT 1994第20条适用于第11.3段下的出口税义务。㉛

有意思的是,稀土案专家组判定议定书第11.3段是否GATT 1994

㉚ China's Rebuttal Submission, paras. 15–18.
㉛ Panel Report, *supra note* ⑬, para. 7.124.

组成部分时,仅仅看第11.3段条文是否明确写明有如此联系;而上诉机构却认为,议定书条文是否明确提及 GATT 1994 不具有决定性,二者之间联系的性质需要考虑各种因素进行整体分析来确定。显然,上诉机构的解释方法比原材料案和稀土案专家组都进了一大步。值得注意的是,出版物案中,第5.1段提及 WTO 协定,并未明确提及 GATT 1994,上诉机构裁决 GATT 1994 第20条可以适用于议定书第5.1段的依据事实上也是来源于整体解释。这样一来,上诉机构在稀土案中否定了原材料专家组和稀土案专家组的文本主义解释方法,回归了更为客观理性的整体性解释方法。[32]

稀土案中,中方没有完整上诉这个法律问题,特别是没有上诉第11.3段与 GATT 1994 的法律关系,因此上诉机构没有推翻专家组的结论。尽管如此,按照上诉机构提出的新思路,原材料案中上诉机构支持的结论事实上已经被否决,那么议定书的条款与 GATT 1994 之间究竟是什么样的关系?这个问题至今仍无肯定性回答,即使是出口税义务与 GATT 第2条之间的密切关系已经被俄罗斯加入时将其出口税承诺纳入货物减让表而证明,且东京回合的多边谈判文件也已证明成员们对出口税义务与 GATT 若干条款均密切相关达成共识。[33] 这是 WTO 争端解决不告不理的性质决定的。遗憾的是,经历三个案件,上诉机构仍然未能确定《加入议定书》的一个条款与 GATT 1994 之间的法律关系。这样一个重大的法律问题不能快速解决,其效率令人不无遗憾。

此外,这一法律问题涉及一个基本的法律原则:WTO 成员未明文放弃的基本条约权利如何能够被解释为默示弃权?如此解释议定书条文是否具有无故减损新加入成员能享有的条约基本权利的危险?权利如此重要,怎可默示放弃?在《中国加入议定书》中,解释议定书第11.3段中国默示弃权,直接与第7.3段明示弃权的例证相矛盾。这是一个悬而未决的问题,有待上诉机构未来的深思和明确澄清。这不仅是中国、也是所有新加入成员关注的问题。若不予澄清,新加入成员在条约下的基本权利不能确保不被加入议定书中模糊的承诺所减损。

㉜ 冯雪薇:《从稀土案看上诉机构建立判例纠错制度的必要性与可行性》,载于《国际经济法学刊》第22卷第1期,北京大学出版社2015年版,第1~28页。特别是脚注㊵中提及的上诉机构报告 5.63~5.64 段。

㉝ 同上注文,第23~24页。

回顾历史，解剖现实：WTO 体制的瑕疵与漏洞应予重视及修补

关于加入议定书承诺与多边贸易协定关系的问题，学者也有不少关注。例如，秦娅认为议定书的内容贯穿了各个多边贸易协定，因此其条款应该与各个有关协定相结合共同解读。㉞ 原材料案件将议定书中国的出口税义务与 GATT 中有内在联系的条款分割解读，很不合理。㉟ 除了强调议定书与多边贸易协定不可分割的关系，秦娅对上诉机构在原材料案中解读议定书第 11.3 段的沉默的方法也提出了异议。㊱ Matthew Kennedy 认为，只要按照出版物案中上诉机构的裁决确定议定书某条文与某多边贸易协定之间存在客观联系，就应该共同解读以取得整个体制的和谐一致性。㊲ Joost Paywelyn 在评论出版物案中上诉机构作出的关于 GATT 第 20 条可以用来为违反议定书第 5.1 段抗辩的裁决时也指出，上诉机构对第 5.1 段的推理意味着，即使没有第 5.1 段引言那句话，只要被诉违反议定书的贸易措施与 GATT 1994 第 20 条所包含的合法规制的目的之间存在客观联系，则 GATT 1994 第 20 条即可被援引。㊳ 笔者赞同这些观点，并且进一步认为，若加入议定书某一条

㉞ Julia Qin Ya, The Challenge of Interpreting "WTO-Plus" Provisions, Wayne State University Law School Legal Studies Research Paper Series, p.15, at http://www.ssrn.com/link/Wayne-State-U-LEG.html, Mar. 15, 2014.

㉟ Julia Qin Ya, Reforming WTO Discipline on Export Duties: Sovereignty over Natural Resources, Economic Development and Environmental Protection, *Journal of World Trade*, Vol. 46, No. 5, 2012, p.1156.

㊱ How to interpret the silence in paragraph 11.3 also depends on the interaction of the various elements of the VCLT interpretive principles. When the object of interpretation is the absence of a term, the "ordinary meaning" of the term does not exist, hence its implication can only be interpreted contextually, that is, through the examination of all other elements articulated in VCLT Articles 31 and 32 in a holistic manner. Because the Protocol constitutes "an integral part" of the WTO Agreement, pursuant to Article 31(2), the textual context of the Protocol should comprise the entire WTO Agreement, including its preamble and annexes. The GATT1994, being one of the annexes to the WTO Agreement, should therefore be viewed as part of the "context" of the Protocol. And the GATT provisions on export restraints, including the exceptions applicable to them, should all be treated as the relevant context of paragraph 11.3 and be examined as such in the process of ascertaining the implication of the silence. This, however, was not recognized by the Appellate Body. Julia Qin Ya, The Predicament of China's "WTO-Plus" Obligation to Eliminate Export Duties: A Commentary on the China-Raw Materials Case, *Chinese Journal of International Law*, Vol. 11, No. 2, 2012, pp.14–15.

㊲ Matthew Kennedy, The Integration of Accession Protocols into the WTO Agreement, *Journal of World Trade*, Vol. 47, Issue 1, 2013, p.75.

㊳ Joost Paywelyn, Squaring Free Trade in Culture with Chinese Censorship: The WTO Appellate Body Report on "China—Audiovisuals". *Melbourne Journal of International Law*, Vol. 11, No. 1, 2010, pp.136–138.

款所涉及事项与一揽子协定中的某一个贸易协定密切相关(管辖事项和义务性质相似),则无需议定书条文有明确的指示,就可以确定前者为后者之组成部分(integral part)。正因为各个议定书条款(至少大多数)都能在某个贸易协定中找到归属,成为其组成部分,议定书第1.2段所说议定书整体成为《马拉喀什协定》(指一揽子协定,包括附件中的所有多边贸易协定)的组成部分才真正有实际意义。这样理解加入议定书与一揽子协定之间的关系,才是符合逻辑和常识的。

四、如何解决 WTO 法与其他 FTA/CU 之间的冲突

WTO 争端解决中另一个有待妥善解决的体制性问题,是如何理顺 WTO 多边协定与自由贸易协定或关税同盟(FTA/CU)之间的法律关系,解决二者之间存在的法律冲突。迄今为止,上诉机构在土耳其纺织品案、墨西哥软饮料案、巴西轮胎案、秘鲁农产品附加税案等案件中已经有所涉及多边条约之间的冲突的问题。被告方或引用 FTA 为由反对专家组的管辖权,或者引用 GATT 24 条证明自己的措施合法。

(一)有关案例中的裁决

土耳其纺织品案中,土耳其为与欧盟协调政策而对关税同盟之外的成员采取纺织品进口数量限制,被印度申诉,认为土耳其的措施违反 GATT 1994 第 11 条以及《纺织品协定》第 2.4 条。上诉机构采用援引例外需负举证责任的规则,要求土耳其证明:符合 GATT 1994 第 24.8 条的关税同盟确实存在;并且,不采取(违反 WTO 义务的)涉案措施便无法与欧盟建立关税同盟。土耳其未能证明后面一点,也未能反驳上诉机构提出的不违反 WTO 义务的替代措施,因此上诉机构裁定其措施不能被 GATT 1994 第 24 条合法化。㊴

巴西轮胎案中,巴西禁止进口欧盟的翻新轮胎,同时却因为南方共同市场(简称 MURCOSUR)的仲裁裁决而允许进口来自 MURCOSUR 成员的翻新轮胎。专家组把这一例外的适用归入巴西在 GATT 1994

㊴ WTO, WTO Dispute Settlement: One Page Case Summaries (1995~2011), 2012 edition, p.19.

第20(b)条抗辩中考虑(主要在第20条的引言条款中衡量),认为这一例外虽然给MURCOSUR提供优惠待遇,造成了对欧盟的歧视,但是从效果上看,其进口数量极小,因此不构成"不合理的歧视",也不构成"对贸易的变相限制"。不违反GATT 1994第20条的引言。[40]违反引言的是巴西法院一个允许国内产业使用旧轮胎制作翻新轮胎的裁决令。

但上诉机构认为,是否构成"不合理的歧视",不能仅从效果上分析,还要从歧视措施与第20条项下各目标有无合理联系来审查。上诉机构认为,巴西实施例外允许MURCOSUR成员的翻新轮胎进口是为了执行MURCOSUR的裁决,这与第20条下的目标没有合理联系,因此该歧视构成"不合理歧视",违反第20条引言。[41]

上述裁决是否会引起WTO与MURCOSUR条约之间的冲突?上诉机构指出:巴西在MURCOSUR仲裁当中并未引用《蒙得维的亚公约》第50(d)条中规定的保护人类和动物植物健康的理由,而这条和GATT第20条的作用类似。上诉机构认为,巴西未引用该条款,依据MURCOSUR的裁决所采取的措施就与GATT 1994第20条的目的无关,因此巴西不能证明这项歧视措施是源于WTO协定与MURCOSUR的冲突。[42] 笔者认为,上诉机构把两个多边条约是否构成冲突的判断标准作了过于狭义的理解。在上诉机构看来,必须是两个作用性质相似的条款之间互相抵触才构成冲突,执行MURCOSUR的合法裁决直接导致巴西无法符合WTO的GATT 1994第20条这一事实并不构成两者之间的冲突。这一解释似乎过于局限。即使巴西没有在仲裁中引用《蒙得维的亚公约》第50(d)条,但这毕竟是一个区域贸易协定作出的有拘束力的裁决,WTO专家组无权审查该裁决在MURCOSUR的《蒙得维的亚公约》之下的合法性,只能考虑如何把该项裁决与WTO目前争端裁决进行协调,从而得出不否定另外一个法庭裁决的合法性的结果。但上诉机构采用了非常简单化的"关联性"判断方法,以不关联为由对另一个国际法庭的裁决不予考虑,这种做法是否妥当?还是隐藏

---

[40] Panel Report, Brazil-Measures Affecting Imports of Retreaded Tyres, WT/DS332/R, June 12, 2007, paras. 7.287 – 7.288, 7.355.

[41] Appellate Body Report, Brazil-Measures Affecting Imports of Retreaded Tyres, WT/DS332/AB/R, December 3, 2007, paras. 227 – 230.

[42] Ibid., para. 234.

着导致国际法未来的碎片化更为严重的危险?这是一个非常值得关注的问题。

在墨西哥软饮料案当中,墨西哥首先在北美自由贸易区(NAFTA)提起设立仲裁委员会,审查美国是否未能履行 NAFTA 之下就糖类产品对墨西哥的市场准入义务。由于美国拒绝合作,仲裁委员会未能设立。墨西哥为了迫使美国守约,对来自美国的糖类产品采取了提高征税的措施,美国于是在 WTO 起诉墨西哥的报复措施违反 GATT 1994 第3条。墨西哥认为,专家组应该行使固有的自由裁量权,拒绝管辖并不予审查美国的请求。但同时墨西哥只是认为 WTO 专家组行使管辖权是不合适的,并未直接声称 NAFTA 协定下的义务会造成法律障碍(legal impediment)妨碍墨西哥接受 WTO 专家组管辖。[43] 而专家组认为自己无权拒绝管辖此案,墨西哥也没有提供足够事实材料说服专家组应该拒绝管辖。[44] 专家组认为 WTO 与 NAFTA 所管辖的争端事项并不相同。

上诉机构的分析似乎仅仅按照 DSU 第7条、第11条、第3.3条和第23条来确定专家组的管辖权是否有效确立(validly established)。上诉机构认为,第3.3条规定了起诉权(the right to bring a dispute),第23条规定了寻求救济权(the right to seek redress of a violation of obligations),专家组对 WTO 适用协定下事项不予以管辖便会减损成员在适用协定下的权利。分析过程似乎标明,一开始完全可以不考虑是否和其他 FTA 的争端解决程序存在管辖冲突的因素,直接按照 DSU 来确定专家组的管辖权是否可以有效确立。作为补充,上诉机构又指出墨西哥同意专家组作出的 WTO 与 NAFTA 所管辖的争端事项并不相同的裁定。另外,墨西哥并没有引用 NAFTA 协定第2005.6条中的排除其他法庭管辖的条款,因此本案不存在法律障碍可以阻碍 WTO 专家组的管辖权。[45]

假设墨西哥提交 NAFTA 和美国提交 WTO 审查的是同一事项,而

---

[43] Appellate Body Report, Mexcio Tax Measures on Soft Drinks and Other Beverages, WT/DS308/AB/R, March 6, 2006, para. 44.

[44] Panel Report, Mexcio Tax Measures on Soft Drinks and Other Beverages, WT/DS308/R, October 7, 2005, para. 7.1.

[45] Appellate Body Report, *supra* note [41], paras. 53–54.

墨西哥引用了 NAFTA 的排他管辖条款(第 2005.6 条),仲裁委员会已经设立。此时若美国将同一事项提交 WTO 审查,则 WTO 专家组在确定自己对此争端有无管辖权之时,能够只考虑 DSU 相关条款而不考虑 NAFTA 的排他管辖条款吗? 笔者认为,在此情况下,专家组应该考虑 NAFTA 的排他管辖和 WTO 的无条件管辖之间确实存在冲突,这个时候,两者都应该予以考虑再决定是否行使管辖礼让(judicial comity)⁴⁶,并且在墨西哥引用排他管辖条件下支持 NAFTA 的管辖权。如此,才能在国际贸易法的不同部分之间形成和谐的国际管制体系。上诉机构在本案中停留在不存在法律障碍而终止了分析,或许体现了普通法中不告不理和司法节制的精神;但同时,如何处理管辖权的冲突,行使管辖礼让的问题尚待将来在实践中解决。上诉机构既然很早已经宣告,WTO 法不能"孤立于国际公法予以解读"⁴⁷,如何处理和 FTA 争端解决机制之间的管辖冲突就是必然会遇到的问题。上诉机构在具体的个案中需要给未来指出一个思考的路径,如何协调国际法不同部分之间的关系,使得 WTO 法作为整个国际法的一部分,不是孤立地而是和谐地与其他部分共存成为一套完整的体系。

又如秘鲁农产品附加税案。2011 年 12 月 6 日,秘鲁和危地马拉签署了《秘鲁—危地马拉双边自由贸易协定》(以下简称《双边自贸协定》)。在谈判过程中,双方同意,秘鲁给予若干危地马拉产品零税率关税配额[包括实施价格幅度制度(price range system, PRS)导致的税收],但双方就产品范围是否包括糖类产品产生了分歧。换言之,双方未能就秘鲁能否继续对危地马拉糖类产品的进口实施 PRS 达成一致。此外,《双边自贸协定》第 15.3 条规定,如果双方在本协定或双方缔结的其他 FTA 或 WTO 协定下产生争议,申诉方可以选择争端解决机构。第 19.5 条规定,本协定于缔约方交换书面通知确认各自已经完成相应法律程序之日起第 60 日生效,或者于缔约方共同协商之日生效。2014 年 3 月 5 日,秘鲁收到了危地马拉的通知,危地马拉表示它已满足《双边自贸协定》生效的法律要求。但截至本案开庭之日,没有证据表明

---

⁴⁶ Petersmann 教授在 2015 年 7 月清华大学举办的纪念 WTO 成立 20 周年研讨会上提出可以考虑如此主张。

⁴⁷ WTO, *Dispute Settlement Reports 1996 (Volume 1)*, Cambridge University Press, 2000, p. 16.

秘鲁已经批准该协定,也没有证据表明双方已共同商定生效日期,因此秘鲁和危地马拉之间的《双边自贸协定》尚未生效。㊽

在专家组阶段,秘鲁认为专家组应该拒绝受理危地马拉的诉请。秘鲁援引《维也纳条约法公约》第 41 条和 GATT 1994 第 24 条,论证多边条约的部分缔约方在不影响其他缔约方的情况下,可以修改条约在相互间的适用。本案中,秘鲁认为危地马拉在《双边自贸协定》附件第 2.3 条第 9 段同意秘鲁保留 PRS 机制,且承诺该协定与 WTO 冲突时,该协定规定优先适用。因此秘鲁认为,即使专家组决定受理危地马拉的诉请,也应当考虑到《双边自贸协定》修改了双方的 WTO 权利义务,以本协定规定为准。㊾专家组的处理很简洁:由于《双边自贸协定》尚未生效,专家组认为无需判断双方是否通过该协定修改了 WTO 条约下的权利义务,也无需判断该协定是否与 WTO 条约存在规则冲突及冲突的后果。专家组只能按照 WTO 的有关协定判案。㊿

上诉过程中,秘鲁认为,根据《维也纳条约法》第 31.(3)条(a)款和(c)款,专家组在解释《农业协定》第 4.2 条和 GATT 1994 第 2.1(b)条时应当考虑《双边自贸协定》以及《国家责任条款草案》这些有关因素。秘鲁认为,《双边自贸协定》属于《维也纳条约法》第 31.(3)条(a)款规定的"适用于当事国间的有关国际法规则"和(c)款规定的"嗣后协定";《国家责任条款草案》第 20 条和第 45 条属于上述(a)款规定的"有关国际法规则"。具体而言,《双边自贸协定》附件 2.3 第 9 段规定"秘鲁可以保留 PRS 机制",危地马拉也批准了该协定,这构成《国家责任条款草案》第 20 条所指的对秘鲁保留 PRS 这一违法行为的"同意",以及第 45 条所指的"放弃"追究秘鲁国家责任的权利。因此,专家组在解释《农业协定》第 4.2 条的"should not maintain"和 GATT 1994 第 2.1(b)条时应当考虑以上因素。㉛

上诉机构认为,构成《维也纳条约法》第 31.(3)条(a)款和(c)款的"有关国际法规则",和"嗣后协定"都需要该规则或者嗣后协定与被

㊽ Panel Report, Peru-Additional Duty on Imports of Certain Agricultrual Products, WT/DS457/R, November 7, 2014, paras. 7.40 – 7.46.

㊾ *Ibid.*, paras. 7.508, 7.510.

㊿ *Ibid.*, para. 7.526.

㉛ Appellate Body Report, Peru-Additional Duty on Imports of Certain Agricultrual Products, WT/DS457/AB/R, July 20, 2015, para. 5.91.

解释的 GATT 第 2.1(b) 条和《农业协定》第 4.2 条注脚 1 中的若干概念(可变进口关税、最低进口价格、类似边境措施)有"相关性",须是关于相同主题的(concerning the same subject matter)规则,二者之间须有专门的联系(bearing specifically upon the interpretation of a treaty)。㊾

上诉机构认为,本案需要解决的问题是秘鲁的进口附加税是否构成 GATT 1994 第 2.1(b) 条所指的"普通关税"(ordinary custom duties)或"其他税费"(other duties or charges),或是《农业协定》第 4.2 条脚注 1 所指的"可变进口关税"(variable import levies)、"最低进口价"(minimum import prices)和"类似边境措施"(similar border measures)。为此,专家组需要解释上述概念。但《双边自贸协定》附件 2.3 第 9 段允许秘鲁保留 PRS 价格机制,该协定和《国家责任条款草案》第 20 条和第 45 条规定了一国对他国国际不法行为所作的同意的效力。以上条款与本案所要解释的 WTO 条款既无相同的主要内容,也没有专门的联系,因此它们不是 GATT 1994 第 2.1(b) 条和《农业协定》第 4.2 条的"有关"解释因素。㊿

鉴于《双边自贸协定》和《国家责任条款草案》第 20 条和第 45 条与本案涉及的 WTO 条款无关,上诉机构认为没有必要再考虑双边的自贸协定能否构成《维也纳条约法》第 31.(3) 条(a)款所指的"嗣后协定",也没有必要考虑这些条款是否属于第 31.(3) 条(c)款所指的"适用于当事国间的国际法规则"。㊽

笔者特别关注上诉机构审查是否《双边自贸协定》附件 2.3 第 9 段以及《国家责任条款草案》第 20 条和第 45 条与"普通关税"或"其他税费"以及"可变进口关税"、"最低进口价"和"类似边境措施"有专门的联系采用的仅仅是表面的理解。实际上,保留 PRS 制度本身就是"普通关税"或者"其他税费"的一个例外,其形式与《农业协定》第 4.2 条中的"可变进口关税"也无区别,为什么上诉机构却认定二者之间没有联系呢?联系是明显存在的,只是《双边自贸协定》与 WTO 的规则不同而已。规则不同被作为认定二者没有联系的证据似乎并不十分合理。

㊾ *Ibid.*, para. 5.101.
㊿ *Ibid.*, paras. 5.102 – 5.103.
㊽ *Ibid.*, para. 5.105.

当然秘鲁的论点不无瑕疵：主要是《双边自贸协定》并未生效，秘鲁也并未依据 GATT 1994 第 24 条提出诉请，双方对该协定是否允许秘鲁保留违反 WTO 规定的 PRS 制度有分歧，上诉机构没有审查该协定是否符合 GATT 1994 第 24 条。⑤ 笔者认为，与其裁定秘鲁的 PRS 制度与 GATT 1994 第 2.1(b) 条和《农业协定》第 4.2 条注释 1 没有关系，因此不适用于这两项条款的解释，不如换一个分析方法，认定这二者虽然相关，但是 GATT 的结构是专家组须先裁定 PRS 制度是否违反 GATT 1994 第 2.1(b) 条和《农业协定》第 4.2 条。若违反，再考察秘鲁的抗辩。秘鲁若援引 GATT 1994 第 24 条，需要沿用土耳其纺织品案中上诉机构的分析方法，审查措施是否符合 GATT 1994 第 24 条关于自由贸易区的定义。若符合 24 条，则可以引用来证明措施合法。这样的分析方法与土耳其纺织品案件中的方法是一致的。

假设《双边自贸协定》已经生效，秘鲁引用了其中附件的内容证明违反 WTO 的措施可以被该协定合法化，那么即使秘鲁的措施违反 GATT 1994 第 2.1(b) 条和《农业协定》第 4.2 条，但如果符合 GATT 第 24 条关于自由贸易区的例外条款，相关措施也是合法的。然而本案中，与 WTO 相关且可能存在冲突的《双边自贸协定》中的规则被上诉机构解读为不相关，或许反应了上诉机构尽量以各种原因避免裁决两个规则之间构成法律障碍的心理，因为发现冲突就必然要面对和解决冲突。笔者认为，这不是一种承担挑战的思想。因为或早或晚，一定会有真实的法律冲突出现。上诉机构应该勇于思考，不回避冲突，而是研究发生冲突后，什么样的处理办法最为妥当。比如，双方若就 FTA 中的某一规定有分歧，而 WTO 专家组不能审理，该案件的核心又取决于 FTA 中的某规定究竟准确含义为何，而且 FTA 有自己的争端解决机制，专家组会否要求双方首先诉诸 FTA 的争端解决机制先解决 FTA 有关规定的具体含义，然后再来行使自己的管辖权审查该措施是否符合 GATT 第 24 条的例外？这样在不同国际法庭之间的合理协调有序运作，或许才能避免不同法庭之间管辖权的冲突和法律解释的碎片化。

---

⑤ *Ibid*., para. 5.117.

（二）GATT 第 24 条本身的立法缺陷以及应对 FTA/CU 的政策缺失

GATT 第 24 条作为一个例外条款含有彼此矛盾的两个目标：在区域贸易伙伴之间创造更多贸易，同时又不得对非区域内的 WTO 贸易伙伴提高贸易障碍或壁垒。㊌ 由于这类协定只在区域贸易伙伴之间创造更多贸易，这必然侵蚀其他 WTO 贸易伙伴的最惠国待遇。2004 年 WTO 总干事素帕猜委托一个顾问委员会进行未来形势评估，该委员会提交了一份"萨瑟兰报告"，其中一章分析了区域贸易协定的蓬勃发展几乎使 WTO 的最惠国待遇（most-favored-nation）沦为最低优惠国（least-favored-nation）待遇，并对此表达了深切关注。㊏ 近年来，区域性的多边贸易协定更是取得了长足的发展。例如，《跨太平洋伙伴关系协定》（Trans-Pacific Partnership Agreement, TPP）的内容不仅涉及市场准入、边境措施，还包括知识产权保护、环境、金融服务、投资、劳工等问题，并规定了加入程序和争端解决机制。㊐ 在 WTO 的多哈回合数年谈判进展寥寥的情况下，美国贸易官员宣称 TPP 为"具有里程碑意义的下一代贸易协定蓝本"，放弃拯救多哈谈判就成为了美国的新策略。㊑ 有鉴于此，加之考虑到谈判的难度差异，很有可能 TPP 会比多哈先达成协议。由此带来的问题是：这两个多边贸易协定之间保持何种关系？这是 WTO 目前面临的形势。至少在 WTO 尚未将 TPP 的实体内容纳入自身范围以前，二者之间一定会有实体内容的冲突，也会发生争端解决程序上的重叠。有学者认为 WTO 被 FTA/CU 的发展所侵蚀是暂时的，一定时间之后 FTA/CU 中增加的新内容将被纳入 WTO 多边体制当中㊠；WTO 秘书处的年度报告也如此预测。㊡ 但笔者认为，即使假以时

㊌ See GATT 1994, Paragraph 4 of Article XXIV.

㊏ Consultative Board to the Director General Supachai Panitchpakdi, The Future of the WTO: Addressing Institutional Challenges in the New Millennium, WTO, 2004, p.19.

㊐ 肖冰、陈瑶：《跨太平洋伙伴关系协议（TPP）挑战 WTO 现象透视》，载于《南京大学学报》2012 年第 5 期，第 29～37 页。

㊑ 同上注引文，第 33 页。

㊠ 同上注引文，第 37 页。

㊡ See WTO, World Trade Report 2011-The WTO and Preferential Trade Agreements: From Co-existence to Coherence, 2011.

日,区域贸易协定内容将被 WTO 接纳,这个过程也会相当漫长,因为 WTO 成员的情况相差较多,各个成员的需求差异也较大。比如,NAFTA 已经生效多年(自 1994 年生效),其内容并没有因此被 WTO 都吸收进来;欧共体的条约也已经施行并且改进多次,其内容也并未成为 WTO 协定的内容。即使有这种转移和传递的历史趋势,其发展过程也可能是相当漫长的。

在此新形势下,WTO 需要解决 GATT 第 24 条的适用问题,即该条中包含的内部条件和外部条件的含糊内容由谁进行准确界定。WTO 前总干事拉米在 2012 年的一篇讲话中曾经提出,回应区域贸易协定繁荣而多边谈判萧条的方法之一,是修改细化 GATT 第 24 条的规则[62],可惜这未能成为 WTO 成员的优先选项。WTO 的立法无力是多年来不争的事实,争端解决机构因此有必要主动发挥作用,这在一定程度上可以弥补立法的不足。上诉机构在土耳其纺织品案中明确说明,自己有权审查成员为其贸易措施抗辩的理由,即措施是否符合 GATT 第 24 条的要求。[63] 抗辩一方必须能证明其关税同盟或者关税同盟的临时协定符合 GATT 第 24.8(a)条和第 24.5(a)条规定的条件。

GATT 第 24.8(a)(i)条要求关税同盟取消在其成员之间的"大部分贸易"(substantially all the trade)方面的"关税以及限制性商业法规"(duties and other restrictive regulations of commerce)。上诉机构认为这里的"大部分贸易"不等于"全部贸易"但是显著多于"部分贸易"。[64] GATT 第 24.8(a)(i)条文字括号中还有个例外"except, where necessary, those permitted under Articles XI, XII, XIII, XIV, XV, and XX",即括号所列种类的限制若有必要时是可以保留的,其中包括的 GATT 第 11 条的数量限制措施。这似乎给该条的范围提供了灵活性,但灵活到什么程度尚属未知。有意思的是,虽然这个例外清单不包括 GATT 第 19 条保障措施在内,但在 WTO 保障措施案件中,上诉机构认可了成员可以在保障措施当中不对区域贸易伙伴的适用只适用于非区域贸易的

---

[62] Peter Van Den Bossche & Werner Zdouc, *The Law and Policy of the World Trade Organization: Text, Cases and Materials*, 3rd ed., Cambridge University Press, 2013, p. 654.

[63] Appellate Body Report, Turkey - Restrictions on Imports of Textile and Clothing Products, WT/DS34/ABR, WT/DS34/AB/R, October 22, 1999, para. 45.

[64] Ibid., para. 48.

伙伴的做法为合法,只要在损害调查中也同时排除来自区域贸易伙伴的进口造成的损害即可。⑥ 上诉机构并未细分析 GATT 第 24.8(a)(i)条文字为何允许不对内只对外实施保障措施。笔者认为,虽然例外清单上没有 GATT 第 19 条,但是有 GATT 第 11 条数量限制措施,这和保障措施采取的形式是相同的。据此可以解释为上诉机构用了这条的明示例外作了延伸解释,为了接纳成员们在若干区域贸易协定中已经制定了关于保障措施对外不对内实施的现状,但同时给其实施加上一些限制,即在对外部成员实施保障措施时,其因果关系的分析上仍然要合理,符合 WTO 保障措施的要求。笔者认为,上诉机构在 GATT 第 24 条立法不完整的情况下自行根据情况造法的行为是可以理解的。

此外,GATT 1994 第 24.8(a)(ii)条要求,关税同盟内的每个成员与外部贸易伙伴(第三国)之间要保持"大部分相同"(substantially the same)的"关税以及限制性商业法规"。上诉机构对于"大部分相同"的解释是,每个关税同盟成员对第三国不必实施"完全相同"(same)的关税与限制措施。虽然这一解释具有一定的灵活性,但这种灵活性是有限的,要求非常接近于"相同"。⑥ 在土耳其纺织品案中,土耳其引入了与欧盟相同的、先前在本国不存在的纺织品数量限制,形式上与欧盟的外部贸易壁垒一致起来了。但本案中外部壁垒的相同性却违反了第 24 条的其他规定,即引言中的"若不采取涉案措施则关税同盟无法建立"的事实未能予以证明。⑥

GATT 第 24.5(a)条是对关税同盟成员的外部要求,每个内部成员对外部贸易伙伴的"关税以及限制性商业法规"在关税同盟结成以后整体上不得比此前该成员对外部贸易伙伴的"关税以及限制性商业法规"的一般水平(general incidence)更高或者限制性更多。所谓"此前的'关税以及限制性商业法规'的一般水平",按照上诉机构的解释,本质上是一个经济测试⑥,但上诉机构并未对此予以细致分析。上诉机构裁决被告措施不合 GATT 第 24 条的原因主要是,土耳其未能证明不

---

⑥ Apellate Body Report, United States-Definitive Safeguard Measures on Imports of Circular Welded Carbon Quality Line Pipe from Korea, WT/DS202/AB/R, February 15, 2002, paras. 179, 181, 194.
⑥ Appellate Body Report, *Supra* note ⑥, para. 50.
⑥ *Ibid.*, para. 62.
⑥ *Ibid.*, para. 55

采取纺织品进口数量限制措施,关税同盟便无法达成。因为土耳其可以采取制定适当的原产地规则来区分本国对欧盟的纺织品出口和第三国通过土耳其对欧盟的再出口纺织品,便于欧盟实施其不同于土耳其的纺织品数量限制措施,本案被告输在举证责任上。

问题是,GATT 第 24 条的引言存在与第 24 条第 5 款和第 8 款不同的举证责任吗?还是只要证明了符合这两款,便足以满足第 24 条引言的要求?第 24 条的解读是按照各个部分文字表面规定还是按照各个部分的不同功能作用整体来解读?另一种观点认为,只要满足了第 5 款和第 8 款的要求,也就满足了第 24 条引言的举证责任;引言只是一个说明,符合相关条件的关税同盟,都可以成立,不可以阻挡。若采取这个观点,土耳其的核心是要证明其关税同盟之后,对外的整体关税和限制水平不得高于此前对外关税和限制的一般水平。当然,这取决于一个经济评估。土耳其论证说,第三国进口土耳其的纺织品再出口欧盟的占土耳其对欧盟纺织品出口总额的 40%。若不改变土方的纺织品政策,则无法满足第 24.8 条有关规定的要求,因为进入土耳其又出口欧洲的 40% 会被欧洲排除而不得进入。这会违反在关税同盟伙伴之间取消"大部分贸易限制"的要求。⑥ 上诉机构没有直接回应上述观点,而是援引第 24 条引言的规定来裁定土耳其未完成举证责任。但可以看到,土耳其提出的是一个虽然极为特殊却十分值得关注和研究的问题。因为本案中,欧盟没有降低其对外纺织品进口限制,土耳其提高了本国的限制,由于专家组假定(arguendo)双方结成的是关税同盟,并在此基础上审查关税同盟是否允许土耳其实施纺织品出口配额限制,双方没有上诉专家组的这一假定。上诉机构因此认为自己也无义务裁决关税同盟是否符合 GATT 第 24 条的要求,因此不必审查本案中的关税同盟是否满足了 GATT 1994 第 24.8 条和第 24.5 条的要求。⑦ 争端解决机制不告不理或者司法节制的原则使得上诉机构没有正面回答土方这个观点。

综上分析可以看到,WTO 成立二十年来,专家组和上诉机构对 GATT 1994 第 24 条的具体解释内容有限;虽然在土耳其纺织品案和美

---

⑥ Ibid., paras. 60 – 61.
⑦ Ibid., para. 60.

国钢管保障措施案中上诉机构给出了一些具体的解释和界定,但在 2006 年以后的案件中,上诉机构很谨慎地回避了对 GATT 1994 第 24 条的含义作出进一步明确。综合考虑,若 WTO 的立法失灵和缺陷短时期内无法补救,争端解决机构再趋向保守不言,GATT 1994 第 24 条如何能给 WTO 成员提供有指导性的信号,使其在进行区域贸易协定谈判时明确何为可以,何为不可以,从而避免区域贸易协定对 WTO 义务的严重蚕食呢?未来 WTO 与区域贸易协定共存的漫长过程中,WTO 应该何时行使司法礼让,允许区域贸易争端解决机制先期作出相关认定?WTO 与区域贸易协定之间实体法规则冲突时如何处理?若 WTO 的立法、司法机构不在当前的案件中作出一些方向性的解释,按照《维也纳条约法公约》第 30.3 条之规定,同一事项上后制定的条约效力高于先制定的条约,类似 TPP 协定的区域贸易协定的规则就有优先适用的效力。因此,WTO 的多边贸易协定被蚕食的危险是真实存在的,蚕食多少取决于这些区域贸易协定的内容范围和权利义务的深度。笔者认为,上诉机构于此历史阶段中在 GATT 第 24 条的解释方面采取较为主动的态度对于 WTO 的发展更为有益。

综上,笔者认为,目前 WTO 争端解决机构所面临亟需解决的问题是进一步澄清加入议定书和 WTO 各个协定的关系,以及妥善解决 WTO 与 FTA/CU 管辖权和法律规则之间的冲突问题。在争端解决机制良好运作的同时,关注当前阶段的主要问题是 WTO 成员以及争端解决机构的责任。本文的叙述与分析意在抛砖引玉,提出问题和讨论问题,以便引发同行们更多的思考以贡献真知灼见。愿我们的法律共同体为维护 WTO 争端解决机制的良好运行与发展多多尽力。

(编辑:李冬冬)

Reflecting on the History and Examining the Reality: The Systemic Defects and Loopholes of the WTO should be Highlighted and Mended

Feng Xuewei

【Abstract】 The great achievements of Uruguay Round negotiations are well-known by the world. However, the 20 years of functioning of the WTO also reveals certain defects and loopholes in the drafting of the single-package treaty, such as Articles 9 and 10 of the Marrakesh Agreement Establishing the World Trade Organization and the procedural defects of the DSU. It is not surprising that in recent years, the DSU reform negotiation forum has received wide spread proposals on amending various present provisions. In addition, the WTO dispute settlement process has accumulated a considerable number of jurisprudence and addressed a wide variety of covered agreements and legal issues. There are two major systemic issues that the Appellate Body and the Panel have not yet appropriately clarified, i. e., the relationship between Accession Protocols and the WTO agreements and the relationship between WTO agreements and the regional trade agreements. The author, through case analysis, proposed specific thinking on how to address these issues in this paper. In general, reflecting on the history and examining the reality, there are a number of defects or loopholes in the single-package WTO Agreement. It is therefore not appropriate to label the WTO system as "model law within the public international law". Rather, these defects and loopholes should be found out and given sufficient attention so as to mend them for the system.

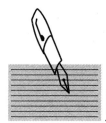

反思 WTO 法 二十年及未来
——兼评"WTO 法是模范国际法"

■ 张乃根*

【内容摘要】 WTO 法与作为国际组织的 WTO 相辅相成,是包括庞大的条约法及有关法律文件或渊源的复杂体系。WTO 法的"伞形"条约结构涵盖了"一揽子协定"及诸边协定,还有大量货物或服务贸易的减让表与新加入 WTO 成员的议定书及附件。WTO 争端解决的条约解释是"活的"WTO 法。WTO 法的许多"惯例"也是重要的组成部分。反思 WTO 的二十年,可以发现其具有争端解决的强制管辖、丰富的条约解释等优点,但也显然存在决策机制效率低、区域贸易安排缺少协调和争端解决的贸易救济不够等缺点。针对"WTO 法是模范国际法"的观点,本文认为应作具体分析,避免一概而论,不应全盘肯定。展望 WTO 法的未来,中国需要 WTO,WTO 也需要中国。中国应当积极参与新的国际经贸法律秩序的建设;同时,中国必须加快国内经济社会等各方面改革,促进经济发展模式的改变,朝着以制度创新、技术创新为导向的发展道路迈进。只有中国自身真正强大到足以替代美国的经贸地位时,包括更加健全的 WTO 法在内,新的国际经贸法律秩序才可能形成。

自 1995 年 1 月 1 日随着世界贸易组织(WTO)正式运行,其法律体系(WTO 法)实施至今已逾二十年。在中国加入 WTO 五周年之时,

---

* 作者系复旦大学特聘教授,法学博士。

笔者曾先后撰文反思 WTO 及其对国内体制的影响。① 本文将着重反思二十年来 WTO 法所凸现的优缺点,并展望其未来,同时对"WTO 法是模范国际法"②的看法作点评析,求教于学界同仁。

一、反思 WTO 法 20 年

所谓"反思"是指对某些问题或事件的回顾性思考,通常对人们已有看法作一定的评析,以求更深入的认识,利于判断今后的相关发展。WTO 法与作为国际组织的 WTO 相辅相成,业已发展为一个庞大的条约法及有关法律文件或渊源的体系。严格地说,"模范国际法"是对 WTO 法而言。然而,欲界定 WTO 法,并非容易。下文先对二十年来形成的 WTO 法之性质及范围作一点探析,以便于分别比较其相对的优缺点。

(一) WTO 法的性质

WTO 法的前身是《关税与贸易总协定》(GATT)的法律体系。因其在乌拉圭回合谈判期间最先提出世界贸易体制新观念③而被誉为"WTO 之父"的约翰·杰克逊教授,于 1969 年出版的《世界贸易与 GATT 法》是第一本从条约法角度全面阐述 GATT 的"宪法性法律"(constitutional law)和"义务的法律"(law of obligation)及其例外制度的学术专著。④ 此后,尤其是 WTO 成立后,WTO 法具有的国际法性质渐成共识。这里所说的"国际法"包括了"国际经济法"(international economic law)和"一般国际法"(general international law)。学界对此一直存有不同理解。比如,美国最早撰写多卷本《国际经济法》的洛温菲尔

---

① 张乃根:《反思 WTO:全球化与中国入世》,载于《世界贸易组织动态与研究》2002 年第 4 期;《论我国入世对国内体制的影响及反思》,载于《世界贸易组织动态与研究》2006 年第 12 期,二文均汇编于张乃根:《WTO 法与中国涉案争端解决》,上海人民出版社 2013 年版,第 6~12 页、第 13~23 页。

② 参见杨国华:《WTO 法是模范国际法——在中国国际法年会上的讲话》,载于杨国华:《WTO 中国案例评析》,知识产权出版社 2015 年版,第 366~370 页。

③ John H. Jackson, *The World Trading System: Law and Policy of International Economic Relations*, Cambridge: The MIT Press, 1989.

④ John H. Jackson, *World Trade and the Law of GATT*, New York: the Bobbs-Merrill Company, Inc. 1969.

德教授没有谈及一般国际法,并且,国际经济法范畴的 GATT 作为"国际贸易的公共管制"也只是"国际私人贸易"和"政治目的性贸易管制"的补充。⑤ 欧洲国际经济法学代表之一霍亨维尔顿教授认为在最广意义上,"国际经济法只是整个国际公法学科的重要组成部分之一"⑥,包括作为国际经济组织的 GATT。中国学界亦有类似看法。在此不予赘述。约翰·杰克逊教授于 2006 年发表的《国家主权与 WTO:变化中的国际法基础》开篇就是讨论国际经济法与一般国际法的关系,认为 WTO 法是"国际经济法最复杂和最重要的组成部分","与一般国际法的联系是极其紧密的"。⑦ 尽管学界对国际经济法与一般国际法的关系存有不同理解,但是,WTO 法的国际法性质是无可争议的。有关 WTO 法的专著已有不少。⑧

(二) WTO 法的范围

1. WTO 法的"伞形"条约结构及其范围

"与其他国际法制度相比,WTO 法是一个复杂和范围很广的法律体系。"⑨这一体系具有特殊的"伞形"(umbrella)条约结构,即以《建立 WTO 协定》为"涵盖"(cover)所有乌拉圭回合谈判达成的"一揽子"

---

⑤ Andreas F. Lowenfeld, *International Economic Law Vol. VI Public Control on International Trade*, New York: Matthew Bender, 2nd ed., 1982, Preface to the First Edition.

⑥ Igmaz Seidl-Hohenveldern, *International Economic Law*, 3rd, London: Klawer Law International, 1989, p.1.

⑦ John H. Jackson, *Sovereignty, the WTO and Changing Fundamentals of International Law*, Cambridge: Cambridge University Press, 2006. 参见〔美〕约翰·H. 杰克逊:《国家主权与 WTO:变化中的国际法基础》,赵龙跃、左海聪、盛建明译,社会科学文献出版社 2009 年版,第 4 页。

⑧ 比如,Gabrielle Marceau, edited, *A History of Law and Lawyers in the GATT/WTO: the Development of the Rule of Law in the Multilateral Trading System*, Cambridge: Cambridge University Press, 2015; Peter C. Mavroidis, Mark Wu, *The Law of the World Trade Organization (WTO)*, 2nd ed., St. Paul: West Academic Publishing, 2013; Peter Van den Bossche, *The Law and Policy of the World Trade Organization*, Cambridge: Cambridge University Press, 2008; David Palmeter, *The WTO as A Legal System*, London: Cameron May, 2003;曾令良:《世界贸易组织法》,武汉大学出版社 1996 年版;赵维田:《世贸组织(WTO)的法律制度》,吉林人民出版社 2000 年版;王贵国:《世界贸易组织法》,法律出版社 2003 年版。

⑨ Peter C. Mavroidis, Mark Wu, supra ⑧, p.32.

(single package)协定以及相关协定或法律文件。⑩ 该协定是一把"大伞",通过支撑伞顶延伸伞面,起到全覆盖的作用。⑪ 根据该协定第2条,WTO法的范围首先涵盖"对所有成员具有约束力"的3项实体法协定,即《货物贸易多边协定》及其1994年GATT(包括1947年GATT与相关所列法律文件、谅解、解释性说明等)与12项实施协定、《服务贸易总协定》(GATS)及其8项附件和《与贸易有关的知识产权协定》(《TRIPS协定》),2项程序法协定,即《关于争端解决规则与程序的谅解》(DSU)和《贸易政策审议机制》(TPRM);其次涵盖对接受的"成员具有约束力"的4项数边贸易协定(目前2项仍有效)。根据DSU第3条第2款及附录1,除TPRM,这些对所有或部分成员具有约束力的协定属于WTO争端解决可适用的"适用协定"(covered agreements)。《建立WTO协定》第16条第4款要求每一成员应保证其法律、法规和行政程序与上述协定对其规定的义务相一致,从而明确了WTO法高于各成员国(域)内法的关系⑫,为解决任何不一致而引起的争端解决提供了"宪法"依据。⑬

应留意的是,WTO运行以来的20年间,除了1996年第一次部长会议通过的《关于信息技术产品贸易的部长宣言》(《信息技术协定》第1期,ITA-I)⑭和1997年WTO成员达成的《基础电信服务协定》和《金融服务协定》,均为乌拉圭回合谈判的后续成果⑮,分别属于上述《多边货物贸易协定》与GATS的条约体系。2005年以来,WTO达成3项新

---

⑩ 参见《世界贸易组织乌拉圭回合多边贸易谈判结果法律文本》[中英文对照],法律出版社2000年版。下文援引该文本,出处略。

⑪ John H. Jackson, *The World Trading System: Law and Policy of International Economic Relations*, 2nd ed., Cambridge: The MIT Press, 1997, p. 47;[美]约翰·H.杰克逊:《世界贸易体制——国际经济关系的法律与政策》,张乃根译,复旦大学出版社2001年版,第52页。

⑫ 参见张乃根:《论WTO法与域内法的关系:以WTO争端解决机制为例》,载于《国际条约与国内法的关系》,世界知识出版社2000年版,第111~123页。

⑬ 《建立WTO协定》被称为"WTO宪章"(WTO Charter)。参见[美]约翰·H.杰克逊,同注⑪引书,第52页。

⑭ ITA-I现有81个成员。统计来源:WTO/Information Technology Agreement: https://www.wto.org/english/tratop_e/inftec_e/inftec_e.htm, 2015年8月8日访问,下文访问时间同。

⑮ 这些协定的成员取决于对相关服务市场的承诺开放。参见WTO/I-TIP Services: http://i-tip.wto.org/services/(S(1jyte0zyaup4l2tgv451d2ue))/default.aspx.

协定或修正案,目前均尚未生效。⑯

除了上述协定,WTO法的"伞形"条约结构还涵盖两方面的法律文件。其一是根据GATT第2条第7款和GATS第20条第3款,乌拉圭回合谈判达成的各成员关税减让表和具体承诺减让表分别为GATT第一部分(因而也是《多边货物贸易协定》)或GATS的"组成部分"。其二是WTO成立后新成员的加入议定书及其减让表⑰,根据议定书均为《建立WTO协定》"不可缺少的一个部分"。⑱

可见,WTO的条约法体系庞大复杂,通过《建立WTO协定》这一"宪章"与其覆盖的附件协定或法律文件,对全体成员或有关成员具有条约义务的约束力,形成与一般国际法密切相关,具有"伞形"条约结构的特殊法律体系。

2. WTO法的条约解释

根据DSU第3条第2款,WTO争端解决机制"适于保护各成员在适用协定项下的权利和义务及依照解释国际公法的惯例澄清这些协定的现有规定"。由于WTO运行至今,尚无任何严格依照《建立WTO协定》第9条第2款作出的"立法性"(即采取决策程序)条约解释,因此,通过"反向一致"程序无一例外采纳的专家组或上诉机构报告⑲所含有"司法性"(即采取裁决程序)条约解释成了WTO法的条约解释之唯一渊源。虽然相比"立法性"条约解释对所有成员具有约束力,此类"司法性"条约解释只对争端当事方具有约束力,但是,根据《建立WTO协定》第16条第1款,"除本协定或多边贸易协定项下另有规定外,WTO应以GATT 1947缔约方全体和在GATT 1947范围内设立的机构所遵循的决定、程序和惯例为指导",在WTO争端解决的实践中,具有指导

---

⑯ 2005年12月WTO第六次部长级会议通过的《TRIPS协定第31条修正案》(截至2015年7月27日,56个成员批准加入);2013年12月WTO第九次部长级会议通过的《贸易便利化协定》(截至2015年8月4日,11个成员批准加入),均不足2/3成员,尚未生效。2015年7月28日总理事会通过由54个成员谈判达成的《信息技术协定》第2期,2016年1月1日参加成员相关新的关税税则生效,并适用于未参加成员的相关产品。参见WTO/Trade topics;https://www.wto.org/english/tratop_e/tratop_e.htm,相关内容。

⑰ 截至2015年7月27日,共有34个新成员加入WTO。数据来源:https://www.wto.org/english/thewto_e/acc_e/acc_e.htm.

⑱ 比如,The Protocol on China's Accession to the WTO(WT/L/432),第1段第2款。

⑲ 截至2015年7月31日,已通过173份专家组或上诉机构的争端解决报告。统计来源:https://www.wto.org/english/tratop_e/dispu_e/dispu_status_e.htm,并参见WTO Dispute Settlement One-Page Case Summaries (1995~2014), 2015 edition.

作用的"惯例"(practices)也包括了对 WTO 法的"司法性"条约解释。比如,"中国稀土案"专家组报告强调,中国提出的抗辩理由不能构成"令人信服的理由"(cogent reason),以致可以偏离上诉机构在先前"中国原材料案"报告对《中国入世议定书》第 11 段第 3 款的条约解释。[20]显然,上诉机构的报告或其认可的专家组报告所含条约解释对嗣后类似案件的裁决具有很强的指导作用。如今 WTO 争端解决报告均在正文之前列举相关案件报告,WTO 争端解决机构(DSB)还整理了所有涉及条约解释的报告段落"索引"(index),对应相关"适用协定"的条款。

对 WTO 法的条约解释成了具有指导作用的"惯例",已是不争的事实。数以百计此类报告所含条约解释是"活的"WTO 法,它不仅告诉争端当事方,而且使得所有 WTO 成员了解相关 WTO 协定项下的权利与义务究竟是什么。

3. WTO 法的"惯例"

WTO 法的"惯例"(即实际做法)不仅存于上述"司法性"条约解释,而且因袭了 GATT 时期的传统[21],体现于 WTO 许多法律(即具有约束力)活动。比如,上述"立法性"条约解释虽是明文规定,却因延续 GATT 时期的协商一致"惯例"(根据《建立 WTO 协定》)第 9 条第 1 款,该"惯例"亦成明文规定),迄今尚无一起实例,而且,即便无法协商一致,按"惯例"也从不适用少数服从多数的投票机制。这种极端的协商一致成了 WTO 特有的"惯例"。又如,DSU 第 21 条第 5 款和第 22 条第 6 款之间存在"先后顺序"(sequencing)的冲突。由于多哈议程谈判停滞不前[22],因此在 WTO 争端解决实践中业已形成"惯例",即争端解决当事方就"先后顺序"达成程序性协议以免冲突。[23]此类"惯例"是 WTO 法不可缺少的一部分。

总之,二十年来的 WTO 法已成为由"伞形"结构条约法、"司法性"

---

[20] China-Measures related to the Exportation of Rear Earths, Tungsten, and Molybdenum, WT/DS431,432,433/R, March 26, 2014, para. 7.72.

[21] 后来事实上的国际组织——GATT 完全是通过"缔约方全体"(Contracting Parties)的实际做法形成的。参见 John H. Jackson, *supra* note ④, pp. 145 – 162.

[22] 有关谈判,参见纪文华、姜丽勇:《WTO 争端解决规则与中国的实践》,北京大学出版社 2005 年版,第 124～126 页。

[23] 比如,China-Countervailing and Anti-dumping Duties on Grain Oriented Plat-rolled Electrical Steel from the United States, Understanding between China and the United States Regarding Procedures under Article 21 and 22 of the DSU, WT/DS414/14, August 21, 2013.

条约解释和"惯例"组成的国际法体系。

(三) WTO 法的优点

有比较,才有鉴别。与当今其他国际法体系相比,二十年来 WTO 法凸现如下优点:

(1) 争端解决的强制管辖显示了 WTO 法的较强约束力。

根据《建立 WTO 协定》第 16 条第 5 款,任何成员"不得对本协定的任何条款提出保留。对多边贸易协定任何条款的保留应仅以这些协定规定的程度为限"。这包括未规定任何保留条款的 DSU,因而按照 DSU 第 3 条第 1 款,"各成员确认遵守迄今为止根据 GATT 1947 第 22 条和第 23 条实施的管理争端的原则及在此进一步详述和修改的规则和程序。"这是任何 WTO 成员应接受 WTO 争端解决的管辖权之依据。"这就是 WTO 独一无二的特点,即不同于其他许多国际制度,WTO 具有强制性和有约束力的裁判程序。"[24]作为 WTO 争端解决的始初条款之一,GATT 第 22 条第 1 款要求"每一缔约方[本文注:如今为 WTO 成员]应对另一缔约方就影响本协定运用的任何事项可能提出的交涉给予积极考虑,并应提供充分的磋商机会"。DSU 第 4 条第 2 款重申了这一要求任何 WTO 成员均应履行的义务,并规定了磋商的时限,从而保证一成员对他成员提出的磋商"有求必应"。由于磋商是 WTO 争端解决的第一个必经程序,一旦磋商未成,提出磋商的一方有权要求设立专家组解决争端,而根据 DSU 第 6 条第 1 款,除非"DSB 经协商一致决定不设立专家组[本文注:即反向一致]",因此,如要求一方坚持设立(按惯例,如另一方反对,须经两次要求),则毫无疑问将设立专家组。这样,任何成员接受 WTO 争端解决的管辖就是普遍的、强制的,而且,该争端解决的裁决最终可能导致 DSB 授权贸易报复,因而具有较强的约束力。[25]

WTO 成员除个别为单独关税区政府,均为主权国家。国家间争端

---

[24] Rufus Yerxa, "The power of the WTO dispute settlement system", at Rufus Yerxa and Bruce Wilson, ed., *Key Issues in the WTO Dispute Settlement*, Cambridge: Cambridge University Press,2005, p. 3.

[25] 参见张乃根:《试析 WTO 争端解决的国际法效力》,载于《复旦学报(社科版)》2003 年第 6 期。

的和平解决随着现代国际法的产生而产生,并不断发展。1648年《威斯特伐利亚和约》第124条规定:如有违反本条约,不得诉诸武力,而应通过友好方式或通常的司法程序解决;如3年内仍无法解决争端,"与本条约有关之各方有义务与受损方一起,帮助其采用咨询与武力消除损害"。[26] 但是,在禁止一国除自卫,不得对他国使用武力的《联合国宪章》问世之前,国际争端的和平解决受到国家战争权的极大制约。著名国际法学家凯尔森在1944年发表的《通过法律达到和平》一书中,第一次明确提出战后的国际社会虽不可能建立超越国家主权的世界政府,但可能也应该设立一个通过全球性多边条约,"赋予其强制管辖权的国际法院。这意味着经由该条约组成联盟的所有国家有义务放弃以战争与报复作为解决冲突之手段,而将其所有争端无一例外地递交该法院裁决,并诚信地执行之。"[27]《联合国宪章》改变原先国际联盟将《国际法院规约》作为单独条约的做法,而将之纳入其条约体系由会员国一并签署[28],却原封不动地保留了该规约第36条第2条,允许"本规约各当事国的随时声明"接受国际法院的强制管辖权,换言之,各当事国亦可不声明接受或声明撤回该强制管辖权。此为"任择强制管辖权"(optional compulsory jurisdiction)。[29] 凯尔森提出的普遍强制管辖权理念未能实现。相比国际法院乃至当今全球性裁判机构(如海洋法法庭等)的管辖权,WTO的争端解决管辖权具有独特的普遍强制性,从而为WTO法的较强约束力,提供了体制上的保障。

---

[26] 《威斯特伐利亚和约》英文本 Peace Treaty between the Holy Roman Emperor and the King of France and their respective Allies 来源:Treaty Text (Yale University),中文本载于《国际条约集》(1648~1871),世界知识出版社1984年版,第1~32页。

[27] Hans Kelsen, *Peace Through Law*, New York: The Lawbook Exchange, Ltd., 1944, p.14.

[28] 参见《联合国宪章及国际法院规约》签署文本,中文本:联合国条约集网站 http://treaties.un.org. 下文援引该文本,出处略。

[29] 参见 James Crawford, *Brownlie's Principles of Public International Law*, 8th ed., Oxford: Oxford University Press, 2012, pp.726-728, 包括1946年10月26日中华民国政府接受"任择强制管辖权"的声明(直至1972年12月5日被中华人民共和国政府声明废止)在内的56个国家声明全文,可参见 Shaabtai Rosenne, ed., *Documents on the International Court of Justice* (Second edition), Alphen aan den Rijn (Netherland): Sijthoff & Noordhoff, 1979. 截至2015年6月23日,共有72个国家的此类声明有效。数据来源:http://www.icj-cij.org/jurisdiction/index.php? p1=5&p2=1&p3=3。

(2) 对 WTO 法的澄清丰富了条约解释的实践。

相比国际法院七十年来共受理 161 起案件㉚，WTO 争端解决二十年来已受理近 500 起案件。㉛ 根据 DSU 第 3 条第 2 款关于"依照解释国际公法的惯例澄清"适用协定条款项下权利与义务的要求，WTO 争端解决的绝大多数案件均涉及条约解释，从而形成了当今国际法实践中最丰富的条约解释。DSU 本身是 WTO 法的重要组成部分，这一要求属于总则，而不像《国际法院规约》第 36 条第 2 款第 1 项将"条约之解释"仅作为管辖的事由之一。在实践中，国际法院审理的案件如无涉及条约解释，则无需解释，而 WTO 负责争端解决的专家组如不澄清有关协定的项下权利与义务，难以裁决案件。上诉机构根据 DSU 第 17 条第 6 款，专司复审"专家组报告涉及的法律问题和专家组所作的法律解释"，更要进行一定的条约解释。㉜如上所述，WTO 争端解决极为丰富的条约解释是"活的"WTO 法，因此不仅体现 WTO 法的独特优点，而且对于一般国际法的条约解释理论与实践也是很大的贡献。㉝

(3) 世界贸易秩序的维持有赖于 WTO 法的有效实施。

尽管如前所述，WTO 成立二十年来，实际上还没有一项后 WTO 时期的新协定（即不是乌拉圭回合的后续谈判协定）付诸实施，然而，现行庞大的 WTO 法体系对于世界贸易秩序的维持，至关重要。根据 WTO 的统计，以 1999 年至 2013 年的世界货物贸易总量为例，从 6.2 万亿到 18.3 万亿美元，15 年翻了近 2 倍。㉞ WTO 法的有效实施，功不可没。乌拉圭回合谈判达成的各成员关税减让表和服务市场开放承诺表作为 WTO 法的组成部分，绝大多数得到了有效实施。有关争端案件

㉚ 截至 2015 年 8 月 5 日，统计来源：http://www.icj-cij.org/docket/index.php?p1=3.

㉛ 截至 2015 年 7 月 2 日，共 497 起。统计来源：https://www.wto.org/english/tratop_e/dispu_e/dispu_status_e.htm。

㉜ 参见 Isabelle Van Damme, *Treaty Interpretation by the WTO Appellate Body*, Oxford: Oxford University Press, 2009.

㉝ 参见 Richard Gardiner, *Treaty Interpretation*, Oxford: Oxford University Press, 2010; 张乃根：《条约解释的国际法实践及理论探讨》，载于《国际法研究》第三卷，中国人民公安大学出版社 2009 年版，二文汇编于张乃根：《国际法与国际秩序》，上海人民出版社 2015 年版，第 222~249 页。

㉞ 数据来源：https://www.wto.org/english/res_e/statis_e/its2014_e/its14_toc_e.htm。

相对较少。㉟

总之，WTO 法的优点很大程度上依赖于其独特的争端解决机制，可以说，假如没有这一机制，近二十年来 WTO 法既无更新的条约，也难以有效实施，早就名存实亡了。

（四）WTO 法的缺点

WTO 法不是，也不可能尽善尽美，而是存在许多缺点，至少包括如下三点：

（1）WTO 法缺少有效的更新功能。

根据《建立 WTO 协定》第 9 条第 1 款，"WTO 继续实行 GATT 1947 所遵循的经协商一致作出决定的做法。"该条款的脚注明确："如在作出决定时，出席会议的成员均未正式反对拟议的决定，则有关机构应被视为经协商一致对提交其审议的事项作出了决定。"这就是"正向一致"原则，即任何一个 WTO 成员均可阻止某决定的通过。这种决策的做法（即"惯例"）极大地制约了 WTO 更新其法律制度的功能。早在十多年前，由时任 WTO 总干事素帕猜选任的 8 人咨询委员会在《WTO 的未来》报告中就指出："该决策机制存在弊端[本文注：增加强调]。随着成员的增多（目前 148 个，今后将增至 170 个或更多），取得协商一致变得愈加困难，即便大多数成员希望作出决策。"㊱为何人们早已看到了这一弊端，而 WTO 成员们却无法拿出有效的治理办法呢？同样是该报告在认识到协商一致的弊端时却反对改变这一决策惯例，理由在于这种决策机制有利于最穷、最弱的成员与最富、最强的成员均平等地享有否决权。因此，该报告仅仅建议在"纯粹程序问题"上考虑多数表决，并在协商一致程序中由否决的成员书面陈述理由。看起来，这是很公允的，但是，实质上，该报告的建议反映了 WTO 中占少数的发达国家或地区成员仍希望保留否决权，担心在多数表决中失去其主导地位。

由于 WTO 的现行决策机制是 WTO 法的重要组成部分，因此，一

㉟ 截至 2015 年 8 月，WTO 争端解决涉及货物贸易的关税减让表案件共 16 起；纯粹涉及服务贸易市场开放承诺表的案件只有 2 起（美国博彩案和中国电子支付案）。参见 WTO Index of Disputes issues：http://www.wto.org/english/tratop_e/dispu_e/dispu_subjects_index_e.htm.

㊱ The Future of the WTO：Addressing Institutional Challenges in the New Millennium，WTO 2004，p. 63，para. 283.

味坚持协商一致的惯例使得 WTO 法缺少有效的更新功能。近二十年来,WTO 没有一项新的协定付诸实施,就是对这一缺点的佐证。WTO 法是否需要更新呢?如否,那么 2001 年 11 月多哈议程的设定就是毫无意义的。该议程多达 18 项,涵盖货物与服务贸易的市场进一步开放,贸易相关知识产权、投资、竞争政策、环境及技术转移,政府采购和贸易便利化,电子商务、小经济体,最不发达国家与特殊及区别待遇,WTO 规则与争端解决等。㊲如能达成协议,其法律文本恐怕不亚于乌拉圭回合成果。显然,进入新世纪后,WTO 成员确实期待更新 WTO 法,以适应经济日趋全球一体化的迫切需要,只是无法更新而已。这难道不应反思吗?多哈议程冠以"发展"议程(the Doha Development Agenda, DDA),表明"发展"是 WTO 成立后第一次多边贸易谈判的关键,这反映了该组织占大多数的发展中或最不发达成员的利益诉求,同时也是促进包括所有成员的共同发展之时代需要。由于 WTO 法的决策机制弊端,因此多哈议程历经 14 年,几无收获。形成鲜明对比的是欧美另起炉灶,试图通过其相互间经贸谈判,排斥中国在内的主要发展中成员,继续主导全球经济一体化。其用意如"司马昭之心,路人皆知"。

(2)规制区域贸易安排的 WTO 法缺失。

根据 GATT 第 24 条第 5 款规定:"本协定的规定不得阻止在缔约方[本文注:如今为成员]领土之间形成关税同盟或自由贸易区,或阻止通过形成关税同盟或自由贸易区所必需的临时协定",只要此类"区域贸易协定或安排"(RTAs)所实施的关税和其他贸易法规,"总体上不得高于或严于"实施之前的关税和其他贸易法规。也就是说,只要 RTA 成员实施的关税水平和贸易限制对于其他非成员而言,不高于或严于这些非成员先前享有的待遇,就符合该条款之规定。GATS 第 5 条第 1 款也有类似规定。二十年前 WTO 成立时,只有欧美发达成员主导的欧共体及关税同盟和北美自由贸易区等少数 RTAs,如今却"雨后春笋"般地遍布全球各地区,接近 300 个。㊳近年来,欧美一方面搁置多哈议程,一方面部署更大规模的 RTAs,如《跨太平洋伙伴关系协定》

㊲ Doha WTO Ministerial 2001: Ministerial Declaration, WT/MN (01)/DEC/1, December 20, 2001.

㊳ 参见 WTO/List of all RTAs: http://rtais.wto.org/UI/PublicAllRTAList.aspx,最后访问于 2015 年 11 月 9 日。

(TPP)和《跨大西洋贸易与投资伙伴协定》(TTIP)。在数以百计的TRAs"包围"下,WTO法的基石之一GATT第1条的普遍最惠国待遇(MFN)原则,早已成为"例外"。也就是说,如今,一个非RTA成员如获得其他RTA成员的关税或贸易法规的普遍MFN已是"例外"待遇,通常得到特殊的歧视性待遇。

然而,迄今WTO未对这一可能从根本上颠覆全球多边贸易体制的RTAs作出任何具有条约约束力的回应。2006年12月WTO总理事会仅作出一项有关RTAs的透明度机制决定,作为多哈议程有关WTO规则谈判部分的临时措施,要求有关成员对任何RTAs均应"早期宣布"(early announcement)并通报WTO。[39] 实际上,这是听便成员们自行其道。这是WTO法对RTAs的规制严重缺失。其原因值得反思。欧美最先达成最有影响的欧共体及关税同盟、北美自由贸易区,如今又大力推进TTP和TTIP。显然,从RTAs获得规则制定主动权和经济利益,是其根本出发点。多边与区域安排,哪一方面在某一时期对欧美有利,欧美就会向那一方面趋利而行。在发达成员仍主导WTO的情况下,WTO法的这一严重缺失不会得到补救。通过反思,我们对此应有清醒的认识。

(3) 争端解决的WTO法难以补救受损方。

根据DSU第21条、第22条,DSB一旦裁定某一成员违反条约义务,并对他方造成经济损失,争端各方应优先考虑如何"迅速符合DSB的建议或裁决",只有"建议和裁决未在合理期限内执行时"方可获得违约方自愿给予的补偿或由受损方请求DSB授权采取中止减让(即贸易报复)的临时措施。根据DSU第22条第8款,"减让或其他义务的中止应是临时性的,且只应维持至被认定与适用协定不一致的措施已取消,或必须执行建议或裁决的成员对利益丧失或减损已提供解决办法,或已达成双方满意的解决办法。"这被称为"既往不咎的未来导向",并"体现了长眼光、大智慧"的独特贸易救济。[40]然而,这样以人性为善来理解WTO争端解决的补救制度,是否符合法的本意呢?在西

---

[39] Transparency Mechanism for Regional Trade Agreements, Decision of 14 December 2006, WT/L/671.

[40] 韩立余:《既往不咎——WTO争端解决机制研究》,北京大学出版社2009年版,第52~55页。

方,古希腊柏拉图最初提出法治的理念时强调的是教育城邦公民养成节制(守法)的美德。[41]如果人们的品质天生都是节制的,何必还要通过立法和执法培养呢? 在中国,法家的出发点是人性为恶。否则,无须立法约束。可见,法的本意在于约束人们有意或无意对应有的行为规则之违反。这种有意或无意的违反者应承担一定的法律责任。在国内平等主体之间民商事关系领域,所谓"填平"(弥补受损)和惩罚性(遏制未来可能的违反)补救,并无任何"既往不咎"。在同样是平等主体之间关系的国际法领域,国际法院亦无"既往不咎"的规定,恰恰在以GATT为前身的WTO体系内,出现"既往不咎"的制度。原因何在,也值得反思。对此,下文略作剖析。

如前所述,WTO应以GATT时期的惯例为指导,根据1948年1月1日生效的GATT《临时生效议定书》,GATT第一部分进出口关税及减让表和第三部分RTAs(实质是第一部分的例外)等生效,而第二部分国内贸易法规等"在最大限度不抵触现行立法的范围内"生效(即前法优于后法的"祖父条款")。[42]事实上,GATT最初的几个争端解决案件均涉及GATT第一部分。[43]由于第一部分均适用普遍MFN,因此通过争端解决取消抵触GATT条款的国内措施,不仅与争端当事方有关,而且事关所有其他缔约方的贸易利益,理应成为优先目标,而非仅仅补偿受损的争端当事方,因而没有裁决任何损害赔偿。再说GATT时期,尤其是初期根本就没有"既往不咎"的明确规定,完全是实践中形成的做法。然而,随着GATT时期各缔约方国内新的立法增多,"祖父条款"逐渐失效,乃至WTO成立后根据GATT 1994第1条第1款,取消了"祖父条款",绝大多数争端解决案件都涉及GATT第二部分,尤其是反倾销等国内贸易救济措施引起的争端解决。[44] 此类案件的受损方是特定的,且受损包括国家、企业利益。对于违约方而言,通过其贸易救

---

[41] *The Law of Plato* (Trans. by Thomas L. Pangle), Chicago: The University of Chicago Press, 1980, p. 24, 644a.

[42] Protocol of Provisional Application of the GATT, October 30, 1947, 55 U.N.T.S. 308.

[43] Cuba -Consular Taxes (BISD II/12), India-Tax Rebates on Exports (BISD II/38), United States -Restrictions on Exports to Czechoslovakia (BISD II/28)。

[44] 截至2015年8月,WTO受理的反倾销、反补贴案件分别多达110起、109起,两者占受理案件总数497起的44%。统计来源:https://www.wto.org/english/tratop_e/dispu_e/dispu _agreements_index_e.htm? id = A20,最后访问于2015年11月9日。

济措施获得了不应获得的利益,被裁定违约,也仅仅"既往不咎",取消违约的贸易救济措施而已;对于受损方而言,难以获得充分的补偿。这难道公平吗?譬如,2011年WTO上诉机构在"美国双反案"中推翻了专家组关于宽泛认定施加反补贴税的"公共机构"的条约解释及其针对中国输美产品的结论,裁定美国不仅违反其WTO法下基于非歧视性原则征收反补贴税的"适当"义务,而且对华产品的双重贸易救济措施(即对同一产品征收重复的反倾销税和反补贴税)抵触WTO法。㊺但是,美国对于中国企业输美产品已征收"不适当"(违反WTO法)的、重复的反补贴税,没有分文补偿。如此"既往不咎",恐怕在一定程度上对滥用贸易救济措施起到了"推波助澜"的作用。近年来,美国依然我行我素,一而再、再而三地对华产品实施反倾销和反补贴的双重征税措施,以致中国在2012年又不得不向WTO申诉,并得到支持。㊻这难道不是应反思的缺点吗?

综上反思WTO运行的二十年,有助于进一步理解WTO法的性质及范围,并且"一分为二"地认识其优缺点,从而为我们考虑如何利用WTO法和参与制定新的法律规则提供实事求是的视角。

二、对"WTO法是模范国际法"须作具体分析

(一)对"WTO法是模范国际法"的理解

杨国华教授在2012年5月举行的中国国际法学会年会上的讲话中提出"WTO法是模范国际法"的观点。他认为这主要体现在三方面。"第一,WTO是管理贸易的,并且在贸易领域建立了一套国际规则。……第二,WTO的决策机制是'全体一致'(consensus),也就是'一国一票',所有协定都经每一个成员同意才能生效。……第三,WTO的争端解决机制是有效的。"㊼

从上文的反思中可以看到,WTO的决策机制存在明显的缺点,其

㊺ United States-Definitive Anti-Dumping and Countervailing Duties on Certain Products from China, WT/DS379/AB/R., March 11, 2011.

㊻ United States- Countervailing and Definitive Anti-Dumping Measures on Certain Products from China, WT/DS449/AB/R., July 7, 2014.

㊼ 参见杨国华,同注②引书,第366~369页。

争端解决机制,尤其是补救方面也不无缺点,有欠公平。因而至少在这两个方面,不能一概而论、全盘肯定地说"WTO法是模范国际法"。这实际上已经较全面、宏观地回应了这一观点。

以"模范"来形容 WTO 法在当代国际法体系中的示范性,不太合适。就"模范"的词义来说,具有可仿效、复制的意思。上文已谈到WTO法体系中争端解决的强制管辖确实是一个凸显的优点。然而,这也是独一无二的,很难被其他国际法体系中争端解决机制所仿效、复制。因此,至少在这一点上,WTO 法不是"模范国际法",而是"特殊国际法",或者说,是国际法的"模式"之一。

英文"模范"与"模式"或许是一个词(model),词义依上下文而定;中文两者一字之差,含义不同:前者具有示范的普遍性,后者含有个别的特殊性。DSB 上诉机构前任成员之一乔治斯·埃比—萨巴曾用复数"模式"(models)或"方式"(modalities)来表示 GATT 和 WTO 的不同争端解决"模式":GATT 时期的争端解决"反映了无意间形成的国际争端解决之模式或方式";WTO 争端解决中的专家组程序"真正渗透于仲裁模式";然而,在上诉阶段,"该模式完全变化","上诉机构具有某种控制法律解释与适用的最高法院管辖权"。㊽可见,即便对 WTO 最有特色的争端解决机制本身,也应对不同程序作具体分析,不宜一概而论,全盘肯定。

假如将"WTO 法是模范国际法"理解为"使得国际法从'软法'(soft law)变成了'硬法'(hard law),即从国际法对国家不可预测的软约束,变成了名副其实的硬约束"㊾,那么下文将从比较 WTO 与世界知识产权组织(WIPO)处理知识产权问题的一个侧面,比较微观地加以具体评析。

㊽ Georges Abi-Saab, The WTO Dispute Settlement and General International Law, Rufus Yerxa and Bruce Wilson, *supra* note ㉔, pp. 8 – 10.

㊾ 杨国华,同注②引书,第370页。

(二) 对"WTO 法是模范国际法"的评析：以 WTO 与 WIPO 的比较为例

1. WTO 通过争端解决机制实施《TRIPS 协定》对成员所起的约束作用

本质上，WTO 法是对成员政府设置权利与义务的条约法。"大多数 WTO 成员没有给予 WTO 规则或决定以直接[本文注:适用]效果，并且，履行任何[本文注:争端解决]裁决均需要相关成员通过以复杂的立法程序采取行动。"[50]在知识产权领域，《TRIPS 协定》将 WIPO 管辖的主要知识产权公约的实体性条款纳入，成为 WTO 争端解决的可适用法，并进一步规定版权及相关权、商标、地理标志、外观设计、专利、集成电路的布图设计、未披露信息的知识产权保护"起码标准"，即根据《TRIPS 协定》第 1 条第 1 款，"各成员可以，但并无义务，在其法律中实施比本协定要求更广泛的保护，只要此种保护不违反本协定的规定。"在知识产权的国际保护中，《TRIPS 协定》第一次明确规定了知识产权的实施义务，进而囊括了通常所说的确权与维权两大方面。这是一大进步。但是，知识产权的实施很大程度上是民事和行政程序及救济的组成部分，很难截然分开。

根据 DSU 附录 1 和《TRIPS 协定》第 64 条第 1 款的明文规定，包括被纳入的 WIPO 管辖的主要知识产权公约的实体条款，《TRIPS 协定》项下的争端解决可诉诸于 DSB。迄今已有 7 起经 WTO 争端解决专家组或上诉机构裁决的《TRIPS 协定》案件。

(1) "印度专利案"[51]涉及印度是否根据《TRIPS 协定》第 70 条第 8 款和第 9 款的过渡期规定，通过立法或行政规章提供外国药品专利申请的"信箱"制度以及此类药品的独占销售权。

(2) "加拿大药品专利案"[52]涉及加拿大专利法关于在药品专利期失效前 6 个月内未经专利人许可制造、储存药品或从事与开发及获得药品销售批准所需的信息递交有关活动，是否符合《TRIPS 协定》第 30 条例外条款。

---

[50] Rufus Yerxa and Bruce Wilson, supra note [24], p. 3.

[51] India-Patent Protection for Pharmaceutical and Agricultural Chemical Products, WT/DS60/R, September 5, 1997, WT/DS60/AB/R, December 19, 1997.

[52] Canada-Patent Protection of Pharmaceutical Products, WT/DS114/R, March 17, 2000.

(3)"加拿大专利期限案"[53]涉及加拿大专利法规定自1996年1月1日《TRIPS协定》对其生效时部分有效专利的期限仍为授权之日起算17年,是否符合《TRIPS协定》第33条专利期及第70条第2款保护仍有效的知识产权规定。

(4)"美国版权法案"[54]涉及美国版权法关于在某些商业场所未经版权所有人许可而播放、播送音乐作品的规定,是否符合《TRIPS协定》第13条例外条款。

(5)"美国商标案"[55]涉及美国拨款法有关禁止与古巴没收美国公司资产相关的商标在美国注册的规定是否符合被纳入《TRIPS协定》的《保护工业产权巴黎公约》有关商标注册规定及该协定第15条第2款的拒绝商标注册的"其他理由"。

(6)"欧共体地理标志案"[56]涉及欧共体地理标志条例有关规定是否符合《TRIPS协定》第3条、第4条国民待遇与最惠国待遇原则。

(7)"中国知识产权实施措施案"[57]涉及中国《著作权法》第4条不予保护作品的规定、中国《知识产权海关保护条例》第27条第3款处置没收侵权货物的规定以及中国最高人民法院与最高人民检察院关于适用刑法有关侵犯知识产权罪的刑事责任门槛的司法解释。

上述案件除中国涉案与知识产权的实施有关,其他所有案件均为有关WTO国(域)内专利、商标、版权和地理标志的立法保护。严格地说,只有中国涉案的司法解释属于知识产权的实施范畴,其他涉案的法律法规均为知识产权立法。换言之,争端解决限于这些涉案的部分立法抵触《TRIPS协定》的问题。唯一涉案司法解释抵触《TRIPS协定》的诉求,因美国举证不足被驳回。

可见,通过WTO争端解决使WTO法成为"硬法"的作用,至少在《TRIPS协定》领域仍限于立法层面,没有,也很难深入与一般民事及行

---

[53] Canada-Term of Patent Protection, WT/DS170/R, 5 May 2000, WT/DS170/AB/R, September 18, 2000.

[54] United States-Section 110(5) of the US Copyright Act, WT/DS160/R, June 15, 2000.

[55] United States-Section 211 Omnibus Appropriation Act of 1998, WT/DS176/R, August 5, 2001, WT/DS176/AB/R, January 2, 2002.

[56] European Community-Protection for Trademark and Geographical Indications for Agricultural Products and Foodstuffs, WT/DS174/R, March 15, 2005.

[57] China-Measures Affecting the Protection and Enforcement of Intellectual Property, WT/DS362/R, January 26, 2009.

政,甚至刑事程序密不可分的国内执法方面。即便是上述案件认定部分立法有悖于《TRIPS协定》,也主要是澄清该协定的有关条款含义,同时也承认各成员立法的特殊性。比如,"美国商标案"认定美国基于使用产生商标权的制度而拒绝未经商标原始所有人许可的商标注册,符合《TRIPS协定》第15条第2款"其他理由"。这说明《TRIPS协定》的"起码标准"实际上起到了"协调"(harmonize)而非"统一"(unify)的作用,即在《TRIPS协定》下,各国或地区仍可保留符合其传统特点的知识产权制度。由于《TRIPS协定》与其他WTO法一样仅约束各成员政府,且没有直接适用性,因此任何个人、企业对于有关立法是否符合《TRIPS协定》,只能通过其政府经由DSB解决。这就是WTO法具有"硬法"约束力的"模式",但是,这不是唯一的。如上所说,因WTO争端解决机制的特殊性而包括《TRIPS协定》在内的WTO法是很难被其他国际法体系所仿效、复制,因而也不宜称之为"模范国际法"。

2. WIPO通过国际协调机制对相关条约缔约国的约束作用

WIPO的前身是1893年由1883年《保护工业产权巴黎公约》与1886年《保护文学与艺术作品伯尔尼公约》的执行局合并而成的联合国际局。[58]目前WIPO管辖着二十多项知识产权条约(包括公约、协定等)。人们通常称之为"协调"性条约。

比如,在外观设计领域,《保护工业产权巴黎公约》签署时11个创始缔约国只有法国、比利时和意大利3国有外观设计法。该公约1883年作准法文本仅第2条将"工业设计与模型"列为受保护的工业产权之一。[59]考虑当时多数缔约国尚无外观设计法,该保护不属于强制义务。但是,签署该公约1900年议定书时,32个缔约国中16个有外观设计法,说明该公约起到了很好的协调作用。[60]1958年该公约的里斯本修订本新增的第5条之5第一次明确规定"外观设计在本联盟所有国家均应受到保护"。由此,外观设计保护成为各缔约国的强制性义

---

[58] 参见 WIPO: The First Twenty Years of the World Intellectual Property Organization from 1967 to 1992, Geneva: the International Bureau of Intellectual Property, 1992.

[59] Convention four La Protection de la Propriété Industrielle, Conlueà Paris, le 20 Mars 1883.

[60] 参见 Union Internationale Pour La Protection De La Propriété Industrielle, Paris, A. Pedone, Éditeur,1901, p. 8. 载于法国网:http://gallica. bnf. fr/ark:/12148/bpt6k6105575f/f5. image,最后访问于2015年11月9日。

务,即必须通过立法予以保护。然而,由于各国保护外观设计的传统不同,即便立法予以保护,也存在很大差异,尤其是专利法与版权法项下,或兼有两者特点的不同立法,因此,《TRIPS协定》在将《保护工业产权巴黎公约》第5条之5纳入的同时,允许"各成员可规定该保护不应延伸至主要出于技术或功能上的考虑而进行的设计"(第15条第1款)。这说明:知识产权保护既要有一定的"起码标准"(如应通过立法保护外观设计),也要照顾不同国情,允许保留不同保护方式。这就是"协调"。

在WIPO乃至其前身一百二十多年来持之以恒的协调下,外观设计的国际保护从无到有,直至今天形成以《保护工业产权巴黎公约》为基础,包括《TRIPS协定》有关规定的较完整体系,主要依赖于各国或地区遵守有关条约义务,循序渐进,建立健全相关国际法体系。应该说,WIPO通过国际协调机制对相关条约缔约国有相当的约束作用。这很难以"软法"和"硬法"来区分,判断是否属于"模范国际法",只能说,不同的国际法有其特殊性,"模式"多样化,各有其可取的长处。

三、WTO法的未来:挑战与应对

笔者在2013年10月曾撰文,较全面地论述了WTO体制所面临的严峻挑战及中国的应对。[61]在此,结合上文的反思和评析,作一点补充,也权作全文的结论。

WTO法的未来除了取决于其本身"扬长避短",进一步改进其最有活力的争端解决机制,完善其最为丰富的条约解释"活法",致力于有效地实施现行WTO法,在沿袭"协商一致"决策"惯例"的同时,必要时应采取多数议决,提高该组织的规范更新效率,并寻求克服多边体制下的RTAs"碎片化"之路径和DSU项下可操作的贸易补偿办法。更重要的是应看到,WTO法的未来还取决于经济全球化下全方位的治理体系建设。

随着以中国为代表的新兴经贸大国逐步走向全球经济治理的舞台

---

[61] 张乃根:《论WTO体制面临的挑战及中国的应对》,载于《WTO法与中国论坛年刊》(2014),知识产权出版社2014年版,第3～29页。

中央,如 2015 年中国发起的亚洲基础设施投资银行(AIIB)得到包括英国、法国、德国等在内许多国家的支持,2016 年中国将主办 20 国集团(G20)峰会,开启全球经济治理新篇章[62],国际经贸法律秩序正在发生微妙的变化。美国主导建立的国际货币基金组织、世界银行和 WTO 等主要国际经贸组织等构建的国际经贸法律秩序还没有发生根本变化[63],但是,国际经贸法律秩序逐步朝着有利于平衡各国利益而非"一家独大"的方向发展。在这一发展过程中,WTO 法的未来也将相向而行。对此,可以持谨慎的乐观。

不过,这种乐观存在很多不确定性。比如,就像联合国的安理会改革困境一样,任何改革方案都必须得到五大常任理事国的一致同意,如要改革 WTO 的决策机制,首先全体成员须就改革方案达成一致,除非改变"惯例",多数议决。WTO 何时改变,很难预料。又比如,如同美国国会迟迟不批准国际货币基金份额改革方案,即便该方案并不改变美国的唯一否决权,只是增加中国等新兴经贸大国的份额,未来 WTO 的任何多边谈判结果能否在美国国会事先授权批准程序的"快车道"前提下达成,也不太清楚。美国虽已不是全球最大的货物贸易国家[64],但仍是全球最大的经济体、最强的科技大国、最多的黄金储备国等[65]。这些经贸综合实力还将保持相当长的时期,因而也将在很大程度上主导全球治理。美国的经贸地位何时将显著衰落,也是需要观察,而非简单推测的。

因此,中国要有自信心,坚信 WTO 法的未来将利于中国。中国需要 WTO,WTO 也需要中国;同时,中国必须加快国内经济社会等各方面改革,促进经济发展模式的改变,朝着以制度创新、技术创新为导向

---

[62] 参见《国际学界关注 2016 年 G20 中国峰会开启全球经济治理新篇章》,载于《中国社会科学报》2015 年 8 月 5 日第 1 版。

[63] 参见张乃根:《试析国际经济法律秩序的演变与中国的应对》,载于《中国法学》2013 年第 2 期。

[64] 自 2013 年起,中国超过美国,成为全球最大的货物贸易国家。中美货物进出口总值(亿美元)分别为 2013 年 41603、38839;2014 年 43030、40320。中国海关统计:http://www.customs.gov.cn,最后访问于 2015 年 11 月 9 日;美国联邦统计:http://www.bea.gov,最后访问于 2015 年 11 月 9 日。

[65] 2014 年美国 GDP 为 17.4 万亿美元(美国联邦统计),国际专利申请为 61492 件(世界知识产权组织统计),黄金储备 8133.5 公吨(世界黄金协会统计),均高居全世界第一。

的发展道路迈进。只有中国自身真正强大到足以替代美国的经贸地位时,包括更加健全的 WTO 法在内,新的国际经贸法律秩序才可能形成。还是一句老话:前途是光明的,道路是曲折的。

(编辑:张川方)

Critically Rethinking the Law of WTO: Its 20 Years and Future: With Comments on "The Law of WTO Is the Model of International Law"

Zhang Naigen

【Abstract】 The law of WTO is in coexistence with the WTO as an international organization, including an "umbrella" structure of large and complex system of many treaties and legal documents as well as other sources, and also huge number of schedules on goods and service, the protocols of new Members of the WTO. The interpretation of treaties in WTO dispute settlement is the "living" law of WTO. Many "practices" of the WTO law is also an important part. Critically rethinking 20 years of the WTO, it could be found that there are advantages such as compulsory jurisdiction and plenty of treaty interpretations, but some disadvantages should also be taken into account, such as low efficiency of decision-making, lacking of well coordination of RTAs and insufficient remedies of WTO dispute settlement. Regarding the idea that the WTO law is the model of international law, the paper suggests that it must be analyzed case by case. China should trust the future of WTO and bear in mind that keeping up domestic reform, increasing opening-up and improving the overall national strength will be the key for China to participate in the new international economic legal order.

初识 GATT 与 WTO：反思和不平

■ 王传丽[*]

【内容摘要】 本文阐述了作者初识 GATT 的过程以及对 GATT/WTO 的理解。尽管作者不是政府官员也不是办案律师,但每当阅读 WTO 争端解决机制涉及中国案件的裁决时,心情总是不能平静并产生许多烦恼和无奈。由于中文不是 WTO 协定的正式语言,专家小组在涉及词语解释时,表现得过于强势;在涉及入世议定书性质及与 WTO 协定的关系问题上,WTO 不应表示沉默。专家小组和上诉机构的法官们乐于展示其才华,却丝毫没有顾及到国人的感受。由于中文不是 WTO 的工作语言,中国在入世议定书中承诺了什么,按照自己的理解说了不算,要人家解释说你说了什么才算,只需想想就让人崩溃!工业革命后英国的霸主地位以及第二次世界大战后形成的欧美一超多强的局面,促成并维持了英语的强势地位。看来中文要成为国际商务通用语言,成为国际组织的官方语言,大概就是中国成为大国并是强国的那一天。作者强调,语言真的不仅仅是工具,而是活生生的话语权!

为纪念 WTO 成立二十周年,杨国华教授邀请大家写一篇关于与 WTO 相识、相伴、相爱的故事。我踌躇再三不知自己是否应该响应,毕竟这个题目适合国华这样的文艺青年。细想起来,WTO 教学与研究并非我所爱,但是从事国际贸易法教学和研究必然要与 WTO 挂起钩来。WTO 争端解决中出现许多涉及中国的案件,尽管我不是涉案当事人,

---

[*] 作者系中国政法大学国际法学院教授、博士生导师。

既不是政府官员也不是办案律师,但每当阅读这些案件材料时,心情总是不能平静并产生许多烦恼和无奈。面对 WTO 规则这样一个复杂的法律体系,一方面深感自己的学识浅薄和法律修养的欠缺;另一方面,中国走向世界产生的东西文化的碰撞更引人深思。借国华提供的难得机会翻出些零星碎片、一些个人粗浅的学习感受与众人分享,也不失为一种乐趣。

一、初　　识

就个人经历而言,最早认识的不是 WTO,而是其前身 GATT。1983 年初经恩师姚梅镇教授推荐来到外经贸部(现商务部)条法司参加《中华人民共和国对外贸易法》起草小组的工作。起草小组与聘请专家在讨论法案性质,即是起草一部对外贸易法典还是一部外贸管理法时出现了意见分歧。不知什么原因,或许是作为一种立法指引,条法司给我们每一位成员发了一本白皮 16 开大字体的《关税与贸易总协定》。这是我第一次认识 GATT。十年后的 1994 年《中华人民共和国对外贸易法》正式颁布,虽然只有 8 章 44 条,但涵盖了 GATT 的基本内容。

在当时人们的眼里 GATT 或许并不被认为是法律性质的文件。在北京图书馆(沙滩)查阅有关 GATT 的资料时,能在法律类中找到的很少,主要都集中在经济和经济管理类中。当时的企业对 GATT 也基本不感兴趣。记得那时经常给特区的外贸学员上课,学员说,你讲买卖合同、贸易术语和信用证对我们很有用,但是 GATT 与我们有什么关系呢?我很无奈。只好说,现在以为没用,等恢复我们在关贸总协定地位后就有用了。GATT 除序言外,正文只有 38 条加 9 个附件,加一块儿不过薄薄一本,与现在的 WTO 无法相比。WTO 是一个完整的组织机构,虽然《马拉喀什建立世贸组织协定》只有 16 条,但其 4 个附件包含了 18 个协定。其范围除包括 GATT 传统货物贸易外,加上了纺织品和农业;此外还扩展到服务贸易、与贸易有关的知识产权、与贸易有关的投资措施等。更重要的是,如果把 GATT 比作一个单薄、温和的淑女,那么 WTO 则可被视为一个强壮的悍妇,其厉害之处在于有了一个长了牙齿的争端解决机构。

二、初识庐山真面目

从1986年起中国就开始申请恢复关贸总协定地位的努力,最终没有获得成功。1995年GATT迎来了它的乌拉圭回合谈判,并成立了世界贸易组织。2001年,中国作为新成员加入了WTO。与GATT不同,WTO设立了一个强制性的争端解决机构。对于我来说,初识其厉害是在阅读中国DS363案时产生的感受。该案中,为了解释中国入世议定书中"sound recording distribution service"(或"distribution of sound recording material service")的含义,美方采用了New Shorter English Dictionary;中方采用了American Heritage Dictionary of the English Language和Shorter Oxford English Dictionary;专家小组采用了Oxford English Dictionary on Line、Shorter Oxford English Dictionary第5版(2002年)和第6版(2007年)、Random House Unabridged Dictionary、Webster's New Encyclopedic Dictionary、Business Dictionary.com、The Monash Marketing Dictionary以及BENT Business Dictionary等。本人作了个统计,各种类型、版本不同、形式不同的词典加起来计10余种。① 2010年,本人曾将该案中中美双方与专家小组就该词语解释采用的词典整理了一个表,参见本文附录表格。

---

① 在对"recording"进行文义解释时,专家小组采用了 The Shorter Oxford English Dictionary, 5ed., W. R. Trumble, A. Stevenson(eds.), Oxford University Press, 2002, Vol. 2, p. 2493, See Panel Report, China—Measures Affecting Trading Rights and Distribution Services for Certain Publications and Audiovisual Entertainment Products, WT/DS363/R and Corr. 1, adopted January 19, 2010, as modified by Appellate Body Report WT/DS363/AB/R, para. 7. 1173. 在对"distribution services"进行文义解释时采用了 The Shorter Oxford English Dictionary, 6ed., Clarendon Press, 2002, Vol. I, p. 72. 同样的"distribution"文义解释,在加拿大小麦和谷物出口案中,专家小组的解释与其并不一致。See Panel Report, para. 7. 1178, footnote. 652. 这个解释与"commodity"的文义解释,均采用了 The Shorter Oxford English Dictionary, 5ed., Clarendon Press, 2007, Vol. I, p. 461, See Panel Report, para. 7. 1179, footnote. 653. 为了进一步说明"distribution"包括货物和服务,货物包括有体物和无体物,分销包括网络分销和非网络分销,专家小组又采用了business Dictionary—The Manash Marketing Dictionary, See Panel Report, para. 7. 1180, footnote 654. Monash Marketing Dictionary又名 Monash University Marketing Dictionary. 据查,The Monash Marketing Dictionary is a comprehensive glossary of marketing terms written by one of the Department of Marketing's favorite lecturers, Don Bradmore. It offers well researched definitions for most of the marketing related terms you will need throughout this subject. See Don Bradmore, Monash University Submitted to the Babylon Information Platform under the title Monash Marketing Dictionary, at http://www.buseco.monash.edu.au/mkt/dictionary/, Sep. 15, 2015.

一次欧盟总部在北京召集的小型座谈会上(记得当时有北师大张桂红教授参加,其余几人似乎都不认识),我在发言中认为,作为一个中文不是工作语言的世界贸易组织,争端解决机构这样进行条约解释缺乏确定性和可预见性。这样的条约解释对于中国是不公平的。并提出建议,为了让中国人知道争端解决机构采用多少词典,最好在 WTO 日内瓦总部开一个小书店,把专家小组和上诉机构可能援引的词典都摆放进去。最好是给每一个成员都发一套这些词典,以方便他们经常、随时查阅。当然最好的办法就是学习联合国,将中文列入 WTO 的正式工作语言。开始欧盟几位官员在微笑,后来就大笑起来。难道说错了吗? 我接着说,众所周知,作为 WTO 协定组成部分的中国入世议定书并不能在中国境内直接适用,需要中国的立法者把入世议定书转化为中国国内立法才能在中国境内得到适用。而中国国内法的制定显然只能依据中文的词义,不可能要求中国的立法者按照英文词典的含义来选择和解释本国的立法词汇。如果中国入世议定书的义务需要中国遵守或履行的话,也只能按照中国承诺其义务的含义,通过制定相应的国内法执行。中国的立法、执法、司法机关,只能按照相应的中国法去理解,不可能要求其按照欧洲人、美国人或拉丁美洲人使用的词典含义来执行中国立法的规定。

上面光统计了英文词典,实践中假设再加上法语、西班牙语词典呢?② 看来知识渊博的专家小组和上诉机构的法官们乐于展示其才华,却丝毫没有顾及到中国人的感受! 由于中文不是 WTO 的工作语言,中国人在入世议定书中承诺了什么,按照自己的理解说了不算,要人家解释说你说了什么才算,只需想想就让人崩溃! 如果中文是 WTO 工作语言,即使要花些翻译费,起码中国人可以坚持自己说的是什么!

有人说中文不适合作国际组织的工作语言,对此我表示遗憾。牛津大学教授 Jean Aitchison 曾说了一句话,稍许令人释怀:"一种语言的成功或失败与语言的内在特性并无多大关联,而与使用这种语言的人的力量有很大关系。"③工业革命后英国的霸主地位以及第二次世界大战后形成的欧美一超多强的局面,促成并维持了英语的强势地位。看

---

② 据说,后来争端解决机构在实践中基本只采用 Webster 和 New Shorter 两种词典。
③ 参见郭可:《国际传播中的英语强势及影响》,载于《现代传播》2002 年第 6 期。

来中文要成为国际商务通用语言,成为国际组织的官方语言,大概就是中国成为大国并是强国的那一天!我想强调的是,语言真的不仅仅是工具,而是活生生的话语权!

三、爱你,给我一个理由

有人说,爱,不需要理由;有人说,世界上没有无缘无故的爱。我相信后者。百年来,饱受外强帝国主义与殖民主义剥削和压迫的中国人,实现了国家独立自主。特别是中国改革开放以后,中国渴望在国际关系中通过和平共处、自由贸易、互利双赢,实现国家的安全与和平发展。对于WTO的宗旨和理念,许多经济学家和法学家们有过大量精辟的论著进行过分析和阐述。简言之,WTO是以市场原理为基础,通过建立规则导向的法律制度,"为商业和其他分散决策者们提供其所依赖的稳定性和可预见性"④。WTO的宗旨和理念契合中国改革开放、发展经济的愿望,也符合中国人"己所不欲,勿施于人"的传统文化和价值追求。从这一点出发,可以理解当中国从1986年申请恢复关贸总协定地位到2000年中国与美国、欧盟分别签署双边贸易协定,到最终完成了长达十余年的马拉松式的谈判,踏入WTO的大门时,中国人那种百感交集的心情。中国入世十五年的事实证明,作为世界上最大的市场,中国的对外开放给国际社会带来的是福音而不是灾祸。

从WTO的角度来看,在号称发展回合的多哈回合中,接纳了中国这样一个世界上幅员广大、人口最多、经济处在从计划经济向市场经济转型过程中的发展中国家,无疑是一件大事情。上诉机构的法官Peter Van Den Bossche教授认为,中国入世意味着从此WTO才像一个普遍性的国际组织。⑤

---

④ 〔美〕约翰·H.杰克逊:《GATT/WTO法理与实践》,张玉卿、李成刚、杨国华译,新华出版社2002年版,第10页。

⑤ Peter Van Den Bossche, *The Law and Policy of the World Trade Organization——Text、Cases and Materials*, Second Edition, Cambridge University Press, 2008, p.164. Quasi, means "having some of the features but not all; resembling; almost the same", Random House Webster's Dictionary of American English, Random House Inc., 1997, p.1051. 在其2013年第3版中,Peter教授认为,中国与俄罗斯的加入,使得WTO成为一个普遍性的国际组织(a universal organization),英文第3版,第152页。

WTO怎样对待中国这个新成员呢？这是一个很有意思的问题。中国"原材料案"和"稀土案"之所以引人注目，不是因为中国败诉，而是该案涉及一个重要的法律问题，即中国在入世议定书中的出口税承诺是否可以援引GATT第20条进行抗辩，并由此引起众多中外学者对于中国入世议定书的性质及其与WTO协定关系问题的关注。本人阅读的资料很是有限，不过这些相关的讨论还是引起我对WTO规则体系的思考。就此提出，求教于各位同仁。

E.-U. Petersmann教授写了一本《国际经济法的宪法功能和宪法问题》，对WTO的制度设计进行宪政问题的思考。⑥ 本人则从原材料案与稀土案中悟出WTO规则体系的契约性设计：

第一，入世议定书的性质问题。WTO本身对此并未作出回答。本人认为，专家小组和上诉机构在上述案件中的解释和分析及其结论，只有按照普通法系的合同对价（或大陆法系的约因）理论进行理解和解释，才是符合逻辑的。中国在入世议定书中全部义务的承诺是为换取WTO的权利和义务。即中国入世议定书是中国为享有WTO权利义务支付的对价（consideration）。当中国被指控违反入世议定书义务（条款）时，中国自然无权援引WTO协定及其附件协定的权利（包括例外条款）作为抗辩理由。

第二，入世议定书条款与WTO协定及其附件的条款不能相互置换（be transposed）。

第三，根据DSU（《关于争端解决规则与程序的谅解》）的规定，WTO适用协定（covered agreement）不是解决中国与成员基于入世议定书发生争端可适用的法律。入世议定书是WTO与中国之间签订的双边条约或协定。发生争端时，只能由DSB个案处理，并适用《条约法公约》解释条约的基本规则（第31、32条）。⑦

上述观点在与我的同事及学生们进行讨论时，有人表示同意，但也有不少人提出，道理听起来不错，但为什么专家小组和上诉机构的法官

---

⑥ See E.-U. Petersmann, *Constitutional Functions and Constitutional Problems of International Economic Law*, Fribourg University Press, Fribourg, Switzerland, 1991.

⑦ Reports of the Appellate Body, China—Measures Related to the Exportation of Rare Earths, Tungsten and Molybdenum (China—Rare Earths), WT/DS431/AB/R, WT/DS432/AB/R, WT/DS433/AB/R, March 26, 2014, p. 121, para. 5.6.

们在解释案件时不这么说呢？这个问题让我一直都很郁闷。

John Jackson 和 Peter Van Den Bossche 教授在其著作中,都有关于入世议定书是"入门票"(the price of the "ticket of admission")的表述。[8] 依照我的理解,入门票就是 consideration 这个法律用语的通俗表达,但为什么不被专家小组和上诉机构采纳呢？秦娅教授在 DS394 案中发现专家小组有"入门票"的表述[9],让我心中得到一丝安慰。

但是 WTO 关于入世议定书是入门票的这个规则设计并不是无懈可击的:

第一,各国法律体系不同。世界上不是所有国家的合同法理论中都有对价是有效合同要件的规定。中国古代的"傅别"是契约的一种形式。傅别,是在一片竹筒或木牍上刻写契约内容,缔约双方从中间破开,各执一半。日后发生争议,双方各出示所执一半,相合为证。[10] 这与现代中国法对契约与合同的理解是一致的,只不过契约的效力取决于或换成了双方当事人的签字。中国人认为,中国在入世议定书上签字意味着中国享有包括 WTO 协定及其附件以及入世议定书中的全部权利义务。这意味着在涉及入世议定书的争端中,专家小组和上诉机构应当将 WTO 协定及其附件的权利义务与入世议定书中的义务放到一起,综合考察中国是否违反了议定书的承诺。也就是说在处理涉及入世议定书的案件中,入世议定书中的义务与 WTO 协定及其附件中的权利义务是不可分离的。在程序方面,不能、也没有必要采用个案处理(case by case)的方法,也没有必要必须采用《条约法公约》第 31、32 条的解释方法。在上述原材料和稀土案中,与出口税措施有直接或客观联系的协定是 GATT 1994,中方有权援引 GATT 1994 第 20 条的例外来保护自己,而不必仅仅看入世议定书某条款的上下文。

第二,中国没有参加 WTO 协定的谈判。中国不是 WTO 的原始缔

---

[8] The "ticket of admission", See John H. Jackson, *The Jurisprudence of GATT & The WTO—Insights on Treaty Law and Economic Relations*, Cambridge university Press, 2000, p. 30; Peter Van Den Bossche: *The Law and Policy of the World Trade Organization—Text, Cases and Materials*, Second Edition, 3rd., Cambridge University Press, 2013, p. 110.

[9] See Julia Qin Ya, Reforming WTO Discipline on Export Duties: Sovereignty over Natural Resources, Economic Development and Environmental Protection, *Journal of World Trade*, Vol. 46, No. 5, 2012.

[10] 张金鉴:《中国法制史概要》,台湾正中书局 1973 年版,第 11 页。

约方。在 WTO 协定的起草或谈判过程中,原始缔约方没有考虑像中国这样在国内合同法中没有对价或约因概念之国家的利益也属正常。作为 WTO 的新成员,在原材料案和稀土案中,从双方提交的书状与辩论过程,可以清楚地发现双方因法律不同,在理解入世议定书的性质、WTO 协定与议定书关系,以及议定书条款与 WTO 协定及其附件协定条款的关系时,双方思路与逻辑之间存在的明显差异。涉及中国入世议定书争端中提出的问题,该是得到 WTO 的高度重视并及时作出回应的时候了!

第三,采用个案方法以及适用《条约法公约》解释的习惯规则(第 31、32 条等)处理基于入世议定书发生的争端,是包括中国在内的 WTO 成员没有预料到的。这种解决争端的方法,将议定书争端完全置于解决争端的专家小组和上诉机构的自由裁量权之下。当事方对个案裁决程序与结果完全不可预见,缺乏确定性,这与 WTO 规定的专家组的职权范围不符,也与 WTO 争端解决机制的目的和宗旨相违背。⑪

第四,本人认为,WTO 需要从法理依据上彻底解决这个问题。这一点,可以学习《联合国国际货物买卖合同公约》的做法,充分考虑世界上不同法系国家的利益和要求。在有对价与无对价学说的成员之间进行协调,取得共识。这个任务应交由 WTO 部长级会议(Ministerial Conference)或总理事会(General Council)承担而不应完全交由专家小组和上诉机构的解释决定。其次,为解决基于入世议定书的争端制定特殊法律程序与规则,而不能完全个案处理并依赖《条约法公约》的解释规则。

第五,具体来说,即应当对入世议定书第 1 条第 2 款与 WTO 协定第 2 条第 2 款这两个条款中都涉及的"WTO 协定的组成部分"的含义进行法律解释。入世议定书是 WTO 协定的组成部分,但不是 WTO 协定的附件,而是包括 WTO 协定及其 3 个附件在内的一揽子协定(single package)的组成部分。WTO 协定的 3 个附件是 WTO 协定的组成部分。这 3 个附件的目的和宗旨不同,相互之间是不能相互置换的(be

---

⑪ 参见 DSU 第 3 条总则(General Provisions)、第 1 条范围和适用(Coverage and Application)以及第 7 条专家组的职权范围(Terms of Reference of Panel)。

transposed);但与一般合同的对价不同,入世议定书的内容与 WTO 协定及其 3 个附件的内容是有内在联系的(objective link),是相互补充(complementary)并在必要时是可以相互置换的。

第六,在程序上对 DSU 的相关规定加以解释和完善。在审理涉及违反入世议定书承诺的案件时,专家小组第一步需要做的,是确定违反入世议定书的措施与哪一个适用协定(covered agreement)有联系(objective link)。将发生争端的入世议定书条款(措施)与相关的 WTO 适用协定联系起来的做法既确定了解决争端可适用的法律,同时解决了 DSB 的管辖权问题;第二步将入世议定书的义务(承诺)与相关 WTO 适用协定的权利义务放到一起综合考虑,决定成员是遵守或是违反了其议定书义务。在这个过程中,可以"按照国际公法解释的习惯规则澄清这些协定的现有规定"。

最后,为此,WTO 部长会议或总理事会需要为解决基于入世议定书发生的争端制定规则。即按照 DSU 第 1 条范围和适用的规定,授权 DSB 为入世议定书的争端解决制定特殊或附加规则与程序(special or additional rules and procedure)并将其列入其附件 2(appendix 2)中。

1997 年,塞缪尔·亨廷顿在出版其《文明的冲突与世界秩序的重建》时曾写道,我唤起人们对文明冲突的危险性的注意,将有助于促进整个世界上"文明的对话"。[12] 比起古今人类通过战争解决争端造成的家园被毁、生灵涂炭,WTO 建立的规则体系及其争端解决机制采用和平的方法来化解世界上一百六十多个成员之间的利益之争。从这个意义上,WTO 无疑为促进世界上文明的对话提供了一个平台,应当为她点个赞! 同时,应当向一切支持这个平台并在这个平台上平等进行文明对话的人们表示敬意并为他们点个赞!

(编辑:崔勇涛)

---

[12] 参见[美]塞缪尔·亨廷顿:《文明的冲突与世界秩序的重建》(修订版),周琪、刘绯、张立平、王圆译,新华出版社 2010 年版,中文版序言。

附录：

术语	援引方	援引词典	词典定义
recording	美国	The New Shorter Oxford English Dictionary, L. Brown, ed., Clarendon Press, 1993, Vol. II, p. 2506⑬	The action or process of recording audio or video signals for subsequent reproduction or "recorded material" (footnote 649)
recording	专家小组	Shorter Oxford English Dictionary, 6th. ed., Clarendon Press, 2007, Vol. II, p. 2927.⑭	Recorded material; a recorded broadcast, performance (footnote 651)
record	专家小组	Oxford English Dictionary Online, http//dictionary.oed.com/entrance.dtl.⑮	A disc or, formerly, a cylinder from which recorded sound or television pictures can be reproduced. Occasionally also, a recording made on magnetic tape. (footnote 668)
distribution service	专家小组	Shorter Oxford English of Dictionary, 6th. ed., Clarendon Press, 2007, Vol. I, p. 721⑯	The dispersal of commodities among consumers affected by commerce (footnote 652)
commodity	专家小组	Shorter Oxford English Dictionary, 6th. ed., Clarendon Press, 2007, Vol. I, p. 461⑰	A thing of use or value; spec. a thing that is an object of trade, esp. a raw material or agricultural crop; or a thing one deals in or make use of (footnote 653)

⑬ See Panel Report, *supra* note ①, para. 7.1155.
⑭ *Ibid*., para. 7.1173; 在 WT/DS363/AB/R, P. 136, footnote 641 中, 专家小组引用的词典是 Shorter Oxford English Dictionary, 5th. ed., *supra* note ①, p. 2493.
⑮ *Ibid*., para. 7.1212.
⑯ *Ibid*., para. 7.1178; 在上诉机构报告注 645 中, 专家小组引用的词典是 Shorter Oxford English Dictionary, 5th. ed., *supra* note ①, p. 717.
⑰ *Ibid*., para. 7.1179.

(续表)

术语	援引方	援引词典	词典定义
distribution	中国	American Heritage Dictionary of the English Language, 4th ed., Houghton Mifflin, 2000; Shorter Oxford English Dictionary, 6th ed., Clarendon Press, 2007⑱	The action of marketing and supplying goods and commodities(footnote 650)
distribution	专家小组	Business Dictionary.com; The Monash Marketing Dictionary, www.buesco.monash.edu.au/mkt/dictionary/⑲	The movement of goods and services from the source through the distribution channel(footnote 654)
distribution	专家小组	The Random House Unabridged Dictionary, Random House, 1997, http://dictionary.inforplease.com/distribution.⑳	The system of dispersing goods throughout a community (footnote 772)
distribution	专家小组	The Oxford English Dictionary on Line, http://dictionary.oed.com/entrance.dtl㉑	The dispersal among consumers of commodities produced: this being, as opposed to production, the business of commerce(footnote 773)
distribution		Webster's New Encyclopedic Dictionary, Black Dog & Leventhal, 1993, p.293㉒	Marketing or merchandising of commodities(footnote 774)
distribution		New Shorter Oxford English Dictionary, L. Brown ed., Clarendon Press, 1993, Vol. I., p.709㉓	A person who distributes something; spec. an agent who markets goods esp. a wholesaler(footnote 775)

---

⑱ *Ibid.*, para.7.1162.
⑲ *Ibid.*, para.7.1180.
⑳ *Ibid.*, para.7.1457.
㉑ *Ibid.*
㉒ *Ibid.*
㉓ *Ibid.*, para.7.1458.

初识 GATT 与 WTO:反思和不平

(续表)

术语	援引方	援引词典	词典定义
distribution channel	专家小组	BNET Business Dictionary, http://dictionary.bnet.com/definition/Distribution + Channel.html㉔	The route by which a product or service is moved from a producer or supplier to customers; A distribution channel usually consists of a chain of intermediaries, including wholesalers, retailers, and distributors, that is designed to transport goods from the point of production to the point of consumption in the most efficient way(footnote 776)

First Acquaintance with WTO: Reflection and Unfairness

Wang Chuanli

【Abstract】 In this essay, the author briefly speaks out her understanding of the GATT and WTO and puts forward some personal feelings with regard to China's WTO cases. Because Chinese is not an official language of WTO Agreement, in some cases relating to China, the panel's explanation of terms is too bossy. The WTO should no keep silent on issues concerning the nature of Accession Protocol and its relationship with WTO Agreement. In spite of its deficiency, the WTO supplies a platform for civilized dialog among states.

㉔ *Ibid.*

"WTO法是模范国际法"的语义分析与现实观察

■ 何志鹏*

【内容摘要】 "WTO法是模范国际法"的论断首先意味着是在国际法的大语境中考虑WTO的制度体系,而不是将之作为完全独立的单元分析其长短优劣;其次意味着WTO在国际法的体系中具有引领和示范的效应。分析这一论断,如果以静态的、绝对的良法善治标准来看待和评价,则WTO并没有可能成为模范国际法。然而,如果以动态的、相对的视角来分析,则WTO确实在规则结构、体系发展、规范施行方面取得了相当的成就,优于国际法的绝大多数部门和领域。对于这一问题的论断,必须结合具体的语境和目的,就当代中国的国际经济法立场而言,宜缓称"WTO法是模范国际法"。

"WTO法是模范国际法"是近几年来在中国国际经济法学界提出的一个命题,也引起了一些争鸣和讨论。① 笔者认为,这一论断,无论

---

* 作者系2011计划司法文明协同创新中心、吉林大学法学院、公共外交学院教授,法学博士。

① 在这个问题上,基本上存在着总体肯定WTO的观点、对于WTO持有保留的肯定态度和相对质疑WTO的观点。前者的阐释可见于赵丽芳:《杨国华:WTO是国际法治的典范》,载于《WTO经济导刊》2015年第1期;杨国华:《WTO法是模范国际法》,载于杨国华、张晓君、陈咏梅、陈卫东等编:《法学教学方法:探索与争鸣》,厦门大学出版社2013年版,第199~202页;曾令良:《WTO:一种自成体系的国际法治模式》,载于《国际经济法学刊》第17卷第4期,北京大学出版社2011年版,第36~64页。中间的态度可见赵骏、韩小安:《WTO法治和中国法治的砥砺与互动》,载于《浙江大学学报(人文社会科学版)》2011年第5期,第147~162页;曾令良:《WTO法治面临的主要挑战及其应对》,载于《法学杂志》2011年第9期,第37~45页。持后一种观点的可以参见陈安:《论WTO体制下的立法、执法、守法与变法》,载于《国际经济法学刊》第17卷第4期,北京大学出版社2011年版,第1~35页;何志鹏:《WTO法是模范国际法吗?》,载于杨国华、张晓君、陈咏梅、陈卫东等编:《法学教学方法:探索与争鸣》,厦门大学出版社2013年版,第203~210页;何志鹏、孙璐:《贸易公平与国际法治:WTO多哈回合反思》,《东方法学》2011年第2期,第62~74页。

"WTO法是模范国际法"的语义分析与现实观察

其真伪,背后都有着很多值得探讨的问题和观念。本文拟对这一论断作简单的拆解,分析其背后隐含的核心信息、观念指向和实践逻辑,并就这一论断可能产生的影响和当代中国的话语选择提出见解。

一、作为国际法一部分的WTO

"WTO法是模范国际法"这一论断的隐含前提,是"WTO法是国际法",或者更明确地说,WTO法是国际法的一部分,而不是外在于国际法的独立王国,不是可以抛掷整个国际法体系于不理的特殊体系。或者进一步说,WTO法是国际经济公法的一部分,国际经济公法是国际公法的主要方面。

WTO是国际经济组织,作为"全球经济治理的四大支柱"之一②,尽管具有很多特殊性,但并不独立地外在于国际法的大家族;与任何其他国际经济体制一样,都具有国际法的一些基本特征。WTO的发展和进步是整个国际法发展进步的一个具体领域③,"WTO规则是国际法一般规则的一部分。"④WTO的争端解决应被视为国际法争端解决提升的一部分⑤;

---

② Jan Wouters and Jed Odermatt, Comparing the 'Four Pillars' of Global Economic Governance: A Critical Analysis of the Institutional Design of the FSB, IMF, World Bank, and WTO, *Journal of International Economic Law*, Vol.17, 2014, p.49.

③ 赵维田:《WTO与国际法》,载于《法律适用》2000年第8期,第2~7页;赵维田:《一套全新法律体系——WTO与国际法》,载于《国际贸易》2000年第7期,第48~51页。

④ 周忠海:《论国际法在WTO体制中的作用》,载于《政法论坛》2002年第4期,第4~9页;周忠海:《WTO规则与国际法》,载于《河南省政法管理干部学院学报》2002年第4期,第10~19页;周忠海:《论国际法在WTO争端解决机制中的作用》,载于《北京市政法管理干部学院学报》2002年第2期,第1~8页。

⑤ 在这方面的讨论,参见张乃根:《试析WTO争端解决的国际法拘束力》,载于《复旦学报(社会科学版)》2003年第6期,第59~70页;张乃根:《论WTO争端解决机制的几个主要国际法问题》,载于《法学评论》2001年第5期,第51~58页;张乃根:《论WTO争端解决机制的若干国际法问题》,载于《河南省政法管理干部学院学报》2001年第4期,第5~10页;张帅梁:《非WTO国际法规范适用于WTO文化贸易的可行性——以中美文化产品案的法律适用问题为视角》,载于《国际经贸探索》2012年第3期,第88~98页;许楚敬:《直接适用抑或非直接适用:WTO争端解决中的非WTO国际法规则》,载于《西南政法大学学报》2011年第2期,第24~32页;许楚敬:《WTO争端解决中"有关国际法规则"的一个解释工具》,载于《学术研究》2010年第12期,第59~64页;李双元、王娟:《从世贸组织争端解决机制谈国际法效力的强化》,载于《时代法学》2005年第6期,第15~24页。

裁决的执行是遵守国际法的一个方面。⑥ 例如,它与所有的国际组织一样,具有独立行政管理职能甚至是主权的成员驱动,成员之间在组织中的法律地位上平等,规范的确立基于成员协商、博弈,规范的遵行主要靠成员的自我约束,规范的实施取决于成员的"主体间性"。⑦ Thomas Cottier 注意到了这样一个事实:1992 年出版的《奥本海国际法》最末简短地提到了 GATT,讨论最惠国待遇的问题。而那时的多数国际公法著作都不会讨论国际贸易的问题。⑧ 其实反之亦然,国际经济法的著作、特别是 WTO 的著作,也很少在结构和框架的角度讨论国际法。⑨、

就这一点而言,不仅可以对 WTO 作出这样的论断,对于欧盟法也应当作这样的论断。在《马斯特里赫特条约》生效之后,有些学者鉴于欧盟的迅速发展,认为它已经超越了国际法,而成为一种特别的法律部类,即"超国家法"。这实际上是对国际法僵化理解的结果:国际法随着时代的发展而不断变化,有可能包含很多新形式,从这个意义上看,"超国家法"也是国际法的一种形式,是国际法与国际关系的新趋势。

基于这样的认识,我们就很能接受这样的分析:随着国际经济法引起了越来越多的国际公法学者的兴趣,国际公法的传统原则越来越多地进入国际贸易、投资法的领域之中。领域之间的相互理解仍然非常重要,相关的概念应当更多地被各个领域所共同理解和接受。⑩

只有在国际法的大背景下去分析 WTO 的长短优劣,才有可能具有

---

⑥ 胡建国:《美欧执行 WTO 裁决的比较分析——以国际法遵守为视角》,载于《欧洲研究》2014 年第 1 期,第 117～126 页;韩逸畴:《WTO 争端解决机制及其对国家声誉的影响研究》,载于《当代法学》2015 年第 2 期,第 95～107 页。

⑦ "主体间性"(intersubjectivity),即人对他人观念和行动的推测与判定。这一概念的最初含义是主体与主体之间的统一性,后来在不同的领域呈现出了有差异的意义。本文主要从社会学的视角看待主体间性,也就是是指作为社会主体的人与人之间的关系。德国学者哈贝马斯认为,现实社会中的人际关系分为工具行为和交往行为,工具行为是主客体关系,而交往行为是主体间性行为。他提倡建立互相理解、沟通的交往理性。参见郭湛:《论主体间性或交互主体性》,载于《中国人民大学学报》2001 年第 3 期,第 32～38 页。

⑧ Thomas Cottier, International Economic Law in Transition from Trade Liberalization to Trade Regulation, *Journal of International Economic Law*, Vol. 17, 2014, p. 671.

⑨ See, e.g. Asif H. Quereshi and Andreas R. Ziegler, *International Economic Law*, 3rd ed., Sweet & Maxwell, 2011, pp. 3–25; Andreas F. Lowenfeld, *International Economic Law*, 2nd ed., Oxford University Press, 2008, pp. 3–20.

⑩ Donald McRae, International Economic Law and Public International Law: The Past and the Future, *Journal of International Economic Law*, Vol. 17, 2014, p. 627.

广阔的视角和深入的认知。"WTO法是模范国际法"正是在这样一种系统的观念之下认识WTO与国际法的关系问题的。

二、国际法的不成体系性

与上一个讨论前提紧密相连,"WTO法是模范国际法"论断隐含的另一个理念是国际法的各个板块、各个领域、各个方面差距相当大、对比相当明显,有些已经相当先进,可以作为典范;有的则发展缓慢,有的甚至还很落后,需要被牵动、甚至反思、批判,而模块之间是可以对比和效仿的。这就呼应了当代国际法的另外一个论断,即国际法并不是一个统一的整体,而是处于碎片化(不成体系)状态。⑪ 很多学者研讨了国际法不成体系的事实、成因和影响⑫,虽然有的学者可能提出了不同的立场⑬,然而在国际法的大局上,不成体系可以作为一个公认的事实而被普遍接受。⑭

---

⑪ K. Wellens, Diversity in Secondary Rules and the Unity of International Law: Some Reflections on Current Trends, *N. Y. I. L.*, Vol. 25, 1994, p. 3637; I. Brownlie, "Problems Concerning the Unity of International Law", in *Le droit international à l'heure de sa codification*, *Etudes en l'honneur de Roberto Ago*, Vol. 1, Milan, Giuffrè, 1987, p. 156ff; M. Perez Gonzalez, "En torno a la tension entre lo general y lo particular en Derecho de gentes", in *Homanaje al Profesor Alfonso Otero*, Santiago de Compostela, 1981, pp. 665 – 685; O. Casanova, *Unity and Pluralism in Public International Law*, Martinus Nijhoff Publishers, 2001, p. 272.

⑫ 相关的探讨可见于 Martti Koskenniemi and Päivi Leino, Fragmentation of International Law? Postmodern Anxieties, *Leiden Journal of International Law*, Vol. 15, 2002, p. 553; Eyal Benvenisti and George W. Downs, The Empire's New Clothes: Political Economy and the Fragmentation of International Law, *Stanford Law Review*, Vol. 60, 2007, p. 595; Jan Wouters and Bart de Meester, The UNESCO Convention on Cultural Diversity and WTO Law: A Case Study in Fragmentation of International Law, *Journal of World Trade*, Vol. 42, 2008, p. 205; Joost Pauwelyn, "Bridging Fragmentation and Unity: International Law as a Universe of Inter-Connected Islands", *Michigan Journal of International Law*, Vol. 25, 2004, p. 903; Gerhard Hafner, Pros and Cons Ensuing from Fragmentation of International Law, *Michigan Journal of International Law*, Vol. 25, 2004, p. 849; Karel Wellens, Fragmentation of International Law and Establishing an Accountability Regime for International Organizations: The Role of the Judiciary in Closing the Gap, *Michigan Journal of International Law*, Vol. 25, 2004, , p. 1159.

⑬ P. M. Dupuy, Unification rather than Fragmentation of International Law: the Case of International Investment Law and Human Rights Law, in Pierre-Marie Dupuy, Francesco Francioni, and Ernst-Ulrich Petersmann (eds.), *Human Rights in International Investment Law and Arbitration*, Oxford University Press, 2009, pp. 45 – 62.

⑭ Bruno Simma, Fragmentation in a Positive Light, *Michigan Journal of International Law*, Vol. 25, 2004, p. 845.

如果如很多国内法律机制一样,存在着一个完整的、金字塔状的国际法体系的话,就不存在某一板块成为典范的可能性。因为所有的规则都应当在同样的上位规则(也就是哈特所言的 secondary rules)要求下确立,所有的制度都应当在同样的要求下运行,既不能不足,也不宜僭越,那么一部分成为另一部分的典范几乎是很难理解的,我们也就没有听说过"民法可以作为刑法的典范"、"公司法可以作为仲裁法的典范"这样的论断。现实的国际法显非如此。尽管很多人都怀疑国际法的法律性,但也不排除很多人(包括国际组织、国家、学者)仍然期待、至少是畅想一种可以通行于世的"一般国际法",或者期待国际法规范之间形成一种位阶关系。⑮ 而事实上,这在很大程度上仅仅是一种不切实际的假想而已。从理论上说,只有那些不以国家同意为前提的国际法规范才能算是一般国际法。由此,符合要求的仅有获得普遍认可的一般法律原则和达到强行法程度的习惯法。这两种情况在当今世界均未真正形成。很多人认为《联合国宪章》第2条属于一般法律原则,但并没有真正形成普遍的约束力;关于强行法,不仅在具体包含项目上没有达成一致,而且其效果也颇为令人质疑。国际法院在2012年针对德国诉意大利的国家豁免一案⑯中清楚表明,现行国际法并不认为强行法可以绕过国家豁免这种程序规则而予以适用,就说明强行法也并不是总有约束力的。绝大多数规则,如果不能论断说所有规则的话,都是在某一地域、某一方面确立某种秩序的。国际法的这种碎片化状态,自然有其历史与政治的原因,然而国际法各个板块互不连属、在规则上各行其是、在组织机构和具体操作层次很少相互配合,这是当代世界国际法的一个现实状况,是我们不能否认、无法回避的客观结构,也是我们思考"WTO有没有资格作为模范国际法"这一问题的重要前提。

---

⑮ Prosper Weil, Towards Relative Normativity in International Law, *American Journal of International Law*, Vol. 77, 1983, p. 413.

⑯ Jurisdictional Immunities of the State (Germany v. Italy: Greece intervening), Judgment, I. C. J. Reports 2012, p. 99.

三、WTO 作为理想国际法典型之缺陷

我们当然必须看到 WTO 在其贸易事项谈判、既有协定监督、贸易争端解决三大功能[17]上的成就,看到其在立法、司法、执法、守法方面取得的进步,看到其从"权力导向"到"规则导向"的发展[18],看到 WTO 对于各个成员主管部门的行为方式和思维方式的影响[19],看到其对方兴未艾的非正式贸易规则的接受和肯定而导致的兼容性、时代性提升。[20]但是,所有的成功和进步,都不能说 WTO 体制已经实现了国际法的完美形态,它可以一枝独秀地成为国际法所有领域、所有方面的模范和典型。

如果从一个自然法学派的理想主义角度来看待 WTO,那么它的诸多缺陷很显然难以使之成为国际法的模范。有学者认为,国际法的逻辑结构可以大略分为三个层次:第一层次是作为国际法系统的哲学和理论基础;第二个层次是国际法体系中的操作规则、原则和概念;第三层次是世界政治体系操作方面的规则、原则和概念。[21] 以这样的标准分类,WTO 在每一个层次都有值得疑问、需要改善之处。

法律争论在实质上都是政治策略较量的表现,法律分析表面上是规则、显得严肃而庄重,实际上都是政治利益和力量的较衡,都是服务

---

[17] William J. Davey, The WTO and Rules-Based Dispute Settlement: Historical Evolution, Operational Success, and Future Challenges, *Journal of International Economic Law*, Vol. 17, 2014, p. 679.

[18] John H. Jackson, The Crumbling Institutions of the Liberal Trade System, *Journal of World Trade Law*, Vol. 12, 1978, p. 93, at 99; see also John H. Jackson, *The Jurisprudence of GATT and the WTO: Insights on Treaty Law and Economic Relations*, Cambridge: Cambridge University Press, 2000, pp. 6 – 10.

[19] Chris Downes, The Impact of WTO Transparency Rules: Is the 10,000th SPS Notification a Cause for Celebration? —A Case Study of EU Practice, *Journal of International Economic Law*, Vol. 15, 2012, p. 503.

[20] Joost Pauwelyn, Rule-Based Trade 2.0? The Rise of Informal Rules and International Standards and How they May Outcompete WTO Treaties, *Journal of International Economic Law*, Vol. 17, 2014, p. 739.

[21] Shirley V. Scott, *International Law in World Politics*, Boulder and London: Lynne Rienner Publishers, 2004, p. 88. Scott 是在整体国际法上讨论这种逻辑结构的,实际上,如果考虑不同区域、不同领域国际法并存的不成体系状态,更适于在小结构内讨论体系的问题。

于政治需求的。㉒ 虽然法律实证主义者试图在原则、概念、规范的"纯粹法学"框架内进行法律分析，从而试图避开道德、经济、政治等一系列争论㉓，但是，无论是国内法，还是国际法，都不是孤立的，而必须在社会背景中来进行思考。国内法尚且如此，国际法作为初级的法律就更是难以避免。法律之辩，要义在于能否用丰富的知识、严谨的逻辑、高超的技巧来有效地维护其所服从和服务的立场和利益。完全超越立场的正义，和绝对的自由一样，是不可能的。㉔ 所以，优秀的法律工作者，并不在于脱离了政治立场和利益倾向，而在于既清醒地认识到法律之外因素的重要性，又能够很好地把握这些因素，把这些关切、预期通过法律这种人们共同接受的话语表达出来，将经济、政治的诉求转化为法律的论证。WTO 作为国际法的一个部分，自然有其价值取向。很多人认为，经济相互依赖是开启世界和平之门的钥匙。㉕ 这个观点表面上似乎合理，但是深入细节，回顾一下世界历史，就不难得知，世界上有多少战争是因为贸易而引起的？而具体到贸易诸议题上，成员之间更是存在着分歧。"在价值问题上的持续争论一方面表明了贸易问题上国家话语的重要性，另一方面也揭示了此种话语包含很多争议。"㉖从总体价值追求上说，WTO 有没有真正通过促进经济贸易交往而实现人类的普遍福利，或者说，像一些学者所主张，实现人权，并非清晰而明确的。甚至还可以进一步追问，国际经济贸易交往是否在促进了一些人的福利的同时，也剥夺了一些人的福利？"全球贸易规则需要在文化和社会价值上进行研讨和争论，GATT 规则不适当地推进一套价值而遏制另一套价值，因而需要予以监督。自由贸易并非在社会或文化上

㉒ Shirley V. Scott, *International Law in World Politics*, Boulder and London：Lynne Rienner Publishers, 2004, p. 117；姚建宗：《法律的政治逻辑阐释》，载于《政治学研究》2010 年第 2 期，第 32～40 页；姚建宗：《论法律与政治的共生：法律政治学导论》，载于《学习与探索》2010 年第 4 期，第 59～63 页。

㉓ 对于纯粹法学的讨论，参见周赟：《纯粹法学与纯粹法律——论原则性法典》，载于《政法论坛》2007 年第 6 期，第 26～35 页。

㉔ 关于正义概念的多义性，可参见唐士其：《儒家学说与正义观念——兼论与西方思想的比较》，载于《国际政治研究》2003 年第 4 期，第 25～35 页。

㉕ Ralph Folsom, Michael Gordon, John Spanogle, Peter Fitzgerald, and Michael Van Alstine, *International Business Transactions*：*A Problem-Oriented Coursebook*, 11th ed., West, 2012, p. 419.

㉖ David Armstrong, Theo Farrell and Hélène Lambert, *International Law and International Relations*, 2nd ed., Cambridge University Press, 2012, p. 248.

"WTO法是模范国际法"的语义分析与现实观察

中立的。"㉗在WTO发展进程中出现的"反全球化"潮流实际上就是民众和知识界对于单向度追求自由贸易的观念的实践回击。㉘

如果我们不深入研讨这一问题,而仅仅认为国际经贸交往是一个善的价值追求的话,那么,WTO有没有被缔造成一个推进公平、完善贸易的体制呢? 在财富鸿沟㉙、数字鸿沟㉚面前,WTO是扩大了马太效应㉛,还是塑造着世界公平? 实际上,发展中国家在这些国际规则面前是有着改良的愿望和行动的。㉜ 发展中国家在联合国框架下所推动的一系列关于国际经济新秩序的"软法",虽然有很多争议,不过确实代表了一种目标明确的坚韧努力。㉝ 很多发展中国家认为,原来资本主义国家为促进工业化和发展曾经使用的那些经济刺激手段(贸易壁垒、进出口补贴)均被WTO的新纪律和制度标准所禁止,这实际上是不公平的。而一些新的标准对于发展中国家裨益甚微,有些还有坏处。《补贴与反补贴措施协定》、《农产品协定》、《有贸易有关的知识产权协定》中的很多规则,根据发达国家与发展中国家的实际情况,都是不利于发展中国家的。㉞ 这些情况都说明,WTO的规范确立没有充分考虑

㉗ Philippe Sands, *Lawless World*: *America and the Making and Breaking of Global Rules*, London: Allen Lane, 2005, p. 104.

㉘ Giorel Curran, *21st Century Dissent*: *Anarchism, Anti-Globalization and Environmentalism*, Palgrave Macmillan, 2007; Luis Alberto Fernandez, *Policing Dissent*: *Social Control and the Anti-Globalization Movement*, Rutgers University Press, 2008; Greg Buckman, *Globalization*: *Tame It or Scrap It*?: *Mapping the Alternatives of the Anti-Globalization Movement*, Zed Books, 2004.

㉙ 财富鸿沟,也就是一国内部或者国家之间的贫富差距,在经济学上经常用基尼系数表示。相关讨论,参见陈德照:《论当代世界贫富差距》,载于《世界经济》1998年第2期,第5~8页。

㉚ 数字鸿沟(Digital Divide),又称为信息鸿沟,是指在网络时代,信息富有者和信息贫困者之间的巨大差距。相关阐述,参见曹荣湘:《数字鸿沟引论:信息不平等与数字机遇》,载于《马克思主义与现实》2001年第6期,第20~25页;胡鞍钢、周绍杰:《新的全球贫富差距:日益扩大的"数字鸿沟"》,载于《中国社会科学》2002年第3期,第34~48页。

㉛ 马太效应(Matthew Effect),语出圣经《新约·马太福音》,指强者愈强、弱者愈弱的现象,广泛应用于社会心理学、教育、金融以及科学领域。在国际经济贸易领域的研讨,参见李真:《国际贸易利益中的"马太效应"及其传导机制分析》,载于《国际经贸探索》2010年第1期,第7~12页。

㉜ Rosalyn Higgins, *Problems and Process*: *International Law and How We Use It*, Oxford University Press, 1994, p. 12.

㉝ *Ibid.*, pp. 26-28.

㉞ Donatella Alessandrini, *Developing Countries and the Multilateral Trade Regime*: *The Failure and Promise of the WTO's Development Mission*, Hart Publishing, 2010, pp. 1-10.

75

发展中国家的需要。㉟而在外部价值上,贸易与环境保护、贸易与人权等一系列问题也引起了人们的沉思。㊱

从程序上看,WTO 有没有做到科学决策、民主立法? 严格而统一的执法? 有没有有效促动所有成员善意守法,并形成公正、透明、高效的司法体系? 这些问题显然是值得考量的。从外部关系上,在贸易体制和国际货币基金体制之间存在着断裂㊲,WTO 与区域贸易协定的争端解决之间存在着难于协调的问题㊳,在社会责任与人权方面,WTO 仍有需要改进之处。㊴ 在内部程序上,对于争端解决机制也不断有人提出新的建议㊵;有学者批评,在决策上,WTO 的协商一致原则很可能会掩盖一些成员的真实意愿。㊶ 有学者建议通过改革贸易政策审议机制保持 WTO 的优先性㊷,Qureshi 和 Ziegler 针对贸易政策审议机制,就提出了强化信息收集权力、扩展信息渠道、加快公布进程、中立专业评估、成员交叉质询、积极坦诚审议、统一分析框架、强化后续步骤等 8 条改良建议。㊸

WTO 充满雄心的领域扩张使其规则确立遇到了越来越大的压力

㉟ Antonio Cassese, *International Law*, 2nd ed., Oxford University Press, 2005, p. 518.

㊱ 许耀明:《气候变化国际法与 WTO 规则在解决贸易与环境纠纷中的矛盾与协调》,载于《政治与法律》2010 年第 3 期,第 29～39 页;文萍:《从国际法角度论 WTO 规划与多边环境协议的协调》,载于《重庆社会科学》2003 年第 5 期,第 61～65 页;王慧:《环境税的国际协调与 WTO 规则的完善》,载于《当代法学》2015 年第 2 期,第 108～116 页。

㊲ Vera Thorstensen, Daniel Ramos, and Carolina Muller, The 'Missing Link' Between the WTO and the IMF, *Journal of International Economic Law*, Vol. 16, 2013, p. 353.

㊳ Armand C. M. de Mestral, Dispute Settlement under the WTO and RTAs: An Uneasy Relationship, *Journal of International Economic Law*, Vol. 16, 2013, p. 777.

㊴ Christian Vidal-León, Corporate Social Responsibility, Human Rights, and the World Trade Organization, *Journal of International Economic Law*, Vol. 16, 2013, p. 893.

㊵ Marco Bronckers and Freya Baetens, Reconsidering financial remedies in WTO dispute settlement, *Journal of International Economic Law*, Vol. 16, 2013, p. 281; Geraldo Vidigal, Re-Assessing WTO Remedies: The Prospective and the Retrospective, *Journal of International Economic Law*, Vol. 16, 2013, p. 505.

㊶ Wenwei Guan, Consensus Yet Not Consented: A Critique of the WTO Decision-Making by Consensus, *Journal of International Economic Law*, Vol. 17, 2014, p. 77.

㊷ Julien Chaisse and Mitsuo Matsushita, Maintaining the WTO's Supremacy in the International Trade Order: A Proposal to Refine and Revise the Role of the Trade Policy Review Mechanism, *Journal of International Economic Law*, Vol. 16, 2013, p. 9.

㊸ Asif H. Qureshi and Andreas R. Ziegler, *International Economic Law*, 2nd ed., Sweet & Maxwell, 2007, pp. 394–396.

和阻碍。㊹ 从《哈瓦那宪章》未能如期建立"国际贸易组织"、GATT 作为多边贸易规则在 1947 年临时生效,不仅多边贸易体制的参加者在不断的增多,其所涉及的经济交往领域也在逐渐扩张。一系列的贸易谈判(回合)在关税减让上功不可没,其中肯尼迪回合使缔约方的平均关税下降 35%。在非关税壁垒方面也不断努力,最为显著的是东京回合所进行的一系列尝试,形成了很多准则(code)。但是这些规范都是 GATT 中的特区,并非所有的缔约方都需加入,而是靠单独的选择(à la carte)。乌拉圭回合不仅结束了这种零碎分割的状态,而且扩展战果,确立了服务贸易、投资、知识产权、纺织品与服装等新规则,用同一套纪律来约束所有成员(当然,有例外,有特殊安排)。仅在政府采购、民用航空器、奶制品方面存在"复边协议"。㊺ 其中有些规则,在以中国为代表的发展中国家看来是早就应当并入的(纺织品与服装、农产品),属于积极的、可圈可点的尝试。但有些规则就值得怀疑:其中引起较大争议的即为知识产权规则,而到了 2001 年开启多哈回合谈判的时候,则更试图将领域拓展到竞争等领域。这种不断拓展或许有其逻辑的必要性和必然性,但是不加限定目标和确定边界的体系,最后会导致体系的消解,这是所有体系曾经遭遇的问题。不仅如此,WTO 范围的广泛还导致了其规则形成的效率低下,雄心勃勃的多哈回合不仅没有在最初预期的时间完成,而且,拖延十几年亦无结果,即是明证。国家之间在一个集中的范围内可能有共同的需求,形成共同的规范㊻,但是在更大的范围之内,就可能分歧巨大,而且随着成员的增多,集体行动的逻辑凸显,效率也就无法保障。更何况其近年来遭遇制度发展停滞的困境,在金融风暴的负面影响和区域、双边机制的压力下,进入波谷,难于柳暗花明。㊼

所有的问题都是可以追问和质疑的。"模范国际法"的确立,显然

㊹ Ibid.,pp. 340 – 341.

㊺ Paul Demeret, The Metamorphoses of the GATT: From the Havana Charter to the World Trade Organization, Columbia Journal of Trade Law, Vol. 34, 1995, p. 123.

㊻ Hans Morgenthau, Politics among Nations: The Struggle for Power and Peace, Kenneth W. Thompson David Clinton eds., 7th ed., McGraw-Hill, 2005, pp. 284 – 285.

㊼ 车丕照:《WTO 对国际法的贡献与挑战》,载于《暨南学报(哲学社会科学版)》2014 年第 3 期,第 1~10 页;Thomas Cottier, The Common Law of International Trade and the Future of the World Trade Organization, Journal of International Economic Law, Vol. 18, 2015, p. 3.

应当符合国际法治的基本尺度。根据国际法学界对于国际法治的认定，必须达到"国际良法"和"全球善治"的目标，前者要求规则价值设定良好，体系完整、形式妥当；后者则要求形成良好的组织机构，这些组织机构能够在规范的要求下有序、有效地运行。以此标准来对照WTO现存的价值困境、扩张阻碍、程序缺憾、体系碎片，不难发现，WTO法律体制与完美的国际法治标准距离非常遥远，几乎没有资格被称道。也就是说，从理想状态的角度观察和分析，WTO尚不能被视为模范国际法。

四、"WTO法是模范国际法"论断话语化的后果

如果说，认为WTO不是模范国际法的观点代表了一种理想主义的坚持的话，认为WTO法是模范国际法的观点则体现了一种现实主义的妥协。那么，我们面对于WTO是否构成模范国际法这一问题的讨论，其启示意义究竟何在？思考这一论题所可能带来的理论与实践效应，是我们不能回避的问题。这个问题可以分为两个层次：

（一）以持论主体为分界的意义

从持论者工作领域的层次，我们可以从两分法的意义上来看待前面分析的结论：

第一，对于与专门研究WTO以及对WTO的实践具有实质参与职能的机构和人员而言，更适于将WTO的法治化视为一个未完成的任务，更适于以自强不息的精神去反思和批判WTO的规则与实践，以至于至善的理念去促进和推动WTO的改良和革新，而不适于高枕无忧地躺在既有的成就上睡大觉、不思进取。这种自满的态度不仅会导致体制的问题无法解决、缺陷难于弥补，体系失于修缮而逐渐破败，体制中的受害者（在一定程度上包括中国）无法扭转其受损害的状态，而且鉴于国际法各种机制日新月异、不断演进的客观现实，WTO机制中取得的成就和获得的认可也很可能被人权、环境等其他领域、模块的进步所替代和超越。欧盟在市场一体化、人权并入、去除国家之间障碍方面所做的贡献，环境履约机制所取得的成就，海洋法的长足发展，无不代表着国际法的喜人成就，如果片面强调WTO体制的优长，难免会失去其

发展的方向和改进的动力。

第二,对于国际法的整体观察和其他领域而言,更适合于厚德载物地认同WTO的领先地位,由此看清国际法整体上的不足和各个局部的缺陷,将WTO作为他山之石,找到各个领域可以从WTO身上学到什么,有哪些做法可以效法,有哪些经验可以借鉴,由此取长补短。经过一个部分、一个部分的提升和进化,国际法治的整体境况就会得以改善,正如星星之火可以燎原,通过国际法各板块的相互比较、接纳和借鉴,形成国际关系全局法治化的大趋势、大转型。当然,吸收和借鉴显然并非静态、僵化的效仿,而是一边看到WTO体制的优势,根据本板块国际关系与国际法的形势予以适当修正,一边予以改善和更新,从而力图不断形成新的国际法典范,实现国际法治整体的螺旋式上升和结构性进步。

(二)在国家立场层面的潜在影响

从国家话语的层次,向度可能会变得单一,讨论也可能受到利益和立场的限制。如果仅仅限于学术领域的讨论,自然是百花齐放、百家争鸣,但如果转变为国家立场、国际讨论的话语,甚至国际社会发展的意识形态,情况就不一样了。相关的观点就可能影响国家的战略定位、具体决策、方向选择。中国作为一个国际经济体制中的重要国家,在WTO体系中占据何种地位,享有哪些权利和义务,这些权利与义务是否公平,有些学者已经作出了评论。[48] 最明显的问题就在于,中国入世时所接受的特别保障措施条款、由稀土案所显露的《中国加入WTO议定书》的第11.3款所存在的问题,都说明中国还没有取得与其他贸易伙伴同样的权利。有人认为,WTO作为一种俱乐部物品[49],本来就不应该是免费加入的。中国的加入过程就是既有成员避免中国"搭便车"的过程:当中国人在对着入世喊"狼来了"的时候,西方人也在忧心忡

---

[48] 陈安:《中国加入WTO十年的法理断想:简论WTO的法治、立法、执法、守法与变法》,载于《现代法学》2010年第6期,第114~124页。

[49] 俱乐部物品(club goods),是公共物品的一种特殊形式(也可以视为变形)。纯公共物品具有非竞争性和非排他性,例如路灯、国防。而俱乐部物品在使用上具有非竞争性,但在资格上有门槛,可以排他地供应一部分主体。

忡地喊着"龙来了"。[50] 中国在漫长的复关、入世过程中要付出一些代价、要作出一些承诺是没有疑问的,而且谈判时间越长,条件就越苛刻。但值得分析的是这些条件是否正当、是否必要。很多学者都从入世之后中国贸易额、GDP的增长来分析中国在WTO体制中的获益,并得出中国主要是WTO体制的受益者这个观点。我对这个分析持保留态度。[51] 从贸易的角度看,有售出就一定有进账,无论赔赚。那么,如何衡量赔赚呢?有些成本是可以计算的,而有些成本是不能计算的。可以计算的成本包括原材料的价格、加工过程中的资源消耗、从购买原材料到售出产品的各种交易成本,这些都可以通过账面的数字予以衡量。不能计算的成本主要有两项:第一项是劳动力的价格,第二项是环境成本。劳动力的价格表面上体现为工资,但是,这个工资是不是合适?人的劳动真实价格究竟多少?对于劳动力的绝对值,恐怕没有人能够给出明确的回答。如果仅考虑相对值,就可以进一步分析,与其他国家相比,劳动应当值多少钱?这种相对价格可能因为参照系不清晰而显得复杂,但是与发展程度类似的国家相比,中国出口产业的劳动力价格是否基本持平?这恐怕也是可以疑问的。第三种衡量价格的手段是"构成价格",即考虑劳动力工作的内容和性质,赋予其健康体面的生活的价格。从这一点看,在相当长的时间内,我们的贸易产业是欠账的。从这些角度看,我们的出口产品很多是低利润的,其中最明显的就是压低劳动力的价格。如果考虑中国的很多出口产品属于资源密集型产品,那么中国外贸数额是否就赚到了钱,或者说,是否得到了公平的回报,似乎是可以进一步讨论的。

由是论之,就中国而言,我们一方面是现行贸易体制的参与者,在很大程度上也是受益者,不过同时也在这个体制中受到了剥夺和损害。就中国入世的得失而言,我们同样可以说,我们有得,不过肯定也有失;我们短期看,可能获得了一些钱,但长期看,是否促进了国家的经济与社会的长久、健康、可持续发展,有很多因素需要考量。因而,从国家话

---

[50] Raj Bhala, Enter the Dragon: An Essay on China's WTO Accession Saga, *American University International Law Review*, Vol. 15, 2000, p.1469.

[51] 参见何志鹏:《WTO 的法治化与中国立场》,载于《国际经济法学刊》第17卷第4期,北京大学出版社2011年版,第65~92页。

语的角度看,我们必须主张渐进式地改良 WTO 的体制,将 WTO 的价值目标从"自由贸易"推向"公平贸易",从"商品、服务、资本的自由流动",到"商品、服务、资本的健康有效流动"。也就是说,中国的国家立场必须建立在改良和进步这个论调上,而不能满足于现有的体制,因为现有的体制对于我们自身而言,就仍然存在着很多不利的方面。

结　　论

可以认为,"WTO 法是模范国际法"的论断在很大程度上是因为对于 WTO 体系的热爱而得出的论断,而这一论断在目前国际关系与国际法的现实状况之下是具有合理性的。然而,对于 WTO 的成就,虽然不能全盘忽略,但更不能任意夸大。无论是从研究的视角,还是从实践的立场上,都不能满足于其现有的成就,不能失去批判的精神和前进的动力。特别是从国家立场上,必须警惕"模范国际法"话语化所引致的严重负面效应。如果国际法学者满足于了解和运用现有的、某些专业国际法体制的技术性词汇,而丧失了对于国际法整体政治安排和伦理取向的批判性审视[52],那么就可能失去了推进国际关系与国际法走向平衡、公正、民主的机会,失去国际社会人本化、实现真正的国际法治的机会。只有真诚有效地启动国际法各个体制之间的学习进程,相互效仿、协同推进国际关系的法治化进程,才能共同建构协调、稳定、持续发展的国际社会秩序。

(编辑:高乐鑫)

---

[52] Martti Koskenniemi, The Fate of Public International Law: Between Technique and Politics, *The Modern Law Review*, Vol. 70, 2007, p. 1.

Semantic Analysis and Practical Observation on "The Law of WTO Is the Model International Law"

He Zhipeng

【Abstract】 The assertion that "WTO is a model international law" means, firstly, we consider the institutional system of WTO in the context of international law, rather than as a fully independent unit, when analysing its achievements and defects; and secondly, WTO has a leading and demonstration effect in the international law system. In the analysis of this assertion, it should be clear that WTO is impossible to become a model in international law if we stick to static and absolute standards of sound law and good governance when making the observation and evaluation. However, if we use a dynamic and relative perspective to analyse, then WTO does have made considerable achievements in the structure of rules, systematic development, and the implementation of standards and disciplines, which is better than the vast majority of other international legal fields. To judge this issue, the thesis must be considered with the specific context and purpose. Based on China's international economic law position in the contemporary times, we should be very cautious to assert that "WTO is a model international law".

论WTO稀土案裁决报告的明显失误和亟宜纠正

■ 顾 宾*

【内容摘要】 中国与西方在WTO稀土案的诉讼博弈虽已结束,中国也以失败告终,但是,该案有关条约解释的问题却值得持续而深入的讨论。这样的讨论关乎条约文本缺失的解释技术,关乎WTO协定的系统性问题,关乎WTO争端解决机制的纠错机制,根本上影响WTO体制存在与发展的合法性基础。本文分别深入讨论了上诉机构报告与专家组报告提及的若干重大条约解释问题。上诉机构报告对《中国入世议定书》与WTO协定之间的系统性关系的解释存在明显失误,对此本文提出纠正意见。专家组报告对文本缺失的解释技术体现司法造法的激进思想,但处理WTO协定的系统性问题时又遵循了文本主义的保守思路,这显然是自相矛盾、双重标准的典型。本文还对稀土案折射的国家主权等根本性问题作了初步思考。

2014年8月7日,世界贸易组织(WTO)上诉机构发布稀土案裁决报告[1],标志着持续五年之久的矿物资源出口管制诉讼博弈最终尘埃落定。这份报告通过解释《中国入世议定书》第11.3段[2],认定中国已经放弃援引《关税与贸易总协定》(GATT)第XX条为其出口管制政策

---

* 作者系北京外国语大学法学院副教授,法学博士。

[1] Reports of the Appellate Body, China—Measures Related to the Exportation of Rare Earths, Tungsten and Molybdenum (China—Rare Earths), WT/DS431/AB/R, WT/DS432/AB/R, WT/DS433/AB/R, March 26, 2014.

[2]《中国入世议定书》第11.3段规定"中国应当取消所有出口税费,除非本议定书附件6特别说明或以符合GATT第VIII条的方式实施"。

辩护的权利,也即 GATT 第 XX 条"保护自然资源与环境"这样的宪法性条款不适用于出口管制行为。上诉机构的解释支持了稀土案专家组的裁决报告。

GATT 第 XX 条可适用性问题是一个重大的条约解释问题。围绕这一问题,在专家组阶段和上诉阶段呈现若干不同版本。本文采用倒叙手法分别对上诉机构报告和专家组报告中体现的条约解释问题逐一深入讨论,试图揭示这些问题对国际法解释规则以及对 WTO 体系的潜在影响。最后还对稀土案折射的国家主权等根本性问题作了初步思考。

一、上诉机构稀土案报告的条约解释问题

稀土案上诉机构报告于 2014 年 8 月 7 日对外公布。在有关 GATT 第 XX 条可适用性问题上,中国在上诉阶段选择的诉讼策略与专家组阶段的诉讼策略有所区别,即没有要求上诉机构直接回答 GATT 第 XX 条可适用性问题,也即放弃解释"第 11.3 段文本缺失"的要求。③ 中国主动缩小诉求范围,只要求上诉机构回答《中国入世议定书》与 WTO 协定之间的系统性关系。④ 在诉讼效果上,中国选择的诉讼策略不仅是解决第 XX 条可适用性问题的关键,而且相关诉讼主张一旦得到支持,必将排除中国和其他所有以加入方式入世的 WTO 成员关注的《入世议定书》条款能否适用 WTO 协定相关例外条款的一般性障碍。因此,中国选择的诉讼策略不仅避免了与上诉机构原材料案裁决的直接冲突,更由于其诉求是"世界性问题",赢得了更多第三方成员关注与支持。⑤ 在稀土案中,共有 11 个第三方成员参加上诉程序,其中,5 个成员支持中国就《入世议定书》与 WTO 协定之间的系统性关系所持的

---

③ WTO, *supra* note ①, para. 5.2.
④ *Ibid.* , paras. 5.1, 5.2, 5.15.
⑤ 《中国入世议定书》与 WTO 协定之间的系统性关系是所有以加入方式入世的 WTO 成员所关注的,因此这个问题是一个世界性问题;与此同时,"第 11.3 段文本缺失"的解释问题是《中国入世议定书》独有的问题,它是一个中国式问题。因此,从政治利益角度,中国把上诉精力集中放在世界性问题上,更容易引起其他成员国关注与支持。

主张,3个未表态,3个反对。⑥ 比起专家组阶段,支持中国的成员增加了3个。俄罗斯以2011年入世时就这个"世界性问题"得到WTO成员承诺的亲身经历支持中国。俄罗斯陈述,正是由于各成员承诺WTO协定中的辩护条款(即例外条款)对所有WTO成员一体适用,俄罗斯才同意在与WTO签订的《入世议定书》中删除如下规定:"俄罗斯在本《协定》中作出的承诺,不得损害俄罗斯入世后享有的适用于所有成员的WTO协定中规定的权利。"⑦

与专家组阶段一样,中国继续根据WTO协定第XII.1条和《入世议定书》第1.2段主张《入世议定书》与WTO协定之间的系统性关系。⑧ 根据中国诉求,上诉机构集中对《入世议定书》与WTO协定之间的系统性关系作出分析和裁决。上诉机构经过分析认为,第XII.1条没有规定《入世议定书》与WTO协定之间的关系⑨,而《入世议定书》第1.2段规定的《入世议定书》与WTO协定之间的关系仅存在于"整体层面",不得用于具体解释和适用《入世议定书》第11.3段。⑩ 笔者接下来具体分析上诉机构有关《入世议定书》与WTO协定之间的系统性关系的裁决,并指出裁决中出现的若干明显失误。

(一)上诉机构裁决明显失误之处

失误一:

当中国凭借《马拉喀什协议》第XII.1条寻求上诉机构支持《入世议定书》与WTO协定之间的系统性关系时⑪,上诉机构认为第XII.1条没有规定《入世议定书》,遑论《入世议定书》与WTO协定之间的关

---

⑥ 支持中国主张的第三方成员有阿根廷、巴西、哥伦比亚、韩国与俄罗斯,反对中国主张的有加拿大、挪威与沙特阿拉伯,未在《中国入世议定书》与WTO协定之间的系统性关系问题上表态的有澳大利亚、欧盟与土耳其。WTO, *supra note* ①, paras 2.218 – 2.244.

⑦ Ibid., para. 2.240.《入世议定书》与WTO协定之间的系统性关系是中国原材料案诉讼焦点;案件发生之时,俄罗斯正处于入世的关键阶段,由于其关联性,该案曾引起俄罗斯特别关注。

⑧ Ibid., paras. 5.21, 7.75. WTO协定第XII.1条规定"成员加入WTO必须遵守本协议及其子协议"。《中国入世议定书》第1.2段规定"《入世议定书》是WTO协定不可分割的组成部分"。

⑨ Ibid., para. 5.32.

⑩ Ibid., paras. 5.50, 5.61.

⑪ 《马拉喀什协议》即"马拉喀协议",二者可互换。Final Act Embodying the Result of the Uruguay Round of Multilateral Trade Negotiation, para. 1.

系,因此不予支持。⑫ 笔者以为,第XII.1条第二句"入世"(accession,名词)承接第一句"入世"(accede,动词),既指入世过程,也包括入世的文本形式或结果即《入世议定书》。像accession这种动词名词化后兼备"过程"(抽象动作)和"结果"(具体形式)双重表意的情况很常见,例如construction兼有"建设"和"建筑"的含义,invitation兼有"邀请"和"邀请信"的含义,等等。此外,第XII.1条第一句明确规定入世(accede)的基础条件是WTO与加入成员签订的协议即《入世议定书》,进一步确认第二句"入世"(accession)词义含有《入世议定书》。因此,第XII.1条确实规定了《入世议定书》与WTO协定(即"马拉喀什协议及其子协议")之间的系统性关系,即《入世议定书》受到WTO协定管辖。⑬

失误二：

当中国凭借《入世议定书》第1.2段时,上诉机构认为该段规定的《入世议定书》与WTO协定之间的关系仅存在于"整体层面",不存在于"具体条款层面",因此不得借此"整体层面"关系来具体解释《入世议定书》第11.3段。⑭ 上诉机构限于"整体层面"的判断,源于第1.2段用语"组成部分"(an integral part)。所谓"组成部分",是指《入世议定书》是WTO一揽子规定的组成部分,因此在理解和解释《入世议定书》时,必须把它与WTO协定及其他子协定放在一起解读。⑮ 但是这绝不是说,《入世议定书》与WTO协定"仅在整体层面"发生关系(包括《入世议定书》整体和WTO协定整体两个维度⑯),或者说,《入世议定书》与WTO协定"在具体条款层面"没有关系;否则就超出或偏离"组成部分"的应有含义了。也不是说,在确定《入世议定书》第11.3段段意时,第1.2段由于其"整体特性"而没有释义价值;否则,第1.2段的整体性必将沦为无效性(futility)。请问,"整体性"的意义何在？"组

---

⑫ WTO, *supra note* ①, paras. 5.71,5.29,5.32,5.28. 但在另一些地方,上诉机构似乎又暗示第XII.1条对《中国入世议定书》与WTO协定之间系统性关系作出规定。

⑬ 这里英文原文"Such accession shall apply to this Agreement and the Multilateral Trade Agreements annexed thereto."更常见的英文表达为："This Agreement and the Multilateral Trade Agreements annexed thereto shall apply to such accession."

⑭ WTO, *supra note* ①, para 5.50.

⑮ *Ibid.*, paras. 5.49, 5.33.

⑯ *Ibid.*, paras. 5.48 – 5.50.

成部分"意义何在？通过第 1.2 段把《入世议定书》与 WTO 协定关联起来的意义何在？上诉机构解释说,第 1.2 段把《入世议定书》与 WTO 协定关联起来,构成《入世议定书》第 11.3 段释义的第一步(starting point);接下来确定具体段意,便看第 11.3 段内容以及上下文等因素。[17] 请问,这个"第一步"的意义何在？没有这个"第一步",会影响上诉机构的后续解释么？不会。因此,第 1.2 段被上诉机构虚化处理了。上诉机构辩解说,第 1.2 段有一个实际作用:《入世议定书》通过第 1.2 段成为 WTO 协定组成部分,进而与 WTO 协定一起成为争端解决机制的"适用协定"(covered agreement),接受争端解决机构裁判。[18] 第 1.2 段的这个作用应当承认。既然争端解决机构根据第 1.2 段获得对《入世议定书》具体条款的裁判权,那么,上诉机构就应当承认第 1.2 段对《入世议定书》具体条款释义的价值。总之,在稀土案中上诉机构把第 1.2 段限定为"整体特性"的思维逻辑,导致第 1.2 段失去存在价值。这是上诉机构的失误之二。

失误三:

当上诉机构确定《入世议定书》第 11.3 段段意时,要看第 11.3 段内容以及上下文等因素。上诉机构把这种释义方法叫做个案分析方法(case by case analysis)。[19] 当上诉机构把这种个案分析的方法与中国主张的"内在联系"(intrinsic relationship)思路对立起来时[20],它犯下第三个错误。这是因为,个案分析的方法本质与"内在联系"思路是相通的。

根据上诉机构报告,个案分析方法是指:"在确定《入世议定书》具体规定与 WTO 协定及其子协定之间的关系时,必须依据条约解释的习惯规则,并详细分析争议环境。首先分析《入世议定书》相关规定的文本内容以及相关规定的上下文,范围包括《入世议定书》与《入世工作组报告》以及 WTO 法律框架下的协议。分析时,必须把 WTO 体系整体视为一揽子权利与义务,运用其他相关解释要素,考察每个案件的具

---

[17] Ibid., para 5.74.

[18] Ibid., para. 278. Panel Reports, China—Raw Materials, WT/DS394/R WT/DS395/R WT/DS398/R, July 5, 2011, paras. 7.113 – 5.

[19] WTO, *supra* note ①, para. 5.57.

[20] Ibid., para. 5.68.

体环境,包括争议措施以及违约性质。"㉑让我们观察下上诉机构在音像制品案中是如何适用个案分析方法的。

在音像制品案中,上诉机构得出"音像制品第 XX 条可适用于《入世议定书》第 5.1 段"的结论。得出这个结论的依据不是仅仅凭借第 5.1 段段首"要求尊重中国根据 WTO 协定管理贸易的权利的规定"。上诉机构认为,第 5.1 段直接规定的是"货物贸易商"(entity 或 enterprises),而 WTO 协定附件 1A 即 GATT 规定的是"货物贸易"(trade in goods)。㉒虽然形式上"货物贸易商"与"货物贸易"不一样,但二者之间具有内在联系(a clearly discernable, objective link),因为关于某一货物的"贸易商"的规定通常构成该货物"贸易管理规范"的组成部分。㉓在音像制品案中,中国被诉与第 5.1 段承诺不符的措施(例如从事音像制品进口业务的受权企业仅为国内个别企业),与中国管理音像制品的内容审查措施密切相关,而后者受 GATT 管辖。㉔基于这一内在联系的判断,加上第 5.1 段段首"要求尊重中国根据 WTO 协定管理贸易的权利",中国得以援引 GATT 第 XX 条为被诉措施辩护。㉕

音像制品案启示我们,为了援引 GATT 第 XX 条,需要判断两个要素:首先是《入世议定书》条款含有"符合 WTO 协定"这样的措辞,既然 WTO 协定包括 GATT㉖,因此《入世议定书》条款与 GATT 关联起来;第二,被诉不符措施与成员管理货物贸易的规范密切相关,从而能够接受 GATT 管辖。这两个要素同时具备,即可援引 GATT 第 XX 条;只具备其中一个要素,不能援引 GATT 第 XX 条。㉗在稀土案上诉时中国所称"内在联系"(intrinsic relationship)与上诉机构所称"内在联系"(objective and discernable link)并无二致。在以上分析音像制品案时,上诉机

㉑ Ibid., paras. 5.62, 5.74.

㉒ Report of the Appellate Body, China—Measures Affecting Trading Rights and Distribution Services for Certain Publications and Audiovisual Entertainment Products (China—Publications and Audiovisual Products), WT/DS363/AB/R, January 19, 2010, para. 229.

㉓ Ibid., para. 230.

㉔ Ibid., paras. 231-232.

㉕ Ibid., para. 233.

㉖ Ibid., para. 222.

㉗ 只具备第一个要素而不能成功援引的论述见 WTO, supra note ①, para 5.61. 只具备第二要素而不能成功援引的论述见 WTO, supra note ①, para 5.68. 上诉机构在第 5.68 段论述,仅仅依靠"内在联系"得出第 XX 可适用的结论,有违上诉机构"权利和义务不能从 WTO 体系下的一个协议自动适用(can not be automatically transposed)至另一个协议"的判断。

构所称"内在联系"表现为 GATT"货物贸易"与《入世议定书》第 5.1 段"货物贸易商"之间的联系;在稀土案中所称"内在联系"(intrinsic relationship),表现为 GATT"最惠国待遇"(第 I.1 条)[28]、"货物贸易数量限制"(第 XI.1 条)[29]、货物贸易关税减让"(第 II 条)[30]与《入世议定书》第 11.3 段"货物出口关税"之间的联系。在两个案子中,"内在联系"在性质上都是"主题"联系。既然上诉机构在音像制品案中主张的"内在联系"思路体现了个案分析方法,那么在稀土案中,"内在联系"思路同样体现个案分析方法。因此,在稀土案中个案联系方法与"内在联系"思路被割裂开来,有失妥当。

失误四:

最后,上诉机构对于"WTO 协定"(the WTO Agreement)的含义范围的解释前后矛盾。首先,上诉机构承认,既然《马拉喀什协议》包括多边子协议,因此入世意味着成员必然同时接受《马拉喀什协议》及其多边子协议"。[31]但在面对《中国入世议定书》第 1 段关于入世的"一般规定"时,上诉机构不同意把中国加入的"WTO 协定"解释为《马拉喀什协议》及其多边子协议"[32],却认为"似乎可以解释为'《马拉喀什协议》不包括多边子协议'"[33]。上诉机构的判断前后矛盾。第二,上诉机构指出"WTO 协定"可能包括"《马拉喀什协议》及其多边子协议",也可能仅指"《马拉喀什协议》不包括多边子协议",因此确定"WTO 协定"的范围需要具体分析。[34] 正是上诉机构声称的具体分析方法使得随意解释成为可能。例如,在《中国入世议定书》第 1.1、1.3 段时指"《马拉喀什协议》不包括多边子协议"[35];在第 1.2 段"似乎也可以"这

---

[28] 参见作为第三方的巴西的主张,Ibid., para. 2.222.
[29] 作为当事方的中国和作为第三方的哥伦比亚持此主张,Ibid., paras. 2.236,5.67.
[30] 参见作为当事方的中国的主张,Ibid., paras. para 5.67. 另参见 Bin Gu, Applicability of GATT Article XX in China—Raw Materials, *Journal of International Economic Law*, Vol. 15, 2012, p.1024.
[31] WTO, *supra note* ①, para. 5.42.
[32] Ibid.
[33] Ibid., para. 5.46.
[34] Ibid.
[35] Ibid., paras. 5.43,5.44.

样作解㊱,但不作定论㊲;与此同时,在第5.1段中"WTO协定"则指WTO协定整体,即包括多边子协议。㊳"WTO协定"的含义在这几个段落中变得飘忽不定。第三,上诉机构在大篇幅评论"WTO协定"含义后㊴,指出这个问题对理解《入世议定书》条款和"《马拉喀什协议》及其多边子协议"条款之间的关系"作用有限,意义不大"㊵,认为"仅凭有无'符合WTO协议(或符合GATT第XX条)'用语,尚无法得出确定结论"㊶,最终否定了争端各方以及上诉机构自身都付出极大精力试图澄清的一个基本概念的意义。㊷此非上诉机构一贯立场。就在同一报告中,上诉机构表示,如果仅凭"内在联系"而没有"符合WTO协定"用语,则GATT第XX条不具有可适用性㊸;在音像制品案中,上诉机构认为,为了援引GATT第XX条,需要存在"内在联系"和"符合WTO协定"用语两个要素,缺一不可㊹;在原材料案中,上诉机构认为"第11.3段缺少类似第5.1段那样的段首语……表明中国无权援引第XX条"㊺。因此,"符合WTO协定"这样的术语不是"作用有限,意义不大",而是具有决定性作用。

(二) 上诉机构应当遵循的裁决思路

以上谈了上诉机构在裁定《中国入世议定书》与WTO协定之间系统性关系时留下的四个缺陷,分别是:第XII.1条没有规定《中国入世议定书》与WTO协定之间的关系;把《中国入世议定书》与WTO协定关系限于"整体性";把《中国入世议定书》条款与WTO协定条款之间关系需要具体分析的主张与中国"内在联系"的主张对立起来;上诉机

㊱ Ibid.,paras. 5.42,5.46.
㊲ Ibid.,para. 5.73.
㊳ WTO,supra note ㉒,para. 222.
㊴ WTO,supra note ①,paras. 5.35 – 5.46.
㊵ Ibid.,paras. 5.47,5.73.
㊶ Ibid.,para 5.61.
㊷ 稀土案代理律师冯雪薇事后撰文指出,"上诉机构认为没有必要裁定第1.2段中的'WTO协定'范围究竟是马拉喀什协议还是WTO一揽子协议的观点不合常理。"冯雪薇:《从稀土案看上诉机构建立判例纠错制度的必要性与可行性》,载于《国际经济法学刊》第22卷第1期,北京大学出版社2015年版,第16~17页。
㊸ WTO,supra note ①,para.5.68.
㊹ WTO,supra note ㉒,para.233.
㊺ WTO,supra note ⑱,para.291.

构对"主张对协议"含义及价值的评论自相矛盾。为了维护上诉机构裁决的一致性和公信力,我建议,上诉机构应当遵循的裁决思路如下:

第一,承认第XII.1条规定了《入世议定书》,并且规定了《入世议定书》与WTO协定之间的关系。理由有二,除了第XII.1条第一句提及的"入世条件"(terms)即指《入世议定书》,第二句"入世"词义也包括《入世议定书》。只有承认第XII.1条规定《入世议定书》与WTO协定之间的关系,上诉机构作出的如下判断才有存在前提,即"由于《入世议定书》与WTO协定之间的关系仅存在于'整体层面',所以第XII.1条不回答条约的具体解释和适用问题"⑯。

第二,《入世议定书》第1.2段把《入世议定书》与WTO协定关联起来,其意义兼有"整体性"和指导条款解释的"具体性"。当需要解释和适用《入世议定书》某一段落时,允许作为"母协议"的"《马拉喀什协议》及其多边子协议"发挥指导、辅助或兜底的作用,好比GATT的具体条款解释也需要接受《马拉喀什协议》的指导一样。如此才符合上诉机构倡导的把"《马拉喀什协议》及其多边子协议"与《入世议定书》一起视为WTO框架下权利与义务的一揽子协议的初衷。⑰

第三,在确定《入世议定书》某一段落有无例外规定时,需要对该段落作出具体分析。如果没有明确含有例外规定,并不意味着放弃该例外规定,除非有明确放弃的证据。在判断有无例外规定以及确定例外规定的具体位置时,需要遵循"内在联系"的判断方法。"内在联系"兼有措施和标的物两个维度。例如,从标的物讲,有关货物贸易的适用GATT,有关服务贸易的适用《服务贸易总协定》(GATS),有关知识产权的适用《与贸易有关的知识产权协定》(《TRIPS协定》),等等;从措施角度讲,有关反倾销措施的适用《反倾销协定》,有关反补贴措施的适用《反补贴协定》,有关保障措施的适用《保障措施协定》,等等。

第四,在判断"WTO协定"是否包括《马拉喀什协议》以外的"多边子协议"时,上诉机构需要慎重对待。笔者同意上诉机构关于"WTO协定"兼有广义和狭义的判断⑱,但在判断具体条款中"WTO协定"含义

---

⑯ WTO, *supra* note ①, paras. 5.28,5.34.
⑰ WTO, *supra* note ⑱, para. 5.49.
⑱ Bin Gu, "Applicability of GATT Article XX in China—Raw Materials", *Journal of International Economic Law*, Vol.15, 2012, p.1015.

时，应当有一定之规，有规律可循。除非在特定情况下如"WTO 协定第 x 条"，认定"WTO 协定"限于《马拉喀什协议》不包括多边子协议"；一般情况下，当出现 WTO 协定指《马拉喀什协议》的规定时㊾，WTO 协定包括《马拉喀什协议》以外的"多边子协议"。这是因为，《马拉喀什协议》第 II.2 条明确规定，"多边子协议"是《马拉喀什协议》的组成部分。

二、稀土案专家组报告的条约解释问题

稀土案专家组报告于 2014 年 3 月 26 日对外公布。该报告有关 GATT 第 XX 条可适用性问题的裁决完全遵从了上诉机构在原材料案中的裁决。裁决报告有三个花絮：一是 GATT 第 XX 条可适用性问题由于具有根本的系统重要性而成为本案的中心议题。㊿ 众多第三方也因此存在严重分歧。总体分三派：主张"可适用"的有阿根廷与俄罗斯，主张"不可适用"的有澳大利亚、加拿大、挪威、土耳其、韩国与沙特阿拉伯，主张"两可"的有巴西与哥伦比亚。面对文本缺失该如何解释的问题，巴西支持了中国"缺失不意味弃权"的主张。[51] 第二个花絮是专家组强调裁决效力限于第 11.3 段与第 XX 条关系，而不对第 11.3 段以外的《中国入世议定书》其他段落与第 XX 关系以及其他成员的《入世议定书》与第 XX 条关系持有看法。[52] 专家组的这一表述不仅回避对《入世议定书》与 WTO 协定之间的系统性法律关系作出明确判断，也巧妙避免其他成员由于担心本国《入世议定书》存在类似隐忧而对裁决表达不满和抗议，最大限度降低裁决可能引起的震荡。第三个花絮就是该裁决附有一份没有署名的不同意见[53]，可见专家组内部对这一问题的认识存在严重分歧。[54]

稀土案专家组认为，欲对同一法律问题作出不同先前的裁决，必需

㊾ WTO, *supra note* ①, para. 5.45.
㊿ Panel Reports, China—Rare Earths, para. 7.59.
[51] *Ibid.*, Para. 7.52, and "separate opinion by one panelist", para 7.137.
[52] *Ibid.*, para. 7.116.
[53] *Ibid.*
[54] 这份不同意见明确支持中国拥有援引 GATT 第 XX 条为偏离《中国入世议定书》第 11.3 段抗辩的权利。*Ibid.*, para. 7.119.

具备"强有力的理由"(cogent reason)。⑤在诉讼策略上,中国没有直接挑战上诉机构在原材料案中的失误,而主要选择从如下两个角度提出新主张:第11.3段文本缺失,以及《入世议定书》与WTO协定之间系统性关系。⑥

(一) 解读"第11.3段文本缺失"

从"第11.3段文本缺失"角度,根据专家组报告,中国主要援引上诉机构在美国碳钢案(US—Carbon Steel)的一段话,以此说明"文本缺失不能排除通过隐含的方式作出相关规定的可能性"⑤。专家组通过深入分析上诉机构在该案的裁判逻辑,认为该案裁决遵循了"缺失即弃权"的逻辑⑤,因此,引用美国碳钢案只能证明原材料案裁决正确,而不能证明其错误。关键是要妥当解释"文本缺失"。是"缺失即弃权"还是"缺失也有权"? 在其裁判历史上,上诉机构既采纳过"缺失即弃权"的观点,如美国碳钢案裁决,也采纳过"缺失也有权"的观点,如阿根廷鞋制品裁决、音像制品案裁决。⑤可见针对文本缺失的情况,上诉机构作出的解释没有一定之规,因情况而异。

杰克逊教授主张,"文本缺失"应当交由争端解决机构裁决⑥,而不能把"文本缺失"当作合意缺失而拒绝裁判,后者是 in dubio mitius 的传统观点。⑥ 杰克逊反对 in dubio mitius 的理由有五点:第一,在《维也纳条约法公约》起草过程中曾经讨论过 in dubio mitius,但没有写入最终文本;第二,in dubio mitius 削减国际机构适应形势的能力,不利于实现国际机构的使命;第三,就WTO而言,in dubio mitius 违反了WTO《关于争端解决规则与程序的谅解》(DSU)第3.2条"安全与可预见"原则,

---

⑤ Ibid., para. 7.61.
⑥ 除此之外,中国还从另外两个角度作了论述,即GATT第XX条用词"nothing in this Agreement",以及WTO协定目的角度。由于它们不是重点,在此不予赘述。
⑤ WTO, Report of Appellate Body, United States—Countervailing Duties on Certain CorrosionResistant Carbon Steel Flat Products from Germany (US—Carbon Steel), WT/DS213/AB/R and Corr.1, December 19, 2002, DSR 2002:IX, 3779, para.65.
⑤ Ibid., paras. 7.67–7.72.
⑤ Bin Gu, supra note ㉚, pp. 47, 67.
⑥ John H. Jackson, Sovereignty, the WTO, and Changing Fundamentals of International Law, Cambridge University Press, 2006, p. 148.
⑥ In dubio mitius 是指"如果词义不清,应当优先采用对承担义务方有利的释义"。Bin Gu, supra note ㉚, p.71.

体现静态(static)看待国际机构的观点;第四,各国自行其是(unilateral),使得本来统一(uniform)的义务无法实行;第五,in dubio mitius 是"国家同意理论"(state consent theory)的过激(extreme)观点。⑫

笔者以为,第一,杰克逊教授反对 in dubio mitius,是要弱化主权,强化国际机构和争端解决机构的权力,由此争端解决机构可能产生造法效果。⑬第二,如欲符合 DSU 第3.2条"安全与可预见"的目的,那么需要遵守 in dubio mitius 而不是反对它,因为在合意缺失的情况下交由司法机构去创造合意,显然不符合条约签订时的预期。第三,在出口管制问题上可否援引 GATT 第 XX 条作为抗辩,是只有中国碰到的问题。在这个问题上不存在统一义务,只有统一的权利,即所有国家应当有权利援引例外条款。第四,在原材料案、稀土案、音像制品案、美国碳钢案、阿根廷鞋制品案中,争端解决机构(DSB)对"文本缺失"的解释和结论不一致。⑭所以即使交由 DSB 决定中国是否有权援引第 XX 条,DSB 内心也是矛盾的。第五,in dubio mitius 与"国家同意"理论的关系一直以来被误解,有必要正本清源。⑮总之,文本缺失的解释问题,根本是如何认识主权的问题。⑯杰克逊教授持有"现代主权"(sovereignty-modern)的观点,是典型的去主权化观点。同时,杰克逊教授的观点体现司法造法的思想,这在美国国内有着厚重的根基,因此又是很美式的观点。⑰

---

⑫ John H. Jackson, *supra* note ⑩, pp. 184 – 186.
⑬ 王传丽教授指出,"将议定书争议完全置于解决争端的专家小组和上诉机构的自由裁量权之下缺乏确定性,这与 WTO 规定的专家组的职权范围不符,也与 WTO 争端解决机制的目的和宗旨相违背。"王传丽:《初识 GATT 与 WTO:反思和不平》(载于《国际经济法学刊》本期)。
⑭ 参见前注㊼。
⑮ 详见下文第三(三)部分论述。
⑯ 参见下文第三(一)部分论述。
⑰ 美国国内司法造法的思想最为鲜明地体现在卡多佐法官的名著《司法过程的性质》,"法院的任务,就是通过持续不断的重述和创新,使得规则与道德同步。这就是司法造法,而法官是带着危险造法的。但是,对于法官来说,造法是必需的,也是他的职责。造法给法官带来至高无上的荣耀,因此没有哪个勇敢、诚实的法官会放弃造法的责任,或害怕造法的危险。" Benjamin N. Cardozo, *The Nature of the Judicial Process*, Dover Publications, Inc., Mineola, 2005, p. 131.

(二) 解读《入世议定书》与 WTO 协定之间系统性关系

现在分析中国在稀土案专家组阶段论述的第二个角度:《入世议定书》与 WTO 协定之间系统性关系。中国分别根据《入世议定书》第 1.2 段和 WTO 协定第 XII.1 条来说明《入世议定书》与 WTO 协定之间的系统性关系。通读专家组报告相关部分,一个突出的印象是专家组把文本主义的解释方法推到了极端地步。具体表现在:

第一,《入世议定书》第 1.2 段规定"《入世议定书》是 WTO 协定的组成部分"。专家组据此认为《入世议定书》只"作为整体"(in its entirety)与 WTO 协定发生关系,而不承认《入世议定书》"具体条款"(individual provisions)与 WTO 协定及其子协定之间的关系。[68] 笔者以为,所谓"《入世议定书》是 WTO 协定的组成部分",不仅承认《入世议定书》以整体方式与 WTO 协定发生关系,同时应当承认《入世议定书》具体规定与 WTO 协定相关规定之间可能的互动关系。换句话讲,《入世议定书》对 WTO 协定及其子协定起到补充、具体化的作用,两者是和谐互动的关系。从 WTO 协定角度看,WTO 协定及其子协定对《入世议定书》的解释和实施起到指导、参考的作用;如果 WTO 协定及其子协定只对《入世议定书》作为整体发生作用,而无法对《入世议定书》具体条款发生作用,那么 WTO 协定及其子协定对《入世议定书》的指导、参考作用只能落空。因此,专家组断然割裂《入世议定书》"具体条款"与 WTO 协定的关系、断然割裂《入世议定书》(具体条款或作为整体)与多边子协定(具体条款或作为整体)在 WTO 协定下的互动关系的做法,由于强加文义和缺乏法律依据而有失妥当。

第二,专家组把《入世议定书》第 1.2 段的功能限于"使得《入世议定书》规定的义务得以在争端解决机制下执行"[69]。专家组的观点再次缺乏法律依据。观察第 1.2 段文义,在引导《入世议定书》进入争端解决机制的门槛后,第 1.2 段还"使得《入世议定书》的解释通过与 WTO 协定及其子协定的互动而更加准确、完整"[70]。此外,专家组对 WTO 协定第 XII.1 条的理解也存在限缩化失误。第 XII.1 条规定"成员加入

---

[68] WTO, *supra* note 50, paras. 7.76, 7.80, 7.82.
[69] Ibid., para. 7.85.
[70] Ibid., 'separate opinion by one panelist', para. 7.136.

WTO必须适用本协定及其子协定"。专家组认为第XII.1条的法律意义限于"所有成员加入WTO时必须接受一揽子协定(a single undertaking),不得挑选加入"㉑,而专家组不同意见认为,第XII.1条表明"《入世议定书》规定新成员入世的各项条件。……换句话说,《入世议定书》把新成员在WTO协定下应当承担的义务具体化。"㉒其实,专家组意见与不同意见加起来才是第XII.1条的完整含义,即加入WTO必须接受一揽子协定,且《入世议定书》作为加入条件与一揽子协定保持一致。综上,专家组对《入世议定书》第1.2段与WTO协定第XII.1条的功能都作了限制性解释,但由于强加文义和缺乏法律依据而有失妥当。

三、对"主权"等根本性问题的初步思考

(一)"主权"的追问:我该如何存在

2003年杰克逊教授在其名作《现代主权:旧概念的新道路》中首次提出"现代主权"论。㉓进入21世纪,全球化迅猛发展,货物、服务跨境贸易所需时间和资金成本空前降低,全球范围移民和信息交流进入新常态,各国互相依存的程度空前增强。在此背景下,杰克逊教授认为需要对传统主权概念重新审视。第一,需要思考绝对主权(monopoly of states)是否合理;第二,如何在国际层面和国内层面配置权力;第三,如何在不同领域配置权力,环境领域、人权领域、竞争政策领域权力配置的形势和需求各不相同。

杰克逊教授的"现代主权"观是一个很重要的问题,因为它体现人类社会历史变迁。人类社会先后经历农业化、工业化,而今进入信息化,可称为第三种社会形态。在信息化社会,沟通无国界,"地球是平的"。互联网、云计算、大数据对各国各级政府的施政空间和施政方式造成冲击。借助技术手段,草根个人、NGO组织有效参与国际、国内社

㉑ Ibid., para.7.91.
㉒ Ibid., para.7.129.
㉓ John H. Jackson, Sovereignty-Modern: A New Approach to an Outdated Concept, *American Journal of International Law*, Vol.97, 2003, p.782.

会决策,获得空前影响力;国家之间互相影响的广度和深度空前加强,互相交涉更为频繁。早几年美国驻华使馆发布北京市区 PM2.5 检测数据时,我国政府强硬叫停,认为这是干涉主权。⑭ 但没过多久,北京市政府迫于压力开始主动公布 PM2.5 检测数据,叫停美国使馆发布 PM2.5 数据一事不了了之。由此我们追问:主权的界限在哪儿?

中国主张国际合作,倡导国际关系民主化与国际治理法治化。前不久我国制定《境外非政府组织管理法》时,一些国家表示强烈关切,我国为此专门向境外 NGO 组织征求立法意见。⑮ WTO 稀土案后,中国积极履行国际裁决,放弃稀土出口管制政策。⑯ 另外还要求各级政府部门出台涉外经贸政策前,必须通过商务部的合规性审查,即不得违反加入的国际条约要求。⑰

对比之下,少数发达国家存在"护本国主权、去别国主权"的霸权心理。⑱ 当中国对银行业信息和通信技术使用出台新规时,美国政府强行干涉,认为新规侵犯了美国企业的市场准入权利。⑲ 与此同时,当中国公司投资美国西部风力发电时,美国政府却以"危害国家安全"为理由强行要求中国公司撤资,而同类其他外国投资者不受影响。⑳ 绝对主权死灰复燃、肆意妄为,体现其任性而霸道的一面。也要看到,欧

---

⑭ 环球时报:《美馆应积极回应环保部的呼吁》,2012 年 6 月 6 日;http://news.xinhuanet.com/world/2012-06/06/c_123243716.htm,2015 年 8 月 21 日。

⑮ 人民日报:《郭声琨:欢迎和支持境外非政府组织来华发展》,2015 年 7 月 26 日,http://politics.people.com.cn/n/2015/0726/c1001-27362116.html,2015 年 8 月 21 日。

⑯ 比较《2015 年出口许可证管理货物目录》(商务部、海关总署公告 2014 年第 94 号)与《2014 年出口许可证管理货物目录》(商务部、海关总署公告 2013 年第 96 号),可以看出自 2015 年 1 月 1 日起稀土剔除出"实行出口配额许可证管理的货物"清单,移置"实行出口许可证管理的货物"清单,且企业出口稀土凭出口合同申领出口许可证,无需提供批准文件。相关评论可参见 http://finance.people.com.cn/n/2015/0112/c1004-26365709.html,2015 年 8 月 24 日。

⑰ 国务院办公厅:《关于进一步加强贸易政策合规工作的通知》,2014 年 6 月 17 日,http://www.gov.cn/zhengce/content/2014-06/17/content_8887.htm,2015 年 8 月 21 日。

⑱ 陈安教授犀利指出美国在主权问题上持有一对"矛盾",即针对弱小民族主权的进攻之"矛",与遮掩美国"主权"即既得霸权的护卫之"盾"。陈安:《中国的呐喊:陈安论国际经济法》原始中文稿第四章第 12 页。另参见陈安:《美国 1994 年的"主权大辩论"及其后续影响》,载于《中国社会科学》2001 年第 5 期,第 152 页。

⑲ 观察者网:《奥巴马内阁要求中国取消银行业信息安全新规》,2015 年 2 月 28 日,http://www.guancha.cn/Science/2015_02_28_310561.shtml,2015 年 8 月 21 日。

⑳ Ralls v. CFIUS et al., the US Court of Appeals for the District of Columbia Circuit, July 15, 2014 http://www.cadc.uscourts.gov/internet/opinions.nsf/B27E81AF31E360DA85257D16004E43E7/$file/13-5315-1502552.pdf. Aug. 21, 2015.

美之间不是铁板一块,相互之间常有主权之争。2012年美国拟对在本国开业的外国银行实施更为严苛的资本充足率要求时,欧盟旋即以实施报复相威胁要求美国放弃相关立法草案。[81]

杰克逊教授发表"现代主权"论已经十多年了,主权并没有成为过去式。主张主权是因为国家利益,主张"去人权"也是因为国家利益。《自由大宪章》历经八百年,今天还有人纪念它;自1648年《威斯特伐利亚和约》创立主权国家以来,再过三十多年即是四百周年,届时也将有人纪念它。在波澜壮阔的当代国际关系中,我国主张国际关系民主化、法治化、多边化,为此首先需要回答"主权"的当代追问——"主权"确是一个真真切切的存在,但"谁知道我该去向何处?我该如何存在?"[82]

(二)"国家同意"理论:历史挑战与中国探索

在主权理论下,国家同意(state consent)、国家平等(sovereign equality)成为逻辑必然。20世纪90年代反对者采用"道德"(moral)手段批判国家同意理论,扛着人权大旗反对不干涉原则(principle of nonintervention)。进入21世纪转而借用"全球公共产品"(global public goods)名义反对国家同意理论,即各国面临全球性挑战,亟须制定全球化对策和立法,国际立法不再需要协商一致(nonconsensual lawmaking)。[83]

非协商一致的国际立法形式分为以下几种:集体式、多边式、单边式、软法式。[84] 所谓集体式,是指由相当于中央集权的一个国际机构完成立法,不需要征得成员一致同意,集体式以联合国安理会为代表;多边式是指通过多边场合共同立法,不需要严格意义上的一致同意,WTO逐步放弃协商一致原则而采用关键多数(critical mass)决策机制即为适例[85];单边式是个别(一个或多个)国家制定影响全球的政策却

---

[81] Financial Times,"EU warns US on bank 'protectionism'",April 22, 2013.

[82] 这句话摘自歌曲《存在》,词作者是中国歌手汪峰。

[83] Nico Krisch, The Decay of Consent: International Law in an Age of Global Public Goods, American Journal of International Law, Vol. 97, 2003, p. 1.

[84] Ibid., p. 8.

[85] 关于关键多数(critical mass)决策机制,参见Patrick Low,"WTO Decision-Making for the Future", May 2011, www.wto.org/english/res_e/reser_e/ersd201105_e.pdf. July 22, 2015.

不征得其他国家同意,以欧美为当然代表[86];软法式由政府间联络完成,不追求法律约束力,国际金融立法具有典型的软法属性。[87]

当全球性挑战迫切需要公共产品输出时,国家同意理论将受到挑战。当今世界,称得上全球性挑战、需要公共产品生产的领域很多,例如气候变化、反恐金融、基础设施建设等等。这些领域哪个更为迫切、公共产品如何生产,处于不同发展阶段、拥有不同文化传统、确立不同目标和任务的各国看法不尽相同。当少数国家利用一票否决权阻碍变革需求时,其他国家可能另起炉灶。[88] 例如,世界银行、国际货币基金组织(IMF)等国际组织的决策权集中在少数发达成员手中,提升发展中国家话语权的改革方案长期不能落地。[89] 面对此僵局,同时顺应亚洲地区互联互通、建设基础设施需求,中国倡导成立亚洲基础设施投资银行("亚投行"),主动向全球提供公共产品。

在亚投行筹建过程中,新成员的接纳必须获得既有意向创始成员国协商一致同意,筹建重大事项尽可能协商一致,如不能达成一致则按75%多数通过。[90] 亚投行成立后,将在尊重多边的基础上采用资本多数决和人头多数决的综合决策机制,求得议事民主和行事效率之间平衡。[91] 由此可见,中国式"国家同意"理论既遵守多边化原则,又不僵化理解"协商一致",务实高效。

(三) 还原 *in dubio mitius*:与"主权"没有必然联系

多年来 *in dubio mitius* 作为条约解释原则在国际司法实践中受到

---

[86] Krisch 教授认为欧美具有单边式立法的传统,由强权国家支持,单边成果可望转化为全球公共产品。Nico Krisch, *supra note* [83], p. 8.

[87] 关于国际金融软法属性的系统论述,参见 Gu Bin, et al., Enforcing International Financial Regulatory Reforms, *Journal of International Economic Law*, Vol. 17, 2014.

[88] Nico Krisch, *supra note* [83], p. 9.

[89] 关于 IMF 改革方案及其历史变迁,参见顾宾:《IMF 份额改革的现状与出路》,载《中国金融》2015 年第 5 期。另参见 Gu Bin, China-led Asian Infrastructure Investment Bank Echoes the World's Desire for A New Order, *South China Morning Post*, July 2, 2015.

[90] 楼继伟:《打造二十一世纪新型多边开发银行》,载《人民日报》2015 年 6 月 25 日第 10 版。

[91] 《亚洲基础设施投资银行协定》第 25.2 条、第 28.2 条、第 29.1 条、第 53 条。另参见顾宾:《亚投行的治理结构》,载于《中国金融》2015 年第 13 期。

重大质疑和挑战。[92] 许多人认为在私权利和国家主权发生冲突时，in dubio mitius 倾向于偏袒主权。[93] 情况真是如此吗？笔者认为有必要正本清源。

　　In dubio mitius 是拉丁谚语，又称为"限制解释原则"（restrictive interpretation），指在条约含义不明时，应当采取"有利于条约义务方"的方法解释条约。从根本上讲 in dubio mitius 意在探求、尊重条约各谈判方的意图，在最大范围实现国际法的基本价值理念，即共同利益、人类平等、社会稳定等。[94] 但是，19 世纪以后国际法开始前所未有地强调"主权"，"国家同意"理论占据主导地位。在此背景下 in dubio mitius 选边儿站，从中立的 restrictive interpretation 演变为 restrictive interpretation in favor of state sovereignty（有利于主权的解释原则）。第一次世界大战后的常设国际法院、第二次世界大战后早期的国际法院均有大量判例佐证之。[95]

　　20 世纪 60 年代以来，国际法逐步进入 2.0 时代。各种私主体积极参与国际活动与国际规则制定，国家不再是国际法唯一主体，随之出现不少国际法新领域，如人权保护、国际刑法、WTO 法与双边投资条约强制管辖条款。国际法的新发展开始侵蚀国家主权，"国家同意"理论的主导地位逐步动摇，"有利于主权的解释原则"被广泛批判。

　　从 1969 年《维也纳条约法公约》（VCLT）没有采纳 in dubio mitius 开始，国际司法界、甚至学术界越来越多地抛弃 in dubio mitius。[96] 国际法院很快不再提及它；WTO 上诉机构唯一一次支持 in dubio mitius 是在 1998 年荷尔蒙案，此后绝口不提它；国际投资争端解决中心（ICSID）只在极少数案件支持 in dubio mitius[97]，大多数案件对 in dubio mitius 持

---

[92] Isabelle Van Damme, *Treaty Interpretation by the WTO Appellate Body*, New York: Oxford University Press, 2009, p. 62.

[93] Ibid., p. 61.

[94] Luigi Crema, Disappearance and New Sightings of Restrictive Interpretation(s), *European Journal of International Law*, Vol. 21, 2010, pp. 682, 683.

[95] Ibid., pp. 681, 684.

[96] Ibid., pp. 686–688. Isabelle Van Damme, supra note [92], p. 62–63.

[97] 支持型案例包括 ICSID Case No. ARB/01/13（Decision of the Tribunal on Objections to Jurisdiction）SGS Société Générale de Surveillance S. A.（Claimant）v. Islamic Republic of Pakistan（Respondent）（Award Date: August 6, 2003）.

否定态度。学术界比司法界更宽容些,但支持 in dubio mitius 的学者并不多。

In dubio mitius 历经国际社会和国际法历史变迁,无意间被裹胁、被利用、被扭曲。它本来是利益平衡导向的条约解释方法,在条约语言不明时作出"有利于义务方"的解释,使得义务方的责任有所减轻而非加重,不论义务方是男是女、是公是私,不预设立场,追求平等、公允之精神。如果义务方是私主体则私主体受益,义务方是主权国家则主权国家受益,因此并非总是有利于主权国家;如果义务方是美国则美国受益,义务方是中国则中国受益,因此并非总是有利于中国等发展中国家。相反,如果抛弃"有利于义务方"的解释原则而诉诸"不利于义务方"的解释方法——这正是今天条约解释的情形,则必将对义务方的既有义务造成更为苛刻的要求。对比来看,在条约语言不明的情况下,"有利于义务方"的解释原则即 in dubio mitius 更有利于实现权利义务关系的平衡。

WTO 稀土案中,在《中国入世议定书》第 11.3 段含义不清、中国承诺不清的情况下,上诉机构裁决走向 in dubio mitius 反面,选择"不利于义务方"的解释方法,剥夺中国援引 GATT 第 XX 条的权利,造成国际权利义务关系严重失衡。稀土案从反面印证了 in dubio mitius 平等、公允的精神。我们亟须回复 in dubio mitius 的本来含义及其在条约解释法中的地位。与此同时,该原则不宜轻易动用。国际条约的文本必须首先得到遵守;只有在文本不清,依赖上下文、条约目的等方法也不能实现解释目的时,方可向 in dubio mitius 求助。如果运用 in dubio mitius 得出明显违反常理的解释结果,将不予采用。⑱

(编辑:余贺伟)

---

⑱ Isabelle Van Damme, *supra* note ⑫, pp. 62 – 63.

The Obvious Mistakes in the WTO *Rare Earths Case* Report Should Be Corrected

Gu Bin

【Abstract】 The WTO litigation of rare earths between China and the West ended with China as a loser, but the case has ignited a legal debate on key treaty interpretation issues in WTO and international law in general. The debate should be significant to interpretative terminology over treaty textual silence, to the WTO framework in a systemic sense, to the error-fixing institution of the DSB, and ultimately to the legitimate rationale underlying the WTO system. This article makes an in-depth discussion of several important treaty interpretation issues in the Panel/Appellate Body Report, and seeks to correct the Appellate Body's errors in interpreting the systemic relationship between the WTO Agreement and the Accession Protocol. At the panel stage, the panel demonstrated judicial activism in interpreting textual silence in WTO treaty, while showing conservatism in reading the WTO agreement in a split manner, which is obviously self-contradictory and double standard. Preliminary thoughts on fundamental issues reflected in the case, such as state sovereignty, are also added at the end of this article.

WTO"中国原材料案"报告中的解释失范问题初探

——以中国出口税义务与 GATT 1994 第 20 条的关系为中心

■ 王海浪*

【内容摘要】 WTO"中国原材料案"专家组对《中国入世议定书》第 11.3 条与《中国加入工作组报告》第 170 条的解释,存在着故意回避对关键用语的解释、不陈述理由以及"因果错位"等问题。上诉机构最初宣称将"根据 DSU 第 3.2 条适用包括《维也纳条约法公约》第 31、32 条中解释规则在内的各项习惯法解释因素",但最终所选择的解释方法却大相径庭。即便是适用"文本"这个单一的解释因素,上诉机构对该第 11.3 条附件 6 中"例外情况"的解读也仍然有失偏颇,并没有得到附件 6 中全部三个句子的文本支持。中国应该根据不利解释结论形成的原因,采取相应的应对之策。

一、"中国原材料案"案情及其影响

2009 年,美国、欧盟与墨西哥要求设立专家组,指控中国对多种原材料实施的包括出口税在内的多种出口限制措施违反了 WTO 义务,要求中国取消相关出口税,从而引发了本文拟讨论的"中国多种原材料

---

* 作者系厦门大学法学院助理教授,法学博士。

出口相关措施案（China—Measures Related to the Exportation of Various Raw Materials,下文简称:中国原材料案）"。中国提出抗辩,主张相关出口税的实施属于援引 GATT 1994 第 20 条"一般例外"的结果。2011 年 7 月,专家组作出报告,裁决中国就出口税问题无权援引 GATT 1994 第 20 条,因此提高出口税的行为违反了中国在出口税方面的承诺。中国提出上诉后,上诉机构于 2012 年 1 月发布了报告。遗憾的是,上诉机构不但就出口税问题再次否定了中国的主张,认为"中国就出口税问题无权援引 GATT 1994 第 20 条",而且对中国承担出口税义务的解释,与专家组的观点相比更加苛刻得多,对中国更为不利。

专家组与上诉机构的报告发布后,其中"中国就出口税问题无权援引 GATT 1994 第 20 条"这一解释结论被后来同样涉及出口税问题的"稀土案"专家组与上诉机构多次引用。照此看来,"中国原材料案"报告极有可能成为将来各案专家组在解决"中国出口税义务与 GATT 1994 关系"时频繁援引的解释与裁决"模板"。因此,本案解释结论对将来相似案件与中国利益的影响,注定极为深远,有必要深入研究。

国内对本案报告的反响也较为热烈。有观点从《中国入世议定书》的性质入手,认为"入世议定书具有并入及修改 WTO 协定的法律效力",因此"对于中国在《中国入世议定书》附件 6 中承诺的产品,中国可以援引 GATT 1994 第 20 条"①。有的观点认为,"入世议定书"不能视为对于 WTO 协定的修正,期待专家组和上诉机构对于"入世议定书"和 WTO 协定的关系问题作出一个全面和系统的结论是不现实的。②还有观点认为"中国原材料案"反映了"WTO 对自然资源的法律规制存在实体规则与司法程序的失衡,WTO 应从立法和司法两个层面进行法律变革"③。有的观点则认为本案中国出口税义务能否援引 GATT 1994 第 20 条的"裁决符合《维也纳条约法公约》所规定的条约

---

① 韩秀丽:《论入世议定书的法律效力》,载于《环球法律评论》2014 年第 2 期,第 26 页。

② 参见孔庆江、郭帅:《〈中国入世议定书〉解释:逻辑自洽性有可能吗?》,载于《国际法研究》2014 年第 3 期。

③ 参见刘勇:《WTO 自然资源法律规制的失衡及其改革》,载于《法治研究》2012 年第 11 期。

解释规则",并且"负面影响不大"。④ 有的观点则经过分析认为,由于 WTO 出口限制规则的不统一,WTO 成员的权利义务形成了四个等级,中国属于最低等级的第四等。⑤ 不过,从条约法解释规则的角度深入分析本案报告所依赖的主要论据与论证方法,并指明其错漏之处的研究结论,尚不多见。

因此,本文拟着重从条约法解释规则的角度,分析专家组与上诉机构论证过程中是否存在错误或者是说服力比较勉强的地方。如果存在此种失误,则希望有助于在将来类似案件中被用来指出本案的错漏从而阻断其对本案解释结论的直接援引,也希望为将来建立统一的出口税纪律并最终解决该出口税的不平等问题提供有益建议。

就"中国出口税义务能否援引 GATT 1994 第 20 条"这一问题,专家组的报告主要从两个角度进行了分析。然而,经过认真阅读报告,本文发现专家组的这两个分析都存在较为严重的逻辑分析错误,可能导致错误裁决。本文第二部分拟对这两个失误问题展开讨论。上诉机构的报告对专家组的其中一个失误进行了重新解释(即重新解释《中国入世议定书》第 11.3 条附件 6),意图纠正专家组的失误。但是,上诉机构对"《中国入世议定书》第 11.3 条附件 6"的重新解释从条约解释规则角度来看仍然存在失误之处。本文拟在第三部分对此加以讨论。根据第二、三部分的分析,本文拟在第四部分提出结论与建议。

二、专家组对《议定书》第 11.3 条以及 《工作组报告》第 170 条的误读

专家组得出"中国出口税义务不能援引 GATT 1994 第 20 条"这一结论主要依赖于对两个条款的解释:一是《中国入世议定书》第 11.3

---

④ 参见贺小勇:《〈关税及贸易总协定〉第 20 条与"议定书"的法律关系辨析》,载于《法学》2012 年第 6 期。

⑤ 参见秦娅:《论 WTO 出口税制度的改革:自然资源主权、经济发展与环境保护》,吕晓杰、李伶译,载于《清华法学》2013 年第 2 期。

条,二是《中国加入工作组报告》第170条。⑥在对中国外贸制度进行审查之后,"中国加入WTO工作组"⑦制定了《中国加入工作组报告》(以下简称《工作组报告》)与《中国入世议定书》(以下简称《议定书》)及其附件。专家组通过援引《议定书》第一部分的规定、前案报告以及当事方意见,认为:"所有当事方都同意,《议定书》构成WTO协定的组成部分。此外,所有当事方同意,WTO成员能提起WTO争端解决程序,指控对《议定书》的违反行为。最后,所有当事方都同意,《工作组报告》包括的承诺,以及通过交叉引用纳入到《议定书》中的承诺,有约束力并可通过WTO争端解决程序执行。"⑧

可见,《工作组报告》与《议定书》都是对中国有约束力的法律文件。只要两者中任何一份法律文件授权中国在实施出口税时可援引GATT 1994第20条,则中国关于出口税的主张就可得到专家组的支持。在解释时,这两份法律文件也互为"上下文"。《议定书》直接对出口税义务作出规定的条款是第11.3条,《工作组报告》可能涉及出口税义务的条款是第170条。以下先分析专家组在解释《议定书》第11.3条时是否存在失误,再分析其解释《工作组报告》第170条时是否存在失误。

(一)表现之一:对《议定书》附件6中"例外情况"的含义"避而不谈"

专家组首先需要解决"《议定书》第11.3条有没有授权中国就出口税义务援引GATT 1994第20条"这一问题。《议定书》第11.3条规定:"中国应取消适用于出口产品的全部税费,除非本议定书附件6中有明确规定或按照GATT 1994第8条的规定适用。"据此,专家组认

---

⑥ 专家组还考虑过其他因素,不过专家组要么没有对那些因素展开讨论,要么不构成专家组最终结论的主要论据,因此本文暂不予以分析。例如,专家组承认,本争端中关于中国是否有权援引GATT 1994第20条的问题,引发了《中国入世议定书》第11.3条与WTO协定其他部分关系的争论。但是,专家组借鉴了"China-Publications and Audiovisual Products"案上诉机构的方法,并没有系统性地分析《中国入世议定书》条款与GATT 1994条款之间的关系,而是直接运用文本解释方法来分析《入世议定书》第11.3条的含义。WTO, Reports of the Panel, China—Measures Related to the Exportation of Various Raw Materials, WT/DS394/R, WT/DS395/R, WT/DS398/R, adopted on July 5, 2011, para.7.116.

⑦ 当年中国申请"复关"后,理事会于1987年成立了"中国GATT 1947缔约方地位工作组"。1995年12月,该工作组改为"中国加入WTO工作组"。

⑧ Supra note ⑥, paras.7.773 – 7.114.

为,只有在"议定书附件6"或"GATT 1994 第8 条"有明确授权的情况下,中国才能实施出口税。⑨ 换言之,在"议定书附件6"与"GATT 1994 第8 条"这两项例外中,只要有任何一项例外授权了中国在实施出口税时援引 GATT 1994 第20 条,中国就能得到专家组的支持。可惜的是,专家组先后对这两项例外全部得出了否定的结论,并因此裁定《议定书》第11.3 条没有条款授权援引 GATT 1994 第20 条。由于本文发现专家组对"议定书附件6"这一项例外的分析存在较大的问题,故本部分只分析这一项例外,并不涉及专家组对"GATT 1994 第8 条"的分析。

"议定书附件6"包括了一个长长的表格,里面列举了84 个种类的原材料介绍以及中国可以对其实施的出口税率水平。在表格下面,有个简短的"注释",其内容是:"中国确认本附件中所含关税水平为最高水平,不得超过。中国进一步确认将不提高现行实施税率,但例外情况除外(under exceptional circumstances)。如出现此类情况,中国将在提高实施关税前,与受影响的成员进行协商,以期找出双方均可接受的解决办法。"⑩

中国主张,该"议定书附件6"末尾中关于"例外情况"的表述支持中国有权援引 GATT 第20 条作为抗辩。而申诉方则主张,《议定书》第11.3 条的用词很清楚明确,没有包括对 GATT 第20 条的援引。⑪

对于中国这一"例外情况"之主张,专家组用了三个句子来分析。这三个句子的内容是:"附件6"结尾部分"注释"中的两个句子的"通常含义"非常清楚。第一句采用"最高水平"这个术语给中国设定了一个出口税的最高限制。第二句表明,在签署《议定书》后任何出口税率

---

⑨ Ibid., para. 7.121.
⑩ Supra note ⑥, para. 7.122. 英文原文是:"Note: China confirmed that the tariff levels included in this Annex are maximum levels which will not be exceeded. China confirmed furthermore that it would not increase the presently applied rates, except under exceptional circumstances. If such circumstances occurred, China would consult with affected members prior to increasing applied tariffs with a view to finding a mutually acceptable solution."
⑪ Ibid., para. 7.125.

的增加只能在例外情况下与受影响成员协商之后才能生效。[12]

  此处,专家组犯了两个错误:其一,"附件6"结尾部分"注释"的表述内容一共用了三个句子,可是报告中却只分析了两个句子,漏掉了一个句子。而且,报告中说的"第二句表明"的内容其实应该是第三句当中的内容。其二,被专家组刻意回避的第二句正是对中国援引GATT第20条来说属于至关重要的一句:"中国进一步确认将不提高现行实施税率,但例外情况除外。"从其中用语的通常含义来看,此处的"例外情况"并没有设置其他限制,这无疑给予中国在判断例外情况时宽泛的自由裁量权。中国只要在现行的国内法、国际法允许的例外情况下即可调整相关产品的出口关税,甚至并不需要通过这一用语来援引GATT 1994第20条的例外授权。凭借"例外情况"这一用语本身,就足以获得比GATT 1994第20条更大的权力,其效果甚至超过了美国双边投资保护条约范本中的"自裁决条款":"国家安全例外"条款。

  按正常判案逻辑来看,专家组解释到这里,就应该顺理成章地分析这里的"例外情况"到底是指哪些情况,如果这些例外情况发生,中国是否有权援引GATT 1994第20条。然而,非常诡异的情况发生了:在回避了这一对中国授权至关重要的"第二句"并且把第三句当成第二句之后,专家组笔锋一转,另起一段开始分析《议定书》第11.3条中规定的另外一项例外,即分析"GATT 1994第8条"有没有授权中国提高出口税。对此项例外,专家组只用了两个句子就得出了否定的意见。

  至此,专家组得出结论:《议定书》第11.3条中仅有的两个例外是"附件6"与"GATT 1994第8条",但后两者都没有授权援引GATT第20条。他们本来完全有机会在其中直接规定可以援引GATT 1994整体或者是其中的第20条,但WTO成员明显选择不这样做。……这就表明WTO成员与中国不希望通过第11.3条援引GATT 1994第20条中的抗辩理由。[13]

---

  [12] *Ibid.*, para. 7.127. 该段落原文是:"7.127 In the Panel's view, the ordinary meaning of these two sentences of Annex 6 is very clear. The use of the term 'maximum levels' sets a definitive ceiling in excess of which China may not impose export duties. Furthermore, the second sentence makes clear that any increase in the export duty rates applied at the time of the conclusion of China's Accession Protocol could be effected only in exceptional circumstances following consultations with affected Members."

  [13] *Supra* note ⑥, para. 7.129.

然而,据上述分析可见,专家组对"注释"第二句中的"例外情况"含义采取回避的态度,没有进行分析,属于"避而不谈"。

专家组是否由于疏忽从而无意中遗漏了对"附件6"第二句中的"例外情况"加以审查? 从报告的前后情况来看,专家组的回避显然不是出于无意。依据有三。第一,报告至少在三个地方援引了该"附件6"中的三个完整句子⑭,并且都没有漏掉中间的第二句。第二,专家组在分析"附件6"时所援引的"第二句(事实上是第三句)"当中也出现了"例外情况"一术语,只不过是从对此一"例外情况"加以限制的角度来说的:任何出口税率的增加只能在例外情况下与受影响成员协商之后才能生效。⑮ 第三,专家组在分析"附件6""注释"之前的几个段落中,注意到且特意提及:中国已明确主张,中国依据"注释"中"例外情况"这一术语得到了援引 GATT 1994 第20条的授权。⑯

因此,可以初步得出结论:专家组故意回避对中国主张至关重要的"附件6"第二句中"例外情况"的含义加以审查。这一句中的"例外情况"同时也是中国明确提出的主要抗辩理由之一。专家组这种"避而不谈"的方法,可能导致其误判《议定书》第11.3条的正确含义,并可能最终导致对"中国出口税义务能否援引 GATT 1994 第20条"这一问题的误判。这样就会严重影响到中国在 GATT 1994 下的权利,从而不能做到 WTO 协定下的《关于争端解决规则与程序的谅解》(DSU) 第3(2)条所要求的"不能增加或减少适用协定所规定的权利和义务"。

(二) 表现之二:论证《工作组报告》第170条时的因果错位

《工作组报告》第170条规定:"中国代表确认,自加入时起,中国将保证其与对进口产品和出口产品征收的所有规费、税费有关的法律和法规将完全符合其 WTO 义务,包括(including) GATT 1994 第1条、第3条第2款和第4款及第11条第1款,且将以完全符合这些义务的方式实施此类法律和法规。工作组注意到这一承诺。"⑰

要解决"《工作组报告》第170条有没有就出口税义务授权中国援

---

⑭ *Ibid.*, paras. 7.66, 7.103, 7.123.
⑮ *Ibid.*, para. 7.127.
⑯ *Ibid.*, paras. 7.110, 7.125.
⑰ *Ibid.*, paras. 7.130, 7.131.

引GATT 1994第20条"这一问题，本文认为其实很简单。此处存在两个链条，如果两个链条同时成立则上述问题的答案是肯定的。反过来，两个链条中的任意一个被否定，上述问题的答案就是否定的了。链条之一是，"该第170条与GATT 1994第20条"之间的关系。专家组如果能够证明该第170条没有授权中国援引GATT 1994第20条，那么即便中国能证明该第170条包括了出口税方面的内容，也无法让中国违反出口税的行为正当化。链条之二是，"该第170条与中国出口税义务"之间的关系。专家组只要能够证明该第170条不包括出口税的内容，那么即便中国能够证明该第170条授权其援引GATT 1994第20条，也无法让中国违反出口税义务的行为正当化。

那么，专家组是如何做的呢？针对该第170条，专家组的分析主要集中在一个段落中。⑱该段落内容如下：

专家组注意到，第170条并没有提及中国在出口税方面的具体义务，它只是提到"对进出口产品征收的税费"。第170条授权中国使用这些税费，只要符合GATT 1994第1条、第3条第2款和第4款及第11条第1款。因此，第170条本质上只是复述了在某些GATT规则中存在的承诺。而本争端中要解决的问题受到第11.3条所规制，并不相同。本争端所关注的义务与关税是只施加给出口产品的，而且受到《议定书》第11.3条明确禁止，并且不受GATT 1994规制。⑲在专家组看来，《工作组报告》第170条既没有明示也没有暗示提及关于禁止中国使用《议定书》第11.3条中规定的出口税的任何例外或者是GATT 1994的灵活性。⑳

从最后一句可见，专家组的结论非常明确："《工作组报告》第170条既没有明示也没有暗示提及……出口税的任何例外或者是GATT 1994的灵活性。"可见，专家组同时否定了上面表述的两根链条。可惜的是，专家组此处解释存在较大疏漏。下面概括其采用的两点理由并

---

⑱ 其实在该段落之后还有一个段落。不过后面段落的内容只是对前面段落中某要点的重复。*Ibid.*, para. 7.142.

⑲ 本句原文是："The matter at issue in this dispute, and governed by Paragraph 11.3, is different; it is concerned with duties and taxes that are imposed only on exports, and that are specifically prohibited under Paragraph 11.3 of the Accession Protocol and not regulated by the GATT 1994."

⑳ *Ibid.*, para. 7.141.

加以分析。

(1)"第170条本质上只是复述了在某些GATT规则中存在的承诺(专家组段落第三句)"。在援引该第170条时,中国认为,该条"保证……法律和法规将完全符合其WTO义务,包括(including)GATT 1994第1条……"中的"包括"(including)一词,清楚表明第170条援引的规则列举是非穷尽性的,它指的是WTO协定涵盖下协议的所有涉及货物的义务,其中当然包括GATT 1994第20条中的权利与义务。[21]

按照正常的逻辑推导,专家组就应该针对中国的这一主张,分析"包括"这一词是否可起到援引GATT 1994第20条的效果(第一根链条)。然而,专家组没进行任何分析,没提供任何理由,便直接推出了这一结论:第170条只是复述了在某些GATT规则中存在的承诺。一方面,专家组这种"不说理由"的裁决方式难以具有说服力;另一方面,即便"第170条只是复述了在某些GATT规则中存在的承诺",但这种"复述"行为本身是否明确排除了"包括"一词对GATT 1994第20条的援引效力,还有待于进一步的考察。但专家组并没有进一步详细考察,而是直接得出了否定的结论。这并不符合正常的逻辑推导过程,从而严重影响其说服力。

(2)"第170条并没有提及中国在出口税方面的具体义务(专家组段落第一句)"。第170条提到"对进出口产品征收的税费(charges and taxes levied on imports and exports)"[22]。从字面上看,这一句包括了"对出口产品征收"的"税费",倒似乎应该涵盖"出口税"在内。然而,专家组不加分析,便径直认定"第170条并没有提及中国在出口税方面的具体义务"。

为了强化对"第170条包括了出口税内容"(第二根链条)的否定,专家组还特别指明该第170条包括的内容与本案拟解决的出口税是不同的:"本争端所关注的义务与关税是只施加给出口产品的,……并且不受GATT 1994规制(专家组段落第五句)"。

前述已提及,在本案中,当事各方要求专家组解决的终极问题是:"中国的出口税义务能否援引GATT 1994第20条"。为解决这个终极

---

[21] Ibid., paras. 7. 132 – 7. 134.
[22] Ibid., para. 7. 141.

问题,专家组必须先确认:第170条有没有授权中国就出口税问题援引GATT 1994第20条。但是在这个确认过程中,专家组说明"第170条并没有提及中国在出口税方面的具体义务……本争端中要解决的问题……并不相同"这一点的理由竟然是:"本争端所关注的义务与关税……不受GATT 1994规制"——这一理由原本就是专家组待解决的终极问题。这样的倒果为因的论证逻辑似乎表明:对于本案的裁决,专家组在论证之前就已经先验地作出了否定性的结论。为了论证这个已预先设定的否定性结论,就只好先验地驳回中国的所有抗辩理由。只是在驳回中国抗辩理由时思虑不够周密,就难免出现上述种种不符合逻辑推导过程、让人匪夷所思的疏漏! 尽管在上诉阶段,上诉机构对专家组的失误进行了一些补充解释,但上诉机构在条约解释方法的选择上是否存在不够严谨之处? 其解释结论是否仍然有失偏颇? 以下部分对此加以分析。

三、上诉机构对解释因素的选择失误及其对《议定书》附件6的误读

对于前述专家组对《议定书》第11.3条与《工作组报告》第170条两个条款解释的不当之处,上诉机构虽然没有明确指出,但重新解释了这两个条款。但在解释这两个条款时,上诉机构在解释方法方面存在不少失误,最终导致这两个条款的解释结论有失偏颇。鉴此,本部分拟先分析上诉机构在条约解释方法选择方面的失误之处,再分析其对《议定书》第11.3条的重新解释。此外,囿于篇幅,本部分只分析《议定书》第11.3条的解释,而不涉及《工作组报告》第170条。

(一) 上诉机构在解释因素选择上的"言行不一"

1.《维也纳条约法公约》要求的解释规则:"整体适用"各项解释因素

1969年《维也纳条约法公约》(VCLT)第31、32条规定了在解释条约时应该考虑的因素,它们构成条约法解释规则的基石,已经发展成国际习惯法规则,从而被国际社会普遍接受,并且在国际争端解决中被广泛引用。其中,第31条第1款规定:"条约应依其用语按其上下文并参

照条约之目的及宗旨所具有之通常意义,善意解释之。"综合其他条款,应该考虑的因素包括:(1)用语的通常意义。(2)上下文的内容。(3)条约之目的及宗旨。(4)补充性解释资料。(5)善意解释。

VCLT 在提到各项解释因素时,所采用的连接词如下:第 31 条第 1 款规定"条约应依(shall be interpreted)……按其(in accordance with)……并参照条约之(and in the light of)……解释之。"第 2 款规定:"上下文……并应包括(shall comprise)……"第 3 款规定:"应与上下文一并考虑者尚有(there shall be taken into account)……"

上述三款采用的句型以及采用的义务性措词"应该"(shall)表明,第 31 条提到的各项解释因素都应该得到适用,而且这些解释因素的重要性都是相同的,没有哪种因素较为次要。㉓ 对此,联合国国际法委员会同样指出,该条中解释因素的适用应该是一个综合程序。里面的所有因素,都要按照各个案件中的具体情况,严格加以适用。该条作为一个整体来理解,不得被认为给条约的解释提供了层级体系。㉔

2. 上诉机构的"言行不一":只适用"文本"与"上下文"的解释因素

在开始解释之前,上诉机构宣称:《议定书》第 1.2 条规定,议定书属于 WTO 协定不可分割的一部分;因此,根据 DSU 第 3.2 条,国际公法中的习惯法解释规则,包括 VCLT 第 31、32 条所汇编的那些解释规则在内的,在本案澄清《议定书》第 11.3 条含义时,是都可以适用的。因此,上诉机构将从分析《议定书》第 11.3 条的"文本"(text)开始。㉕ 可见,上诉机构是极为认同把 VCLT 中的解释方法一齐拿来整体适用的。同时,上诉机构还似乎打算把那些同属于习惯法规则但没有被纳入 VCLT 的那些解释方法拿来一并适用。

但在实际解释中,专家组只适用了两种解释因素。第一是"文本解释"因素。在分析《议定书》第 11.3 条含义时,上诉机构仅依赖于对

㉓ R. Y. Jennings and A. Watts (eds), *Oppenheim's International Law*, Longman, 1992, p. 632.
㉔ International Law Commission Report, *Yearbook of the International Law Commission*, Vol. 2, 1966, p. 219, para. 8 and p. 220, para. 9.
㉕ WTO, Reports of the Appellate Body, China-Measures Related to the Exportation of Various Raw Materials, WT/DS394/AB/R, WT/DS395/AB/R, WT/DS398/AB/R, January 30, 2012, para. 278.

条款句子的表述,尤其是几个连接词的分析,就否定了中国的主张。很明显,上诉机构在对该条的分析时只奉行"文本主义",只选择文本这一解释因素。第二是"上下文"的解释因素。在运用了"文本解释"因素分析《议定书》第11.3条的用语之后,上诉机构把《议定书》第11.1条与第11.2条以及《工作组报告》中第170条,都作为《议定书》第11.3条的"上下文"进行了分析,很明显这里又适用了"上下文"的解释因素。

综上,上诉机构在解释的开始,便大张旗鼓地说要采用"包括VCLT中第31、32条与第33条"在内的"国际公法中的习惯国际法解释规则"。并承认,这些解释规则属于DSU第3.2条明确规定在审查案件时应该采用的。但上诉机构接下来只从中选择了两种解释因素,作出了对中国不利的解释。此后再也没有搭理过这些根据DSU第3.2条应该适用的"习惯国际法解释规则"。如果上诉机构从一开始就不想适用那些"习惯国际法解释规则",其大可以直接如此行事而不用如此"信口开河"。毕竟,VCLT并没有规定违反了第31、32条会受到什么样的惩罚并可能带来什么样的不利后果。然而,在预先宣称拟适用那些"习惯国际法解释规则"之后,没有任何解释就舍弃了多数解释因素,严重损害了当事方的正当期待,这属于典型的"言行不一",从而严重影响其说服力。

如果这种"只选其二"的解释方法与"整体适用"各项解释因素的方法,所得出的结果相同或相近也罢,不至于导致太大的负面后果。但正如后文如述,与"整体适用"各项解释因素的方法相比较,这种"只选其二"的解释方法在本案中所得出的结论完全相反,并且给中国带来在形式与内容上完全不平等的身份义务,完全背离了WTO协定序言中明确的"互惠互利、消除歧视待遇"这样的基本原则。

(二) 上诉机构对解释因素的片面选择及其对附件6中"例外情况"的误读

在解释《议定书》第11.3条时,与专家组的分析过程相似,上诉机构也是先分析"本议定书附件6",再分析"GATT 1994第8条"是否授权中国援引GATT 1994第20条。本部分拟主要分析上诉机构对"本议定书附件6"的解释,而不涉及"GATT 1994第8条"。

WTO"中国原材料案"报告中的解释失范问题初探

1. 上诉机构对附件 6 中"例外情况"的解释结论以及所采用的解释因素

《议定书》第 11.3 条附件 6 结尾处"注释"的内容是:"中国确认本附件中所含关税水平为最高水平,不得超过。中国进一步确认将不提高现行实施税率,但例外情况除外。如出现此类情况,中国将在提高实施关税前,与受影响的成员进行协商,以期找出双方均可接受的解决办法。"如前所述,此处的关键点在于"例外情况"之含义,专家组却避而不谈。上诉机构则对"例外情况"之含义进行了解释。

中国主张,附件 6 中"例外情况"这一用语,与 GATT 1994 第 20 条中的例外范围是重叠的。通过允许中国在"例外情况"下实施与 WTO 不一致的出口税,中国与其他 WTO 成员表明共同的意愿:允许中国直接或间接寻求 GATT 1994 第 20 条中规定的"例外情况"为出口税辩护。此种"例外情况"既可用来给附件中列明的 84 种产品征出口税"超过所列最高税率",也可用来对"附件中没列明的产品征收出口税"[26]。

同时,中国还援引欧盟曾经提过的主张及其专家组的意见来支持自己的上述观点。在专家组面前时,欧盟曾主张中国在对"附件 6 列表之外的一些产品"施加出口税之前,"没有与受影响成员协商",从而违反了其在附件 6 下的义务。专家组支持欧盟的这一主张。中国认为,由于欧盟指控的产品"全部没有包括在附件 6 承诺表中",因此,欧盟的主张与专家组的观点就必然意味着:附件 6 中的例外允许中国对所有产品施加出口税,只要存在"例外情况",同时与受影响成员协商[27]。

但是,这一主张没有被上诉机构采纳。上诉机构认为,在附件 6 "注释"中没有任何内容能支持中国援引 GATT 1994 第 20 条来为其违反"《议定书》第 11.3 条中承诺取消的出口税"进行抗辩[28]。不但如此,上诉机构还进一步指出,很难看出,附件 6 的语句可以理解为表明中国有权援引 GATT 1994 第 20 条,以便来正当化其对"附件 6 中没有列明的产品施加出口税"或者是对"附件 6 列明的产品施加超过所列最高

---

[26] *Ibid.*, para. 282.
[27] *Ibid.*, para. 286.
[28] *Ibid.*, para. 285.

税率"。㉙因此,上诉机构认为中国所援引的上述专家组观点是错的。中国施加的这些出口税之所以违反了《议定书》第11.3条,不是因为"没有与受影响成员协商",而是因为这些原材料并没有在附件6中列出。㉚

换言之,上诉机构的结论是:在"例外情况"出现时,中国的最大权利只是把"现行实施税率"提高到附件6表格所列"最高水平"税率,而且还需要提前与受影响成员协商。其理由分散在三个段落,其表述大体相似,可概括成以下两点:

第一,附件6"注释"的第二句是:"中国进一步确认将不提高现行实施税率,但例外情况除外。"其中用语"现行实施税率"(the presently applied rates)很关键。在没有出现"例外情况"时,不能提高"现行实施税率"。只有出现"例外情况"时,才能提高"现行实施税率"。㉛第二,附件6"注释"第二句中的用语"进一步"(furthermore)表明,第二句与第三句中的义务,是"附加于"(in addition)中国在第一句中不超过附件6中列明的最高税率水平这一义务之上的。㉜因此,如果存在"例外情况",将允许中国对附件6列明的产品施加所列最高水平的税率。㉝

可见,上诉机构的理由主要来源于对"现行实施税率"以及"进一步"这两个用语的解读。非常明显,上诉机构仅仅适用了"文本"解释因素,而没适用任何其他的解释因素。不过,上诉机构对附件6的"注释"作出的解释结论,仍然有失偏颇。

2. 上诉机构对附件6"例外情况"之"文本"的误读

即便严格按照附件6"文本"进行解释,上诉机构前述结论的正确性与公正性也是让人怀疑的。理由主要有两个。

首先,"注释"中没有任何一个句子明确提到,中国在"例外情况"下提高的税率不得超过附件表格中的最高水平,也没明确说中国在"例外情况"下不得对表格之外的原材料提高税率。上诉机构观点只是来源于猜测。如果中国在这里确实愿意接受对中国如此不利的条

㉙ *Ibid.*, para. 284.
㉚ *Ibid.*, para. 287.
㉛ *Ibid.*, para. 285.
㉜ *Ibid.*, para. 287.
㉝ *Ibid.*, para. 285.

款,理应用明白的用语表述清楚,而不是用了三个句子来猜谜语。就如同专家组在论证中国有没有被授权援引 GATT 1994 第 20 条时,认为"当协商禁止使用出口税时,WTO 成员与中国本来可以直接规定有权援引 GATT 第 20 条加以抗辩,但是他们明显没有这样做"。[34] 如果借用其论证方法,则推论过程可以是:WTO 成员本来可以明确禁止中国在"例外情况"下提高的税率不得超过附件表格中的最高水平,可以明确禁止中国在"例外情况"下不得对表格之外的原材料提高税率,但是他们明显没有这样做。

其次,如上所述,上诉机构的第二点理由是:"注释"第二句中的用语"进一步"表明,第二句与第三句中的义务,是"附加于"中国在第一句中不超过附件 6 中列明的最高税率水平这一义务之上的。上诉机构的思路似乎是这样:第一句中的"最高水平"是铁的原则,第二句"例外情况"出现时也只能在该第一句的"最高水平"内运作。然而,"注释"中的这三句毕竟没有明明白白直接说第二句只能在第一句范围内运作。本文认为,上诉机构的这一解释正确地注意到了"进一步"这一用语[35],却没有正确理解第二句的义务是如何地"附加于"第一句中的"最高税率水平"这一义务,从而形成了其错误的解释结果。"附加于"第一句义务之上的,应该是第二句的主干部分或者说是"主要含义"。从第二句的表述可见,其主干部分或者说是"主要含义"应该是前半句:"中国进一步确认将不提高现行实施税率……"把这半句"附加于"第一句的义务之上,摆在一起的结果就是这样的:"中国进一步确认将不提高现行实施税率……本附件中所含关税水平为最高水平,不得超过"。精减一下,其含义就是:"不提高现行实施税率"至"附件中所含……最高水平"之上。这是通常的情况,如果"例外情况"出现,自然就可超过附件中的"最高水平"了。

最后,即便按照上诉机构的说法,"例外情况"仅能作为"现行实施税率"的例外之结论成立,其解释结论的合理性也是值得商榷的,因为

---

[34] Supra note [6], para. 7. 146.
[35] 此处的"进一步"的译法来源于中国政府公布文本中的对应译文。其英文原文"furthermore"还具有"此外"、"另外"等多种含义。如按后面这些含义,"注释"中第一句与第二句间属于并列关系,则对中国政府更为有利。为简便起见,此处仅按中国官方译文来进行分析。

它会使第二句的"例外情况"以及第三句"将在提高实施关税前,与受影响的成员进行协商,以期找出双方均可接受的解决办法"变得没有任何意义了。一方面,"例外情况"并不是一个随意性的规定,通常情况下是为缔约方预留的在出现不可预知情势时维护其自身根本权利的政策弹性空间,是其唯一为缔约各方所承认的自救措施,因而,其范围很难在缔约当时可以预见,更不可能将其固定化。若真是如此,那所谓的弹性空间便不存在了,"例外情况"也变成一句空话。另一方面,附件6表格中的最高税率水平已经于谈判之时便属于各方可预见的范围内的协商结果了,若按照上诉机构的解释,中国无论如何都无权超过此最高水平,那么何须再次协商?因为,如此重复磋商完全是多此一举,空耗人力与时间。

总之,如果严格运用"文本"解释因素,上诉机构解释结论的说服力并不充分,甚至是荒谬的。正是因为单纯依靠文本解释会出现解释不明或不合理的情况,VCLT的解释规则才要求综合运用包括"目的及宗旨"在内的其他解释因素对条约的用语作出解释。另外,如果严格运用"文本"解释因素,至少可以认为,上诉机构的解释结论并不是唯一的可得结论。从此角度观之,在这一问题上,中国与相对方至少也是各胜一半之局:三个句子中对中国不利的只有"不提高现行实施税率"的表述,其他用语全部是有利于中国的。在此情况下,上诉机构符合逻辑的做法应该是接着诉诸于其他解释因素,以便求得最为公正的解释结论。遗憾的是,上诉机构并没有这样做,从而严重损害了其说服力与威信力。

四、结论与建议

(一)结论

综上,"中国原材料案"专家组与上诉机构的报告都存在严重的解释失范问题。

一方面,专家组的解释存在以下较为严重的失误。一是,专家组在解决《议定书》第11.3条有没有授权援引GATT 1994第20条的条款"这一问题时,故意回避对《入世议定书》附录6中"例外情况"的解释,没有做到 DSU 第 3.2 条所要求的"不能增加或减少适用协定所规定的权利和义务"。二是,专家组在解决《工作组报告》第 170 条有没有就出口税义务授权中国援引 GATT 1994 第 20 条"这一问题时,专家组的解释存在着不陈述理由的问题。更严重的是,专家组先验地给终极待决问题下了一个否定结论,并以此作为原因,拿来证明终极待决问题之下的小待决问题。

另一方面,上诉机构在解释相关条款时同样存在较大失误。一是,上诉机构在解释一开始用公开宣称,根据 DSU 第 3.2 条,包括 VCLT 第 31、32 条中规则在内的国际公法中的习惯法解释规则,在本案澄清《议定书》第 11.3 条含义时,是都可以适用的。然而,专家组与上诉机构实际上却只适用了两种解释因素,对其他解释因素未置一词。二是,上诉机构在解释附件 6 中的"例外情况"时,适用"文本主义"解释因素得出对中国不利的裁决。然而,其解释结论并没有得到附件 6"注释"中全部三个句子的文本支持,不仅使其客观性和公正性大打折扣,还导致中国权利与义务的严重失衡,严重侵害中国应有的权益。

(二) 建议

造成"中国原材料案"目前不利后果的原因主要有两个。一是《议定书》第 11.3 条关于援引 GATT 1994 第 20 条的含糊其辞,二是专家组与上诉机构报告中的解释失范问题。因此,应对思路也主要有两个。

首先,部长理事会/总理事会的出口税纪律整体解决方案。《议定书》第 11.3 条本身的规定含糊其辞,就让专家组有了可乘之机。例如,本案专家组在得出解释结论之后,似乎为中国的不公平情况感到可惜:"排除 GATT 1994 第 20 条对《议定书》第 11.3 条的适用,意味着中国处于一个不同于其他大部分 WTO 成员的地位,其他成员通过其各自的加入议定书或者是通过其 WTO 创设成员资格从而没有被禁止使用出口税。然而,根据面前的这些文本,专家组只能假设,这就是中国与 WTO 成员在协商《议定书》时的意图。把这一规定所创设出来的情况单独拿出来看,可能被视为不平衡(imbalanced),但本专家组在《议定书》与其他文件中找不到法律依据,来把《议定书》第 11.3 条解释成允许诉诸于 GATT 1994 第 20 条。"㊱因此，如果能在 WTO 框架内对出口税义务问题作出统一规定，是最佳选择。

在部长理事会或者总理事会层面统一制定对所有 WTO 成员有约束力的出口税纪律整体解决方案，最大的阻力将来自于在 WTO 协定生效之日就已加入 WTO 的那些成员。因为那些成员可自由实施出口税，并且自由援引 GATT 1994 中的各项例外规则，天然地就比 WTO 协定生效之后才加入的成员具有更优惠待遇。为增加本方案成功的概率，中国应该广泛联合在 WTO 协定生效后加入的同样受到"出口税"问题困惑的成员，广泛联合有保护本国资源之需求但又受 WTO 不公平义务之阻碍的发展中成员，大声呼吁，提出相关条款草案，方有机会成功。

其次，个案应对与国内解决方案。虽然在国际法上前案裁决对后案没有约束力，但各案仲裁庭仍然非常重视前案裁决方法与结论，WTO 的专家组与上诉机构更是如此。"中国原材料案"报告通过解释失范的方式所得出的结论给将来专家组留下了非常不好的示范效果。因此，深入分析该案中的种种错误之处，唤起国际社会的关注，有助于减少将来专家组借鉴本案解释结论的概率。同时，在将来个案中应该积极主张运用多种解释因素，以便达成更为公正的解释结论。

如果无法在部长理事会或者总理事会层面统一制定对所有 WTO 成员有约束力的出口税纪律方案，同时在个案中又总遇到不公平的解释结论，很可能会推动中国向着不太透明的国内解决方案前进。例如加快对关键原材料直接或间接的垄断与控制的方法。如果真是这样，则象征着 WTO 范围内孕育"恶法"与"劣法"的根基仍然持续存在，也象征着中国对 WTO"恶法"与"劣法"的无奈反抗。㊲

（编辑：张川方）

㊱ *Supra* note ⑥, para. 7.160.
㊲ 关于"恶法"与"劣法"的界定与例子，请参见陈安：《论 WTO 体制下的立法、执法、守法与变法》，载于《国际经济法学刊》第 17 卷第 4 期，北京大学出版社 2011 年版，第 20~27 页。

The Interpretative Misconducts of WTO Reports on *China—Raw Materials Case*: Focusing on the Relationship between China's Export Duties and Article XX of the GATT 1994

Wang Hailang

【Abstract】 The WTO panel, on the *China-Raw Materials Case*, made several mistakes in the interpretation of paragraph 11.3 of China's WTO Accession Protocol and Paragraph 170 of China's Accession Working Party Report, such as the avoidance of interpreting key words, failure to state reasons and dislocation of cause and effect. The WTO appellate body report acted in a different way after declared that the customary rules of interpretation of public international law, as codified in Articles 31 and 32 of the Vienna Convention on the Law of Treaties are, pursuant to Article 3.2 of the DSU, applicable. Even based on the application of the single interpretative element of "text", the interpretation of appellate body is partial toward the phrase of "under exceptional circumstances", and is inconsistent with all the three sentences in Note to Annex 6. China needs to take correspondence measures to this unfavorable interpretation.

论 WTO 驶向法治
——灯塔在望,航程迢迢*

■ 张川方**

【内容摘要】 WTO在法治的意义上取得了一定成就。然而,无论在立法、司法还是执法层面,WTO的成就和发展与法治的距离都还十分遥远。从立法的角度看,WTO"密室会议"的谈判方式缺乏透明度和民主参与度;多哈发展回合谈判的停滞以及各种特惠贸易协定(PTAs)谈判的进行则表明,WTO作为一种多边贸易体制已被边缘化,WTO的立法机制几近失效。从司法的角度看,WTO的争端解决机制在解决耗时过长以及对申诉方救济不足等问题时,未能实现更广泛意义上的法治。从执法的角度看,贸易政策审议机制在日常的运行中存在着许多亟待解决的问题,贸易政策审议机制所能发挥的平台作用也被严重忽视了。此外,WTO的立法机制、司法机制及执法机制还应当相互协调、相互支持、相互促进,作为一个整体共同发挥作用。只有各种机制平衡地有机运转,才能最终实现WTO成立的宗旨和目标。

一、引　言

"法治"的理念最初出现于二千多年前的西方文化,源于国内法律制度。亚里士多德认为,法治必须满足"良法善治"的要求。"世界正

---

* 本文系国家社会科学基金重点项目"国际法治理念下中国在非投资的法律保护机制研究"(批准号:15AFX024)的阶段性研究成果,并受"中央高校基本科研业务费专项资金"(项目编号0130-ZK1048)资助。

** 作者系厦门大学法学院国际法专业2014级博士研究生。

义工程"(World Justice Project)于2007年启动,该工程意在全球范围内强化法治观念,并对"法治"进行了定义。法治包括四项原则:第一,政府及其官员、个人及私有实体都要根据法律负责;第二,法律是清晰的、公开发布的、稳定且公正的,可以保护基本人权,包括人身和财产安全;第三,立法程序公正、执法程序高效、司法程序可接近;第四,胜任、独立且具有职业操守的裁判人员、律师及司法官员数量充足、资源充分且能反映社会的结构。①

在国际社会中,是否存在法治?对这些问题的回答,仁者见仁、智者见智。有学者指出国际社会中缺乏国际立法机构、国际行政机构或者国际司法机构,并且立法机构与司法机构之间不能实现必要的分权,主张国际社会中并不存在法治。② 有学者则认为尽管许多国际法律体制缺乏法治要素,但某些国际法律体制正在朝着"羽翼丰满"的"国际法治"发展。③ 本文并不旨在深入讨论上述问题,也无意于明晰法治在国际社会中的具体标准,而是认为法治作为一种精神可以为各种国际法律体制提供一种方向和指引。

从1992年起,联合国大会就将"法治"列为了一项议程,并对国内和国际两个层次的法治给予了前所未有的关注。④ 联合国前秘书长科菲·安南对"法治"作出的论断具有一定的借鉴意义,他指出"法治"的概念位于联合国使命的核心部位:"法治"是指一种治理原则,所有个人、公私机构及实体,包括国家自身,都要对法律负责;法律是公开发布的、平等实施的、独立裁判的,并且与国际人权规范和标准一致;"法治"还要求确保遵守法律至上原则、法律面前人人平等原则、对法律负责原则、适用法律公正原则、分权原则、决策参与原则、法律确定性原

---

① See World Justice Project, What is the Rule of Law, at http://worldjusticeproject.org/what-rule-law,July 15, 2015.

② Jennifer Hillman, An Emerging International Rule of Law? —The WTO Dispute Settlement System's Role in its Evolution, *Ottawa Law Review*, Vol.42, 2010~2012, p.273.

③ *Ibid.*

④ See Declaration on the Protection of all Persons from Enforced Disappearance, General Assembly Resolution, UNGAOR, 1992, Supp No. 49, UN Doc A/RES/47/133; The Rule of Law at the National and International Levels, General Assembly Resolution, UNGAOR, 61st Session, UN Doc A/Res/61/39, 2006; The Rule of Law at the National and International Levels, General Assembly Resolution, UNGAOR, 62nd Session, UN Doc A/Res/62/70, 2008.

则、避免专断原则以及程序和法律透明原则。⑤ 这种对"法治"的概括大致也可分为"良法"和"善治"两个层面。然而,本文认为这里的"善治"并不仅仅局限于司法层面,还应当包括其立法机制以及执法机制的有效运行,乃至整个法律体制的有机运转。

WTO 是一个拥有 161 个成员的国际组织⑥,其主要职能包括:谈判多边贸易自由化及市场准入规则;提供争端解决平台;在其总部日内瓦日常地执行并维护 WTO 协定。⑦ 本文将 WTO 的这三种主要职能分别划入 WTO 的立法、司法和执法范畴,并认为围绕这三种职能而相应设置的立法机制、争端解决机制及贸易政策审议机制本质上是统一的,都是为了实现 WTO 的宗旨和目标。⑧ WTO 在法治的意义上取得了一定成就,其争端解决机制(DSM)尤其功不可没。⑨ DSM 机制在很大程度上具有司法性质:全部成员都可平等利用 DSM;具有强制管辖权,申诉方一旦将因 WTO 法而产生的争端提交至 DSM 审理,被诉方必须应诉;常设上诉机构可以审理专家组的决定、澄清法律观点或对 WTO 协定作出解释;专家组或上诉机构通过客观一致的法律适用解决争端,不为成

---

⑤ The Secretary-General, Report on The Rule of Law and Transitional Justice in Conflict and Post-Conflict Societies, UNSCOR, 2004, UN Doc S/2004/616, at para. 6: "It refers to a principle of governance in which all persons, institutions and entities, public and private, including the State itself, are accountable to laws that are publicly promulgated, equally enforced and independently adjudicated, and which are consistent with international human rights norms and standards. It requires, as well, measures to ensure adherence to the principles of supremacy of law, equality before the law, accountability to the law, fairness in the application of the law, separation of powers, participation in decision-making, legal certainty, avoidance of arbitrariness and procedural and legal transparency."

⑥ See Understanding the WTO: The Organization, Members and Observers, at https://www.wto.org/english/thewto_e/whatis_e/tif_e/org6_e.htm, July 1, 2015.

⑦ 参见《马拉喀什建立世界贸易组织协定》第 3 条第 2、3、4 款。

⑧ 世界贸易组织的宗旨是:"提高生活水平,保证充分就业,大幅度稳步地提高实际收入和有效需求;扩大货物、服务的生产和贸易;坚持走可持续发展之路,各成员应促进对世界资源的最优利用、保护并维护环境;积极努力以确保发展中国家,尤其是最不发达国家在国际贸易增长中获得与其发展水平相应的份额和利益。"世界贸易组织的目标是:"建立一个完整的包括货物、服务、与贸易有关的投资及知识产权等更具活力、更持久的多边贸易体系,以包括关贸总协定贸易体系、关贸总协定贸易自由化的成果和乌拉圭回合多边贸易谈判的所有成果。"

⑨ John H. Jackson, *Sovereignty, the WTO and Changing Fundamentals of International Law*, Cambridge University Press, 2006, pp. 134–135.

员之间的实力左右⑩;WTO 的裁决得到了良好的执行。⑪ 然而,WTO 的各种机制以及整个法律体制并不完善,无论是其立法机制、司法机制,还是其执法机制都还存在一些问题,这些问题的存在表明 WTO 与法治的距离还十分遥远。

二、WTO 立法机制的不足

WTO 作为一种多边贸易体制,首要职能就是多边贸易自由化及市场准入规则的谈判,此项职能由 WTO 总理事会负责。WTO 谈判通过对成员市场准入的扩张及贸易政策规则的改革寻求贸易自由化,其立法过程的核心特征是谈判最终达成协定必须以谈判方的共识为基础。"共识"意味着没有对协定的公开反对;没有共识,大部分议题都无法达成最终协定。谈判之所以必须达成共识才能最终形成协定,最根本的原因在于国家主权。⑫ 通过贸易获得经济价值为 WTO 成员提供了一种激励机制,该机制使得各成员愿意将其对本国市场准入的主权控制进行交易,从而获得对所有 WTO 成员的市场准入。由于 WTO 的市场准入规则是建立在最惠国待遇基础上的,因此市场准入的提升会自动扩及所有成员。在 WTO 体制下,任何多边协定都必须通过"一揽子承诺"的形式达成,协定必须在全体成员就全部细节达成一致之后才能通过。这一规则的目的是将谈判的范围最大化,由此成员可以跨越多样化的贸易议题进行讨价还价,从而提高在众多多样化的成员之间达成共识的可能性。

(一) 谈判程序缺乏透明度和民主参与度

WTO 的正式会议结构并不足以就多边贸易协定达成共识。一项谈判得以进行,总理事会必须首先拟定一项谈判议程。由于谈判方之间需要通过讨价还价缩小其在技术及政治问题上的立场分歧,该谈判

---

⑩ Jennifer Hillman, *supra note* ②, pp. 276, 277, 279.
⑪ Yang Guohua, China in the WTO Dispute Settlement: A Memoir, *Journal of World Trade*, Vol. 49, No. 1, 2015, p. 11.
⑫ Kent Jones, Things Fall Apart-Doha and the End of Post-War Trade Consensus, *World Economics*, Vol. 13, No. 4, 2012, p. 128.

议程一般需要超越正式会议结构的限制,进行非正式讨论。当谈判出现重大僵局时,一般需要由 WTO 总干事组织"密室会议"进行激烈的讨价还价。[13] 密室会议类似于暗箱操作,密室之外的谈判方对密室内的谈判内容一无所知,信息是不透明的。只有当密室内的谈判方就谈判内容达成共识之后,密室外的谈判方才有可能了解法律草案的内容,至于密室内谈判方具体的谈判过程以及它们之间究竟进行了何种交易则不得而知。另外,在涉及密室外谈判方对这些既定谈判内容进行表态时,采取的是"要么接受,要么离开"的模式,这实际在某种程度上遏制了密室外谈判方发声的权利,使多边贸易体制的多边精神大打折扣。在对全球化产生质疑的年代,WTO 谈判必须变成一种高度透明的活动。

"密室会议"存在着严重的民主赤字。出于实际方面的考虑,"密室会议"不可能允许所有代表团参加。WTO 总干事就要行使裁量权决定参加会议的成员、会议召开的时间以及会议讨论的内容。只要不能持续公开地组织全体会议,WTO 的立法谈判就会始终缺少包容性及公正性。[14] 在典型的贸易谈判中,能够最终达成多边协定的决策制定必须首先在密室协定中产生突破,然后以同心圆的形式向外扩展至其他 WTO 成员,直至最终达成共识。从东京回合(1979 年结束)一直到乌拉圭回合(1994 年结束),采用同心圆模式达成的协定一般都是先在美国和欧盟之间达成协定,然后以此作为与其他有影响力的 OECD 国家达成协定的基础,继而与有影响力的发展中国家达成协定,最后与最不发达国家之间达成协定。从上述同心圆的谈判过程看,内部同心圆显然是由西方发达国家组成的,然后再向外辐射至发展中国家以及最不发达国家。谈判规则的制定从一开始就带有西方发达国家的印记,由西方发达国家主导,进而谈判的内容也会相应地由西方发达国家来主导。[15] 可见,WTO 的立法机制没有为发展中国家及最不发达国家的民主参与提供应有的支持,其立法过程存在严重的民主赤字。

---

[13] Ibid., p. 130.
[14] Ibid., p. 144.
[15] 陈安:《中国加入 WTO 十年的法理断想:简论 WTO 的法治、立法、执法、守法与变法》,载于《现代法学》2010 年第 6 期,第 119 页。

(二) 多哈回合谈判裹足不前

多哈发展回合谈判始于 2001 年 11 月,谈判进展一直十分缓慢。2013 年 12 月 7 日,在 WTO 第九届部长级会议上,多哈回合的第一份成果《巴厘一揽子协定》以 159 个成员全数通过,成为十三年来多哈回合的"第一个突破"。然而,围绕农业和非农产品市场准入这两个关键议题,发达国家与发展中国家之间仍然存在很大分歧,多哈回合谈判仍然处于僵局之中。

首先,乌拉圭回合对多哈回合谈判陷入僵局具有重要的影响。乌拉圭回合谈判从 1986 年持续到 1994 年,将 GATT 的议题范围扩展至了农业和服务贸易领域,试图建立或重新建立包括所有生产部门的 GATT 规章制度,并将知识产权引入了贸易政策的执行。然而,达成共识的手段和方式并没有什么变化,仍然是 GATT 体制下传统的工具或机制。《与贸易有关的知识产权协定》(《TRIPS 协定》)谈判掩盖了其分配效应,为拥有知识产权的国家创造了巨大财富,却为发展中国家带来了潜在的财产损失。发展中国家的成本主要来自向发达国家尤其是其医药公司支付的知识产权租金,以及履行知识产权法律及执行制度的成本。⑯ 大部分发展中国家都没有相应的知识产权法律制度,所以它们只能从头开始。乌拉圭回合的"大妥协"(Grand Bargain)后来被许多发展中国家视为"贫穷国家之间的倾囊相助"(Bum Deal),在多哈回合诞生之前就为 WTO 的决策制定埋下了不和的种子。在新一轮贸易谈判中,众多多样化的成员就广泛的议题达成一致不可避免地会面临巨大困难。

其次,非正式谈判程序在多哈回合谈判中遇到了许多困难。非正式谈判程序,如谈判委员会主席及总干事的调停、领导及游说,形成于早年的 GATT 时期,在当时的情况下有利于共识的达成。由于谈判议题范围较窄,谈判方彼此相似,贸易外交官对贸易自由化的目标有共同的理解,谈判方愿意信任总干事及委员会主席领导的非正式谈判程序,这些对于谈判共识的达成都起到了重要的作用。在多哈回合谈判中,

---

⑯ See M. Finger, & P. Schuler, Implementation of Uruguay Round Commitments: The Development Challenge, *The World Economy*, Vol. 23, 2000, Issue 5, pp. 511–525.

谈判方在农业和非农产品市场准入这两个关键议题上产生了严重分歧,使WTO总干事促进主要谈判方达成共识的职责比以前变得更加困难了。许多美国贸易官员承认他们不愿赋予WTO总干事及WTO秘书处对谈判结果的影响力,原因在于WTO已经通过其争端解决机制将贸易承诺法律化了,这加大了成员谈判的赌注⑰,致使各国政府在是否允许总干事通过非正式调停以影响谈判结果方面变得非常谨慎。谈判方不断变化的谈判实力使得美国、欧盟及OECD国家在通过总干事保护其贸易利益方面变得不再自信。非正式谈判程序对早期GATT回合谈判共识的达成作出了重要贡献,但在法律化以及更加复杂的WTO谈判背景下,这种非正式谈判程序被破坏了。

再次,不断扩张且日益复杂的谈判议程对多哈回合谈判产生了重要影响。多哈回合谈判的议程包括农业、非农产品市场准入、服务、知识产权、规则、争端解决、贸易与环境以及贸易和发展问题。谈判议程的不断扩张及日趋复杂化导致实现全球贸易自由化的交易成本显著上升。在新领域中,谈判结果的不确定性增大了谈判的风险,在"一揽子承诺"的模式下平衡并协调众多国家就众多议题作出减让就会变得更加困难。由于任何新的WTO协定都会由具有强制管辖权的DSM来适用,这在某种程度上降低了各成员提供减让的意愿。无论强国还是弱国都会采取"适应性的谈判行为"(adaptive negotiating behavior),这将导致各国对新议题采取更加谨慎的策略,因为这些领域的贸易自由化可能产生不确定的后果。⑱ 可以说,谈判议题的不断扩张及日益复杂与"一揽子承诺"的限制性共同导致了多哈回合的谈判僵局。

最后,发展中国家形成联盟并与发达国家对峙阻碍了多哈回合谈判的进程。如前所述,WTO谈判规则及谈判内容都是由美欧等西方发达国家主导的。由于没有任何单一的发展中国家的力量能够改变美欧等经济强国对国际经济立法的把持和操纵⑲,弱小的发展中国家通常会在谈判中采取以下方式打破与西方发达国家之间议价失衡的局面:争取能够作为全面参与方进入密室进行谈判;与密室内能代表其利益

---

⑰ Yang Guohua, *supra* note ⑪, p. 137.

⑱ Ibid.

⑲ 陈安、杨帆:《南南联合自强:年届"知命",路在何方——国际经济秩序破旧立新的中国之声》,载于《国际经济法学刊》第21卷第3期,北京大学出版社2014年版,第7页。

的参与方形成联盟;与密室外足够强大的参与方形成联盟抗衡控制国的提议。⑳ 美欧等西方发达国家现已不能完全左右谈判的进行,经济高速增长的大型发展中国家例如印度、巴西和中国团结其他发展中国家形成了联盟以制衡美国和欧盟。联盟的形成是一种重要的内部机制,它可以促进信息共享、适应扩张的成员数量及日益多样化的贸易利益。如果利益得到充分统一,就可以提高联盟的议价能力及代表性。然而,这种制衡策略的缺点是所有可能获得的谈判收益都将面临被毁灭的风险。不止如此,谈判力量的对峙还可能带来更大的风险,参与方之间的信任水平可能遭到腐蚀,而这种信任是达成任何共识或协定的基础。

(三) 谈判转向区域贸易协定

在多哈回合谈判未能取得进步的情况下,许多国家都转向了特惠贸易协定(PTAs)的谈判。㉑ 美国和欧盟都已丧失了以 WTO 为平台继续进行多哈回合谈判的动力。从政治的角度讲,这种协定是极具吸引力的,可以降低政府进行大型贸易谈判的交易成本。此外,美国和欧盟对 PTA 谈判的议程具有超强的控制力,它们渴望获得在 WTO 中已然丧失的谈判优势。然而,从经济的角度讲,PTAs 不如 WTO 协定完美,因为区域贸易协定议题范围有限、参与国家有限,而且本质上是具有歧视性的。从法治前进的大方向来看,PTAs 可被认为是一种倒退。

一些学者认为区域贸易协定并不能完美地替代多边主义,他们担心区域贸易协定会破坏为实现多边非歧视的国际贸易自由化而作出的努力。从全球治理的角度看,这一碎片化的趋势会进一步破坏 WTO 作为一个全能型组织在协调国际合作以解决结构性问题、并在国际层面指导经济决策方面发挥决定性作用的理想。㉒ 另有一些学者则从互补㉓的角度来审视这一现象,将区域主义视为一种快速变革多边治理

---

⑳ Yang Guohua, *supra* note ⑪, p. 135.

㉑ *Ibid.*, p. 147.

㉒ Julien Chaisse and Mitsuo Matsushita, Maintaining the WTO's Supremacy in the International Trade Order: A Proposal to Refine and Revise the Role of the Trade Policy Review Mechanism, *Journal of International Economic Law*, Vol. 16, Issue 1, 2013, p. 28.

㉓ See Richard Baldwin, Multilateralising Regionalism: Spaghetti Bowls as Building Blocs on the Path to Global Free Trade, *The World Economy*, Vol. 29, 2006, pp. 1451–1518.

制度[24]的方式,甚至认为这预示着一种新型"多边区域秩序"的出现,是世界更加多极化的催化剂。然而,WTO更关注其规则的有效性,区域协定能否产生与多边协定相同的效果尚不确定。虽然世界范围内正在谈判的PTAs涵盖了广泛的议题,其有效性仍有待观察。[25]

当然,如果PTAs能在很大程度上使贸易变得更加自由化,并且保持对其他成员的开放性,那么这也不失为一种走向多边化的路径。[26]然而,这种自下而上的多边化路径,始终会面临若干无法逾越的鸿沟,比如发达国家与发展中国家之间的鸿沟,发展中国家之间的信息及资源的差距。消除这些鸿沟的难度与从一开始就进行自上而下的多边化谈判所面临的困难是类似的,甚至是相同的,所不同的只是时间上的先后。由区域贸易协定达成多边化的条件是否会随着时间发生变化,时机何时才能成熟,这些问题仍有待观察。然而,抛弃WTO多边谈判平台,进而转向PTAs的谈判,目前而言显然对具有谈判优势的美国和欧盟有利。如果发达国家与发展中国家阵营之间发展的差距越来越大,将来再进行多边化谈判希望就会变得更加渺茫,这与实质上完全抛弃WTO多边化平台并无二致。美国主导的跨太平洋伙伴关系协议(Trans-Pacific Partnership Agreement,TPP)谈判排除了中国、印度、巴西、南非、俄罗斯等新兴大国的参与[27],这些国家未来能否被纳入TPP谈判仍然是个未知数,遑论随着南北国家之间经济发展差距的不断拉大,更多发展中国家被纳入TPP的可能性。

多哈回合谈判不能被放弃,试图将多边贸易自由化谈判分阶段进行(先转向PTAs谈判,然后再回归到多边贸易谈判)风险很大。相反,替代性的办法应当是死守多边贸易谈判的前提,并努力使共识达成的方式变得更加灵活。例如,可以将贸易谈判解压成较小的、更易消化的议题,或者将谈判分割成"关键多数"(critical mass)谈判。这种安排可以在支持水平达到某种门槛时促成共识的达成,而且在签订独立的WTO电信及金融服务部门协定时非常成功。这种安排的问题在于一

---

[24] See Frederic Abbott, A New Dominant Trade Species Emerges: Is Bilateralism a Threat, *Journal of International Economic Law*, Vol. 10, Issue 3, 2007, pp. 571 – 583.

[25] Julien Chaisse and Mitsuo Matsushita, supra note [22], p.29.

[26] Yang Guohua, supra note [11], p. 147.

[27] See Peter K. Yu, TPP and Trans-Pacific Perplexities, *Fordham International Law Journal*, Vol. 37, pp. 1129 – 82.

些谈判议题可能会出现"搭便车"的现象。多边谈判程序的开放也可能最终将谈判议题扩展至大国之前并不乐于谈判的新议题或使他们感到"不舒服"的领域。多边谈判的进步可能需要选票交易(对外援助或其他非贸易相关事项)市场变得更加活跃以避免弱小国家对谈判的抵抗,然而这种补偿必须发生在WTO协定之外。多边贸易谈判仍然需要在设置贸易议程及发起活动方面强有力的领导力量,同时还需要所有成员的合作与妥协。大国的主导权、密室会议及其他非正式制度都会延续下去。小国更加需要形成有效的联盟以影响密室内外的决策制定,从而在其贸易议程方面取得进展。鉴于谈判议程数量过大,加之"全有或全无"规则的限制,谈判结构及共识达成的灵活性尤显重要。

由上可知,WTO"密室会议"的谈判方式是缺乏透明度和民主参与度的;多哈发展回合谈判的停滞以及各种PTAs谈判的进行则表明,WTO作为一种多边贸易体制已被边缘化,WTO的立法机制几近失效。这将意味着WTO的规则不能因时因势进行动态演变,专家组及上诉机构在审理案件过程中只能适用过去的规则,在许多情形下这些规则并不能适应当今贸易世界面临的新问题。当旧有规则不能体现与时俱进的国际新实践时,即使成员认为上诉机构的裁决是错误的,它们也无力将这些裁决推翻。此外,专家组和上诉机构在适用和解释WTO规则时本就非常保守,不敢大幅度背离WTO现有规则。如果WTO创立新法的机制失灵,当专家组和上诉机构面临无法可用的局面时(例如在气候变化或金融监管等领域),其裁决将会变得更为保守。㉘如果制定WTO新规则的谈判没有任何进展或者没有任何认真谈判的迹象,成员遵守专家组或上诉机构裁决的动力也会大打折扣。可见,WTO立法机制的失灵会为WTO体制带来"牵一发而动全身"的系统性问题,并严重阻碍其作为一个整体的多边贸易体制的有机运转。

本文认为,始终贯穿WTO立法机制的一点就是谈判方必须就各种谈判议题达成多边共识,达成多边共识是WTO多边贸易体制不可回避的基础,也是WTO作为一种多边贸易平台的魅力所在。由于多边共识的达成十分困难,才产生了非正式谈判中的"密室会议",进而出现了有违法治特征的透明度及民主参与度问题。出于同样的原因,才会出

㉘ Jennifer Hillman, supra note ②, p.283.

现多哈回合谈判持续十五年仍然停滞不前的状况。从这种意义上来讲,达成多边共识实乃"成也萧何,败也萧何"的无奈选择。然而,需要强调的是多边共识原则不能被放弃。虽然在 WTO 多边框架下继续进行立法谈判会面对许多困难,广大发展中国家成员依然需要团结一致与发达国家成员继续博弈。如果 WTO 立法机制抛弃达成多边化共识的原则,转而寻求小范围的共识,则无异于提倡歧视性的路径,这违反了国家主权原则且与法治的精神背道而驰。

三、WTO 司法机制中的不足

如前所述,WTO 争端解决机制在某种程度上实现了 WTO 的法治化。然而,这一机制中仍然存在不少问题,例如未设置常设专家组[29]、上诉机构缺乏发回重审的权利[30]、裁决的执行质量欠佳[31]、对申诉方的救济不具有回溯性、争端解决程序耗时过长等。本文认为 DSM 最突出的问题是争端解决过程耗时过长,加之对申诉方的救济不具有回溯性,导致对申诉方的救济不足。为解决上述问题,WTO 成员在《关于争端解决规则与程序的谅解》(DSU)改革谈判中提出了该制度缺乏临时措施制度设计的问题。墨西哥是最早提出建议将临时措施纳入 DSU 的成员之一。墨西哥指出:"WTO 争端解决机制的根本问题在于与 WTO 不符的措施可以持续太长时间,却可以不遭受任何不利后果。"[32]即使 DSM 审理的大部分案件都得到了执行,但由于整个过程耗费时间过长,DSM 对申诉方的救济实际上效果并不明显。

---

[29] See Debra Steger, Establishment of a Dispute Tribunal in the WTO, *Trade and Development Symposium: Perspectives on the Multitateral Trading System*, 2011, at http://ssrn.com/abstract-2065448, Sep. 15, 2015.

[30] See Joost Pauwelyn, Appeal without Remand: A Design Flaw in the WTO Dispute Settlement and How to Fix It, ICTSD Dispute Settlement and Legal Aspects of International Trade Issue Paper No. 1, at http://ictsd.org/i/publications/11301/., Sep. 15, 2015.

[31] See William J. Davey, Compliance Problems in WTO Dispute Settlement, *Cornell International Law Journal*, Vol. 42, Issue 1, 2009, pp. 119 – 128.

[32] Special Session of the Dispute Settlement Body, Negotiations on Improvements and Clarifications of the Dispute Settlement Understanding, TN/DS/W/23, Nov. 4, 2002, p. 1.

(一) DSU 对申诉方的救济不足

"及时性"是 DSM 解决争端的一个目标。㉝ 然而,在多数案件中,根据 DSU 第 20 条规定的时限解决争端并没有得到严格的遵守,DSM 实际所花费的时间往往比第 20 条规定的时限长。有学者研究了从 1995 年到 2010 年间争端解决程序在各个阶段实际花费的时间长度。㉞ 研究表明,争端解决程序的专家组阶段所用期间为 14.7 个月,而法定时限应为 6 个月;上诉程序所用期间为 3 个月,而法定时限应为 60 天。可见,实践中 WTO 争端解决所需要的时间比法定的时间延长了许多。相应地,救济的空白期也比 DSM 的制度设计者预期得延长了许多。此外,还有学者计算出了从 1995 年到 1999 年、2000 年到 2004 年、2005 年到 2009 年三个时段争端解决程序的完成需要花费的平均时间。其研究显示,一般案件争端解决程序平均所需时间如表 1;履行案件争端解决程序平均所需时间如表 2。㉟ 乌拉圭回合谈判可能没有预见到对 DSU 中规定的时限的偏离,因此 DSU 对不符合时限要求的专家组程序明显地持默认态度。㊱

表 1　一般案件争端解决程序平均所需时间

平均花费时间(月)	1995～1999	2000～2004	2005～2009
无上诉程序	14	16.1	17
有上诉程序	16.7	19.6	24.9

㉝ See Donald McRae, Measuring the Effectiveness of the WTO Dispute Settlement System, Asian Journal WTO & International Health & Policy, 2008, at http://ssrn.com/abstract-1140452., Sep.15, 2015.

㉞ See Henrik Horn et al., The WTO Dispute Settlement System 1995～2010: Some Descriptive Statistics, *Journal of World Trade*, Vol.45, 2011, pp.1107-38.

㉟ Rachel Brewster, The Remedy Gap: Institutional Design, Retaliation, and Trade Law Enforcement, *Georgia Washington Law Review*, Vol.80, Issue 1, 2011, p.119. 为表述清晰,本文对原文中的表格进行了拆分处理。

㊱ See Gabrielle Marceau, NAFTA and WTO Dispute Settlement Rules: A Thematic Comparison, *Journal of World Trade*, Vol.31, Issue 2, 1997, pp.25-82.

表2 执行案件争端解决程序平均所需时间

平均花费时间(月)	1995~1999	2000~2004	2005~2009
无上诉程序	5.1	9.9	9.5
有上诉程序	7.8	12.1	16.2

根据 DSU 的规定,成员应及时遵守 WTO 涵盖协定条款,及时由当事方采取非对抗性的方式解决手头的争端。当被诉措施与 WTO 涵盖协定条款不一致时,要保证这些措施可以及时撤回。[37] 一经专家组作出裁决,根据 DSU 第21条的规定,被诉方应在合理期间内执行专家组或上诉机构的裁决。如果被诉方不能在合理期间内执行专家组或上诉机构的裁决,被诉方就应向申诉方提供双方协商一致的补偿。然而,DSU 第22.1条将上述补偿定性为自愿的以及暂时的措施,而将履行 WTO 涵盖协定的规则作为终极目标。如果被诉方未能作出补偿,则第22.2条规定申诉方可以向争端解决机构(DSB)寻求中止关税减让以及对被诉方承担的 WTO 协定下其他义务的授权(也即申请报复)。申诉方申请报复之后,如果被诉方反对申诉方中止的水平或者反对申诉方声称的被诉方未能遵循相关原则的诉求,申诉方还要被迫诉诸仲裁。可见,在 DSM 程序结束之前,申诉方可能都没有任何获得救济的机会,而被诉方则可以选择违反涵盖协定的条款直至报复阶段。由于报复机制仅在有限的程度内可用,且报复发生在争端解决程序的晚期,所以面临着无效的风险。[38]

由于 DSU 中规定的救济不具有回溯性,对于被诉措施已经产生的结果是不能进行救济的。这就为被诉方拖延争端解决提供了额外的激励机制,因为被诉方败诉之后不会因拖延程序而面临惩罚。例如,由于专家组并不裁决金钱损害赔偿,专家组就不能在此基础上加收利息(加收利息可以成为败诉方履行的激励机制并且可以补偿迟延履行的受害方)。被诉方没有了补偿申诉方的负担,从而可以任意拖延争端

---

[37] 参见 DSU 第3.7条。这里需要澄清的是,第3.7条仅使用了"撤回"一词。然而,根据第3.3条,争端的"及时解决"是最重要的。因此,将这两条结合起来从目的解释的角度看,可以认为不符措施的及时撤回是最重要的。

[38] See Mark Clough, The WTO Dispute Settlement System—A Practitioner Perspective, *Fordham International Law Journal*, Vol. 24, Issue 1 & 2, 2000, pp. 252-274.

解决程序。

虽然 DSM 的设计旨在确保争端解决过程在规定的时间内完成,但在实践中 DSM 运行得并不如设计者的预期。加上 DSU 中对被诉方拖延程序的"纵容"甚至激励,使得被诉方很难得到及时的救济。如果在 DSU 改革谈判中设置临时措施制度,那么上述这些问题就能得到很大改善,临时措施制度是解决救济不及时问题的一种有效手段。相比之下,国际法院(ICJ)和国际投资争端解决中心(ICSID)在面对类似问题时,都设置了临时措施程序,这在很大程度上缓解了其在应对争端解决程序耗时过长、程序拖延及救济不足等问题时受到的质疑。

(二) ICJ 和 ICSID 对临时措施的规定

1. ICJ 中的临时措施制度

从理论模型上讲,ICJ 可被视为国家之间国际争端解决机制司法化的成功代表。这一"世界法院"具有若干类似法院的特征,尽管在某些方面与 WTO 争端解决机制的运行方式有所不同。从 1945 年 ICJ 成立时起,ICJ 在许多案件中都发布了临时措施。在柬埔寨诉泰国案(Cambodia v. Thailand)中,ICJ 发布的临时措施有效地阻止了双方之间的军事冲突,保护了当地居民的生命安全,充分证明了临时措施在紧急情势下避免不可挽回的损失方面发挥的重要作用。柏威夏寺位于柬埔寨的柏威夏省,处在与泰国有争议的边界领土之上。2008 年 6 月,联合国教科文组织把柏威夏寺列为世界文化遗产,柬泰两国主权争议升级。柬泰两军在寺庙发生冲突,双方互有伤亡。2011 年 4 月 28 日,柬埔寨向 ICJ 提起诉讼,希望能够化解争议地区的冲突并最终解决长期遗留的边界争端。由于寺庙附近爆发了武装冲突,柬埔寨同时提出了发布临时措施的请求,要求泰国军队立即从该区域撤出。㊴ 根据《ICJ 规约》第 41 条㊵,ICJ 有权在最终判决作出之前发布临时措施以保护争议中的权利并防止事态进一步恶化或造成不可挽回的损失。2011

㊴ Interpretation of Temple of Preah Vihear, (Cambodia v. Thai.), Request for Provisional Measures, p. 9, Apr. 28, 2011, at www.icjcij.org/docket/files/151/16472.pdf., Sep. 6, 2015.

㊵ 《ICJ 规约》第 41 条第 1 款规定:"The Court shall have the power to indicate, if it considers that circumstances so require, any provisional measures which ought to be taken to preserve the respective rights of either party."

年 7 月 18 日, ICJ 批准了柬埔寨的临时措施请求,要求在最终裁决作出之前,柬埔寨和泰国都要从寺庙及其周边地区撤军。柬泰双方都接受了 ICJ 的临时措施,双方的军事紧张局势得到了缓解,并带来了区域的稳定。

本文援引柬埔寨诉泰国案的目的不在于引起对 ICJ 的实体判决的争论,而是强调临时措施的重要性。在紧迫的形势下,如果不及时采取临时措施,就会产生不可挽回的损害。这种情形同样适用于 WTO 的争端解决程序。在 WTO 争端案件中,如果被诉方采取的贸易政策违背了 WTO 协定,从申诉方开始采取磋商程序时起,申诉方的利益就已经处在紧迫的形势之中。时间流逝得越多,申诉方遭受的损失就越大,而且这些损失是不可挽回的。

2. ICSID 中的临时措施制度

在国际投资仲裁或投资者—国家间仲裁的争端解决机制中,也有临时措施制度的规定。投资者作为争端中的原告总是处于弱势的一方,面对强大的东道国政府,投资者在遇到紧迫的情势以及有可能造成不可挽回的损失时,向仲裁庭提出临时保护措施是十分必要的。根据《ICSID 公约》第 47 条的规定,除非当事人另有约定,投资仲裁庭在其认为情况必要时可以建议采取任何临时措施以保护任何一方当事人的具体权利。[41]根据《ICSID 仲裁规则》第 39 条第 1 款,任何一方均可在诉讼程序中的任何时间请求临时措施以保护其权利。[42] 不止如此,根据《ICSID 仲裁规则》第 39 条第 3 款,仲裁庭可以自行建议临时措施或者建议未经请求的临时措施。[43]

可见,投资仲裁体制对各方当事人权益保护的规定是十分细致的。投资者个人的利益受到损失尚可通过投资仲裁中的临时措施进行补

---

[41] 《ICSID 公约》第 47 条规定:"Except as the parties otherwise agree, the Tribunal may, if it considers that the circumstances so require, recommend any provisional measures which should be taken to preserve the respective rights of either party."

[42] 《ICSID 仲裁规则》第 39 条第 1 款规定:"At any time during the proceeding a party may request that provisional measures for the preservation of its rights be recommended by the Tribunal. The request shall specify the rights to be preserved, the measures the recommendation of which is requested, and the circumstances that require such measures."

[43] 《ICSID 仲裁规则》第 39 条第 3 款规定:"The Tribunal may also recommend provisional measures on its own initiative or recommend measures other than those specified in a request. It may at any time modify or revoke its recommendations."

救,而在 WTO 领域涉诉的案件动辄会影响到一个行业的私人经营者,其牵涉面可能更为广泛,这些私人贸易者的利益是否更应当得到相应的保护呢? 在个人以及公司作为国际法主体尚存巨大争议之时,尽管 WTO 在成员贸易政策方面实现了某种程度的法治,但这种法治的实现若以某一成员政府对其国内某一行业进行专断或强力干涉为前提,这种法治就不能实现更广泛意义上的公平与公正。如果 WTO 的 DSM 中规定了临时措施,上述制度设计缺陷就能得到一定程度的补救。从这个角度看,WTO 在程序制度设计方面与其他国际法律体制存在着很大的差距。

(三) DSM 中规定临时措施的潜在积极意义

1. 提高 WTO 的安全性和可预测性

WTO 宣称的一个核心目标是确保"世界贸易体制中的安全性和可预测性"[44],这一目标在 WTO 大部分法律文本之中都有所体现。其中,DSU 第 3 条第 2 款对此有详细的规定。[45] DSU 的根本目标是确保世界贸易体制的安全性和可预测性,从而保护 WTO 成员的权利。安全性可以理解为一种事务状态,在这种状态下当事人可以依赖法律和制度维护自身的权利和利益。可预测性则体现了一种时间维度,表明当前确定的条件、规则和权利在将来也可以有效并得到执行。[46] 在美国 301 条款案中,专家组强调了"安全性和可预测性"的重要性:"为多边贸易体制提供安全性和可预测性是 WTO 体制的另一个核心目标,这有助于实现序言中提到的更广泛的目标。在 WTO 所有的规则中,DSU 是最重要的法律文件之一,该文件可以保护多边贸易体制的安全性和可预测性,并通过这种保护进而保护市场以及不同市场主体的安全性和可预测性。有鉴于此,在解释 DSU 条款时必须考虑安全性和可预测性这一目标,还要用能够最有效提高安全性及可预测性的方式进行解释。

---

[44] Edwini Kessie, Enhancing Security and Predictability for Private Business Operators Under the Dispute Settlement System of the WTO, *Journal of World Trade*, Vol. 34, Issue 6, 2000, p. 2.

[45] DSU 第 3 条第 2 款规定:"The dispute settlement system of the WTO is a central element in providing security and predictability to the multilateral trading system...."

[46] See Max Planck Institute for Comparative Public Law and International Law, *Max Planck Commentaries on World Trade Law: WTO Institutions and Dispute Settlement*, Rudiger Wolfrun et al eds., 2006.

从这个角度而言,我们提到的不仅仅是序言中的语言,而且还包括DSU本身中实实在在的法律条款。"[47]

由于争端解决的迟延以及对申诉方的救济不足,DSM的安全性和可预测性受到了挑战。如果DSM中规定了临时措施,就能促进成员对WTO规则的遵守并保护申诉方免受程序拖延带来的损害,从而增强参与方利用DSM解决争端时的安全感以及对案件审理结果的预测性。

2. 更好地保护私人商业利益

在国际贸易中,政府的作用仅仅是促进贸易便利化并建立国际贸易的管理框架,而私人商业实体本身才是贸易的真正主体。有学者认为:"WTO法制作为一种集体的、公共的贸易救济机制,最终要通过确保WTO体制的稳定性及可预测性来为个体经济主体的福利和利益服务。"[48]然而,私人贸易主体在WTO争端解决机制中却不享有任何诉讼权利,也无法在DSM诉讼程序的任何一个阶段实施干预措施。在某些案件中,专家组和上诉机构通过对DSU第13条的解释实际上承认了私人贸易主体的利益,允许私人贸易主体提交不具国家属性的法庭之友摘要。尽管如此,私人商业利益还是要完全依赖其所在国家的政府在WTO中所采取的态度。由于WTO属于政府间组织,批评者认为私人主体或非国家行为人不能参与DSM并享有私人诉权。然而,私人参与DSM权利的缺乏,使得临时措施成为保护私人主体利益的一种重要工具。如果私人商业主体能够在一段合理的期间内获得有效的裁决,它们就会对WTO争端解决机制很满意。只有裁决能迫使被诉成员停止其对WTO协定的违反,救济才是有效的。私人商业主体期待一种稳定的、可预测的法律框架,从而保障其国际贸易的正常进行,而不必遭受任何即时且不可预见的破坏。本质上,WTO体制的安全性和可预测性可以理解为WTO有赋予私人商业利益安全及可预测性的意图。如果在DSM中设置临时措施制度,私人商业利益就可以得到更好的保护。

法谚有云:"迟来的正义非正义。"法律救济的及时性是衡量一项

---

[47] Panel Report, United States-Sections 301～310 of the United States Trade Act 1974 7.75.

[48] Sungjoon Cho, The Nature of Remedies In International Trade Law, *University of Pittsburgh Law Review*, Vol. 65, Issue 4, 2004, p. 799.

法律制度是否良善的重要标准,WTO 在确保救济的及时性方面存在一定问题,并由此导致了对申诉方的救济不足。如果 WTO 体制在 DSM 中设置了临时措施制度,上述问题就可迎刃而解,并且可以更好地保护私人商业利益,实现更广泛意义上的公平正义。虽然在 DSM 中设置临时措施制度可能被批评为过于理想化,但是通过与 ICJ 及 ICSID 等国际法律体制相比,DSM 确实可以从中吸收并借鉴一些有益的经验。鉴于临时措施制度可以解决 WTO 法律救济缺乏及时性的问题、提高 WTO 的安全性和可预测性并更好地保护私人商业利益,该制度对于提升 WTO 体制的法治化水平大有裨益。

四、WTO 执法机制的不足

在 WTO 体制中,贸易政策审议机制(TPRM)用于监控全体成员的贸易实践,对各成员的全部贸易政策和做法及其对多边贸易体制运行的影响进行定期的集体评价和评估。⁴⁹ 若将 WTO 的各种制度机构与国内法治的机构类比,本文认为 WTO 中的贸易政策审议机构可被视为常设履行 WTO"执法任务"的机构,执法的内容即是审查各成员贸易政策是否与 WTO 的规则、原则和目标相违背,从而促进各成员贸易政策的透明度。透明度的重要性在于,参与国际贸易的国家、个人及公司需要尽可能多地了解进行贸易的条件和状况,而各国采取的贸易政策就是贸易主体需要重点考察的条件之一。不容忽视的是,贸易政策审查虽然具有政治影响,但却没有法律效力。一国在贸易政策审查基础之上采取什么样的国内行为,在很大程度上依然是自愿性质的。贸易政策审议机构(TPRB)并不致力于执行 WTO 项下的具体义务,也不会让成员作出新的贸易政策承诺。此外,DSU 附件一规定 TPRM 不属于"涵盖协定",因此不在争端解决机构司法审查的范围之内。换言之,TPRM 的审查结果或多或少带有一点不受拘束的色彩,其正确性和可靠性也存在一定疑问。TPRM 在运行中存在着许多不完善的地方,有待进一步改进。

---

⁴⁹ 《贸易政策审议机制》第 A 款第(i)项中规定:"... the review mechanism enables the regular collective appreciation and evaluation of the full range of individual Members' trade policies and practices and their impact on the functioning of the multilateral trading system. ..."

(一) TPRM 的一般性问题

1. 审议报告的范围以及审议会议中允许的主题需要进一步厘清

TPRB 进行贸易政策审查,需要准备两份报告。第一份是由 WTO 秘书处贸易政策审查部制定的秘书处报告;第二份是由被审查国家制定的政府报告。政府报告比秘书处报告篇幅短很多,相应地就包含了太少关于被审查国贸易政策的信息,这是政府报告主观偏袒自己政府的一种体现。秘书处报告中有些审议内容体现了 WTO 法律文本的规定,但另一些审议内容则超出了法律文本规定的主题,对环境保护、出口业绩要求等投资问题以及限制性商业实践进行了评论,而这些问题都是多边贸易制度谈判中出现的新问题,需要进一步厘清。[50]

2. 秘书处有限的资源无法满足 TPRB 日益增长的审议需求

TPRM 根据各国在"最近的一个代表周期"内于世界贸易中所占比重将对各成员的审议周期分为了三类:四个最大的贸易实体,也即美国、欧盟、日本和加拿大(Quad)每两年审议一次;之后的十六个国家每四年审议一次;其他国家每六年审议一次。[51] 由于 WTO 成员数量在不断增长,TPRB 审议更多成员的压力随之不断增大。TPRB 在 2009 年发出警告,沉重的工作负担及秘书处有限的可用资源使 TPRM 在这些限制内的有效运行显得更为重要。[52] 为了不削弱 TPRM 的监控作用,秘书处需要适当增加工作人员的数量。

3. 收集的信息可信赖性不足

自从美国 2008 年发生了金融危机以来,世界经济整体以及各贸易成员如美国、印度、阿根廷等国的经济都受到了重创,各国纷纷转向贸易保护主义。为警惕贸易保护主义抬头,WTO 总干事帕斯卡尔·拉米(Pascal Lamy)利用 TPRM 通过若干 WTO 成员收集了各国贸易限制措施的数据,并将该问题通报至"二十国集团"(G20),敦促 G20 成员解

---

[50] Jai S. Mah, Reflections on the Trade Policy Review Mechanism in the World Trade Organization, *Journal of World Trade*, Vol. 31, Issue 5, pp. 52–53.

[51] 参见《贸易政策审议机制》第 C 款"审议程序"第 ii 项。

[52] Trade Policy Review Body—Trade Policy Review Mechanism—Report of the Trade Policy Review Body for 2009, WT/TPR/249, 29/10/2009.

决贸易保护主义抬头的问题。[53] 然而,WTO 成员在对抗贸易保护主义方面做得并不够。[54] 正如博纳德·霍伊克曼所说:"经济危机监控活动表明 WTO 秘书处不能依赖成员向 WTO 作出的通知获得最新信息……"[55]TPRB 获得的信息并不能衡量各国家各行业总体的贸易保护水平。

4. 扩展数据的收集有待完善

在信息至上的货物贸易领域,数据收集及数据分析的焦点大多集中于关税的最惠国待遇成文法规。非关税政策之类的数据,如补贴或过于累赘的产品标准,都不能全面地定期收集。当涉及影响服务贸易的政策信息时,情况更为糟糕。[56] TPRB 可以通过对通知要求、交叉通知以及直接收集数据(包括二手资料来源)的强化及有效实施,来弥补上述缺陷,这也是更好地进行政策分析和政策监控的前提条件。为使 WTO 秘书处全面地收集数据,WTO 成员必须对其进行资源授权,并允许将数据结果公开以便第三方进行分析。[57] 具体而言,可以从以下几个方面完善:将收集到的关税数据并入一体化的数据库,构建以时间为顺序的贸易保护数据并最终将这些数据与贸易和生产相连接;通过 WTO 网站将与贸易保护有关的数据散布给所有利益相关方;将收集及建构的贸易保护数据与其他国际机构的数据库相连接,例如"贸易分析及信息系统"(Trade Analysis and Information System, TRAINS)、"模拟模块"(Simulation Module, SMART)以及"全球贸易分析程序"(Global Trade Analysis Program, GTAP)。[58]

(二) TPRM 未能充分发挥自身谈判平台的作用

GATT 和 WTO 的贸易规则是具有约束力和强制性的,乌拉圭回合

---

[53] See WTO News: Speeches—DG Pascal Lamy, Protectionism cannot be 'smart', Lamy tells Australian think-tank, at http://www.wto.org/english/news_e/sppl_e/sppl117_e.htm, accessed on July 20, 2015. 帕斯卡尔·拉米在演讲中讨论到了 WTO 贸易政策审议机制在防止贸易保护主义中的必要性。

[54] See Trade Policy Review Body, Annual Report by the Director General: Overview of Developments in the International Trading Environment, WT/TPR/OV/12, November 18, 2009.

[55] Bernard Hoekman, Proposals for WTO Reform: A Synthesis and Assessment, *Minnesota Journal of International Law*, Vol. 20, Issue 2, 2011, p.357.

[56] Ibid., p.356.

[57] Ibid.

[58] Julien Chaisse and Mitsuo Matsushita, *supra note* [22], p.24.

为 WTO 建立的争端解决机制十分强大,它可以约束贸易国在 WTO 规则范围之内进行贸易活动。毋庸置疑,这的确是一项伟大的成就,而且应该得到进一步的维持和推动。相比之下,TPRM 的运作采取的是一种非形式主义的路径,它并不创设具有约束力的规则,而只是强调当成员试图改进其贸易政策时为成员提出建议。这种路径可被称为"软法"路径,以针对 WTO 成员的贸易政策进行信息收集、提出建议以及常规监控为特征推动国际贸易体制的进步。[59] 在法治建设过程中,"硬法"和"软法"路径相互配合和衔接,会使法治建设前进的步调更加平稳。TPRM 的"软法"路径作用有待进一步充分发挥,否则会影响 WTO 朝着法治的方向稳步迈进。本文认为,TPRM 可以在环境贸易政策及 PTAs 之间协作方面更加充分发挥其平台作用。

1. TPRM 可以协调各国不同的贸易政策

如前所述,多哈回合谈判议题范围非常广泛,是到目前为止目标最宏伟、参与方最多的一轮多边贸易谈判。在达成多边共识遇到巨大困难之时,TPRM 可以提供一种会议平台协调各国不同的贸易政策,以形成某种形式的软法为媒介促进谈判方共识的达成。比如,在贸易和环境领域,各国与环境有关的贸易政策呈多样化态势,这影响了贸易国之间的国际竞争,并可能进而导致贸易争端。例如,一些国家会采用"总量控制与排放交易机制"(Cap and Trade Mechanism)[60]控制温室气体的排放,这些国家的生产者需要去排放市场购买排放指标,因此要承担一定的经济负担并进而不可避免地影响自身的国际竞争力。如果其他发展中国家不采用类似的机制控制温室气体排放或者采用的程度较低,那么这些发展中国家就会因为"总量控制与排放交易机制"而获得一种比较优势,继而贸易争端就会发生。尽管联合国气候变化会议的未来走势尚难预测,但是减少温室气体排放的政策以及其他环境政策将成为当今世界日益重要的问题。讨论并决定温室气体排放及其他环境问题的政策是联合国会议的任务。然而,WTO 自身也能对这些问题作出有意义的贡献。TPRB 完全可以与 WTO 贸易与环境委员会一道共同收集相关信息,在协调主要贸易国不同的环境政策方面作出努力。

---

[59] Ibid., p. 34.
[60] 关于"总量控制与排放交易机制"的相关知识,请参考 Wise Geek, What is Cap and Trade, at http://www.wisegeek.com/what-is-cap-and-trade.htm, July 21, 2015.

2. TPRM 可以协调 PTAs 之间的贸易规则和政策

如前文所述,由于 WTO 奉行"单一承诺"及"协商一致"的谈判原则,多哈发展回合谈判陷入了僵局。美国等主要成员已将重点转向了 PTAs 的谈判。PTAs 的扩张为 WTO 和世界贸易体制带来了两个问题。其一,PTAs 会破坏多边世界贸易秩序的基础,这个问题涉及如何将 PTAs 控制在 GATT 第 24 条允许的范围之内。其二,PTAs 可以是双边的、区域的或者复边的,一些贸易规则比如原产地规则在不同的 PTAs 中是不一样的,这有可能导致贸易主体的交易成本上升,因为他们必须就同一事项遵守不同及不一致的贸易规则。TPRM 除了收集与成员贸易政策有关的数据、组织常规审议并向成员提出建议之外,还可以协调不同成员之间的贸易政策。例如,它可以发起 PTAs 之间的活动以协调其职能并汇聚其不同的贸易规则及政策。由于每个 PTA 都是一个单独的实体,PTAs 之间也没有太多的沟通,没有哪一个 PTA 愿意牵头形成一个共同的论坛供全部或大部分的 PTAs 常规会面、讨论其规则和政策的异同并进行规则的一致化谈判。TPRB 可以召集这种会议并为 PTAs 提供一个共同论坛。[61] 由于 WTO 的主要目的是促进国际贸易,TPRM 作为 WTO 的一种重要机制是实现这一目标的逻辑必然。WTO 还可以通过 TPRB 使自身与 PTAs 建立一种良性关系,使二者彼此促进并实现国际贸易体制利益的最大化。[62]

由上可知,TPRM 在日常运行中存在着许多亟待解决的问题。这些问题涉及 TPRM 在贸易审查过程中的工作内容、审查效率、收集信息的效用等方面,显露出 TPRM 在运行中存在工作效率问题,而且发挥的监控作用十分有限。此外,TPRM 作为一种机制所能发挥的平台作用也被严重忽视了,尽管这种作用并非 TPRM 的法定职责。TPRM 可以为 WTO 成员在新议题谈判方面提供一种会议平台,协调各国不同的贸易政策,将其平台作用发挥到极致。本文虽不赞成放弃多边谈判并转向 PTAs 谈判,但基于当前现实,PTAs 谈判似已成为不可逆转的趋势。TPRM 机制仍然可以发挥其会议平台的作用,协调不同 PTAs 之间的贸易规则和政策。这种协调作用可以达成某种形式的软法并以其为中间

---

[61] Julien Chaisse and Mitsuo Matsushita, *supra note* ㉒, p.35.
[62] *Ibid.*, p.36.

媒介,为WTO多边共识的达成发挥支持和促进作用。TPRM作为WTO体制的一个重要组成部分与WTO的其他机制发挥的作用并不相称,这在一定程度上影响了WTO作为一个整体的有机运转。

五、结　论

时至今日,WTO已走过二十个年头。作为一种多边贸易体制,WTO在国际经济秩序中发挥了至关重要的作用,其自身也实现了一定程度的法治化。然而,无论是在立法、司法还是执法层面,WTO的成就和发展与法治的距离都还十分遥远。

从立法的角度看,WTO"密室会议"的谈判方式缺乏透明度和民主参与度;多哈发展回合谈判的停滞以及各种PTAs谈判的进行则表明,WTO作为一种多边贸易体制已被边缘化,WTO的立法机制几近失效。WTO立法机制的失灵会为WTO体制带来"牵一发而动全身"的系统性问题,并严重阻碍其作为一个整体的多边贸易体制的有机运转。不能因为多哈回合谈判遇到了困难就放弃WTO多边化平台转而寻求小范围的共识,否则就是提倡歧视性路径,而这与法治的精神背道而驰。从司法的角度看,WTO的争端解决机制在解决程序拖延以及对申诉方救济不足等问题时,未能实现更广泛意义上的法治。DSM可以从ICJ及ICSID等国际法律体制规定的临时措施制度中吸收并借鉴一些有益的经验,这样可以提高DSM的安全性和可预测性并更好地保护私人商业利益,对于提升DSM乃至整个WTO体制的法治化水平都大有裨益。从执法的角度看,TPRM在日常的运行中存在着许多亟待解决的问题,而且TPRM作为一种机制所能发挥的平台作用也被严重忽视了。TPRM可以为WTO成员在新议题谈判方面提供一种会议平台,协调各国不同的贸易政策,也可以协调不同PTAs之间的贸易规则和政策。这种协调作用可以达成某种形式的软法并以其为中间媒介,为WTO多边共识的达成发挥积极的作用。

此外,WTO的立法机制、司法机制及执法机制还应当相互协调、相互支持、相互促进,作为一个整体共同发挥作用。只有各种机制平衡地有机运转,才能最终实现WTO成立的宗旨和目标,使WTO在国际经济秩序中继续发挥其支柱性的作用。如果上述问题能够得到一定程度的改善,那么 WTO 距离法治的实现就会更近一步。从 WTO 自身发展目标的角度看,WTO 之舟驶向法治的灯塔依然航程迢迢、波涛汹涌、逆流重重,不容盲目乐观。

(编辑:高乐鑫)

Rule of Law: the Beacon Ahead of the WTO

Zhang Chuanfang

【Abstract】 In the sense of the realization of rule of law, the WTO has achieved something. However, it is still far from perfect no matter from the legislative perspective, the judiciary perspective, or the executive perspective. In terms of legislation, the Green Room Meetings has always been criticized as lack of transparency and democracy. The deadlock of the Doha Development Round negotiations and the initiation of various PTAs indicate that the WTO as a multilateral trade regime has been marginalized and the legislation process of the WTO is next to failure. In terms of judiciary, the delayed resolution of disputes and the insufficiency of remedies for the applicants block the extensive realization of rule of law. From the perspective of execution, the TPRM is facing a lot of problems on a regular functioning basis. The role of TPRM as a platform for reaching consensus among different participants has also been neglected. In addition, only through the overall coordination and mutual support among the abovementioned three mechanisms can the WTO regime functions in an organic and balanced manner, which is important for WTO to realize its goals and purposes, and maintain its supremacy in the international economic order.

中国自贸区的国际经济法问题

国内规制主权与自由贸易的冲突及解决方案
——技术性贸易壁垒的本质及规则发展趋势初探

■ 安佰生[*]

【内容摘要】 WTO规则中的技术壁垒本质是国内规制。WTO规则规定国内规制不得对贸易造成不必要障碍,这被视为协调国内规制主权和自由贸易关系的重要规定。但因国内规制主权与自由贸易内在的紧张关系,技术壁垒协定的实施遭遇越来越严峻的挑战。近年来,WTO开始承认现行规则的局限性,并探讨通过规制合作的方式应对技术壁垒。目前,WTO内规制合作进展不畅,贸易伙伴主要通过自贸区等双边途径推进技术壁垒相关工作。

国家主权原则是国际法的一项基本原则。然而,实践中世界贸易

---

[*] 作者系商务部国际贸易经济合作研究院世界经济研究所副所长,经济学博士。本文所述仅为个人观点,不代表所在单位立场。

组织(WTO)技术壁垒相关协定①"介入"(intrusion)国内规制事务已经成为一种事实。这就导致了国内规制②主权和自由贸易之间的紧张关系。③ 当前,对 WTO 侵蚀国内规制主权的批评日盛,一贯坚持自由贸易的 WTO 也开始明确表示,不能轻易因自由贸易而损伤成员国内规制主权。④ 与此同时,经济全球化程度不断加深,各国国内规制对贸易的影响更加突出,国内规制导致的贸易壁垒已经成为当前国际贸易的主要壁垒形式。⑤ 在这种情况下,加强国际合作、减少规制壁垒本应是多边机构着力解决的议题,但 WTO 的立场似乎使这一议题的解决陷入谜团。多边贸易体系为何会走向与经济全球化现实需求不一致的方向呢?国内规制差异导致的贸易壁垒将如何解决呢?

带着上述问题,本文基于技术壁垒即国内规制差异导致的贸易壁垒这一认识,将探讨国内规制与自由贸易之间的矛盾及其解决方案。为此,本文首先介绍西方国家国内规制发展的基本情况,以便为后文的分析提供基本的事实基础。在第二部分,本文将在明确技术壁垒本质为国内规制的基础上,介绍 WTO 处理国内规制主权与自由贸易之间关系的规则,以及这些规则面临的困境及其原因。第三部分探讨 WTO 以外自贸区等双边场合解决规制主权和自由贸易进展关系的相关理论和实践探索。第四部分对目前关于 WTO 侵蚀国内规制主权和"民主赤

---

① 本文中的技术壁垒协定主要是指《技术性贸易壁垒协定》(《TBT 协定》)、《实施卫生与植物卫生措施协定》(《SPS 协定》)和《服务贸易总协定》(GATS)第 6 条"国内规制",以及《关税与贸易总协定》(GATT)、GATS 等协定中的"一般例外"等相关条款。WTO 秘书处也基本是这一看法。See WTO: World Trade Report 2012, Trade and Public Policy: A Close Look at Non-tariff Barriers in the 21stcentury, p. 4, at http://www.wto.org/english/res_e/booksp_e/anrep_e/world_trade_report12_e.pdf, Sep. 27, 2015.

② 规制这一概念比较笼统,Robert Rabin 将其分为对经济事务和对社会事务的规制。前者更多关注救治外部性和信息不对称导致的市场失灵,如对竞争、金融的规制等,即 Robert Rabin 所说的政府干预式市场纠正模式(interventionist market-correcting regulation),后者则多涉及公共健康和安全事务,可被视为公共控制式(public-control)规制。See Robert Rabin, Federal Regulation in Historical Perspective, *Stanford Law Review*, Vol. 38, No. 5, 1986, pp. 1192 – 1193。由于竞争、金融等的规制尚未被完全纳入 WTO 规则管辖,因此,就 WTO 以及本文而言,规制主要是指产品责任、健康、安全等领域的规制。

③ See Joel Trachtman, Trade and … Problems, Cost-Benefit Analysis and Subsidiarity, *European Journal of Economic Law*, Vol. 9, No. 1, 1998, pp. 32 – 85.

④ 参见 WTO 前总干事拉米为《世界贸易报告 2012》撰写的前言, *supra* note ①.

⑤ Richard Baldwin, Regulatory Protectionism, Developing Nations, and A Two-Tier World Trade System, in S. Collins, D. Rodrik (eds.), *Brookings Trade Forum 2000*, Brookings Institute Press, 2001, pp. 237 – 293.

字"的批评进行分析,认为这些批评并非完全合理。最后一部分进行总结与前瞻。

一、工业革命以来侵权法的发展与西方"规制国"的兴起

从《TBT 协定》等协定文本内容看,技术壁垒一般被认为是标准、认证和技术法规差异导致的贸易壁垒。而实际上,技术壁垒的本质是国内规制差异导致的贸易壁垒。⑥ 国内规制并不是一个固定的、简单的问题。为从根本上认识这一问题,有必要先对西方国内规制的发展作一个基本了解。

规制往往是为维护公共利益之目的,运用公权力对私利的一种约束。因此,规制难免导致私人的对抗。当立法机构直接规制时,这一对抗可以被视为政治性的,从而可以通过"民主"的方式进行解决。而当立法机构基于规制的技术复杂性考虑,越来越多地将规制授权给行政部门时,规制往往被视为"技术性"的。此时,规制本身的"工具理性"成为规制合法化的根据。这样一来,何为"理性"的规制就成为对抗双方争论的焦点。在争论过程中,"有组织的团体"具有诸多优势,容易形成对行政部门的"俘获"。当然公众也可通过"民主"程序对"有组织的团体"的肆意行为形成反制。因此,规制方、被规制者以及公众等就为什么要规制,以及如何规制等问题展开了长期的争论,这一争论构成国内规制的基本动因,争论的结果主要体现于侵权法原则的变化,以及各国立法规制的最终兴起和不断发展。

(一) 美国国内规制变迁

西方国家国内规制是从侵权法演变而来的。伤害最初一般通过侵权法进行救济。但工业革命对侵权法产生了重大影响,并最终使国内规制从侵权法救济为主转向直接的国家干预。

在侵权法对伤害进行救济的时期,起初,为便利工业资本的发展,美国法院遵循的是过错原则,即加害者有过错才能构成侵权。过错原

---

⑥ 参见肖冰:《论技术性贸易壁垒国内法规制的涵义、共性态势与难点》,载于《法学》2006 年第 8 期。

则下,生产商的责任被尽量减轻,以便最大激发其从事工业生产的积极性,大多数事故受害者只能自己承担他们的损失。[7] 从本质上说,这是美国法院为工业发展提供了"司法补贴"[8],以便"为新生的工业利益服务"[9]。伴随着工业革命的深入发展,损害不断增加,如铁路和工厂事故频发且伤害巨大,社会矛盾激增。此时,"加害人及其过错行为不再是关注重点,相反……优先考虑对受害人的赔偿才是侵权法的目标。"[10]为此,法院开始调整侵权法原则,由"过错原则"转向"疏忽原则",并进而走向"严格责任原则"。

到19世纪末期,工业革命得到了充分发展。此时,大规模侵权事件频发,社会问题也日益突出,侵权法的局限就暴露出来。从法律本身看,侵权法的本质是一种矫正正义,虽然具有威慑和遏制的功能,但本质上仍是对损害的事后救济。另外,从福利国家的角度看,伤害已经不只是一种私人之间的事务,而是一种社会性的伤害避免和补救。比如,唐纳德·哈里斯认为,"我们应摒弃传统的法律观念,即认为事故是一个孤立的事件,只典型地包括两种人即加害人和受害人,而应代之以社会的或环境的观念。侵权行为法曾是建立在对个人负责假定的基础上的,但是能将现代社会中所有不幸事件归结为受个人的支配吗?"[11]基于这样的认识,国家被认为应该介入侵权,以便以比私人更有力的方式提供更为充分和必要的侵权救济。最后,从侵权法的司法效果来看,工业社会后期,工伤等损害事故的增加、生产商和受害者力量的不对等,导致司法对受害者不利。比如,大利益集团经常在侵权诉讼中上下其手、逃避责任。[12] 此外,大量侵权诉讼也增加了社会成本。因此,由普

---

[7] 参见〔英〕唐纳德·哈里斯:《美国侵权法的改革》,肖后国等译,载于《法学译丛》1992年第2期。

[8] Charles Gregory, Trespass to Negligence to Absolute Liability, *Virginia Law Review*, Vol. 37, No. 5, 1951, pp. 367, 368.

[9] Gary Schwartz, Tort Law and the Economy in Nineteenth-Century America: A Reinterpretation, *The Yale Law Journal*, Vol. 90, No. 8, 1981, footnote 1, p. 1717.

[10] 刘凯湘、曾燕斐:《论侵权法的社会化——以侵权法与保险的关系为重点》,载于《河南财经政法大学学报》2013年第1期。

[11] 〔英〕唐纳德·哈里斯,同注[7]引文。

[12] Edward Glaeser and Andrei Shleifer, The Rise of Regulatory State, *Journal of Economic Literature*, Vol. 41, No. 2, 2003. pp. 401 – 425.

通法院处理侵权纠纷的做法受到严重的挑战。⑬

侵权法的局限导致了规制国(regulatory state)的兴起。作为"镀金时代"(Gilded Age)反对大企业的"进步运动"(progressive movement)的组成部分,国家开始政治性介入,通过政府直接立法规制,与侵权法共同应对产品责任等问题。⑭ 这样一来,"普通法在美国的发展从19世纪90年代起开始走下坡路"⑮,立法规制则开始大行其道。1900年前后,美国国会制定了《联邦食品药品法案》等法律,并依法成立了食品药品管理局等行政机构。后来,无论是"新政",还是20世纪60年代的社会改革运动,都不断推动着立法规制的发展,行政部门在职业健康、环境保护等领域不断扩大或新增其职能。⑯

立法部门将规制事务授权给行政部门后,为防止行政部门滥用其授权,通过包括行政程序法等在内的各种手段,对行政部门进行监督和约束,以防其滥用公权侵害私利。同时,法院依其原有权限,对行政部门的立法和执法行为进行司法审查。这些构成了现代行政法的基本内涵,也成为WTO技术壁垒协定的主要内容。⑰

(二) 欧盟的规制:"新方法"与内部统一市场建设

在欧洲,情况与美国有很大不同。欧盟各成员国侵权法和立法规制发展均较为缓慢。比如,英国这个普通法的发源地,直到1932年才

---

⑬ 关于侵权法的局限,布雷耶法官明确指出:"法院通常缺乏要求规制机构创设体系化的、理性的规制议程的能力。"就侵权法而言,"其结果通常是随机的、博彩式的,其昂贵的'交易成本'(即诉讼费用)则耗去了赔偿金的很大一部分。无论侵权法体系有着怎么样的优缺点,我都不相信它能取代政府规制。"〔美〕史蒂芬·布雷耶:《打破恶性循环——政府如何有效规制风险》,宋华琳译,法律出版社2009年版,第74、78页。

⑭ See Edward L. Glaeser and Andrei Shleifer: The Rise of the Regulatory State, NBER Working Paper No. 8650, December 2001, at http://www.nber.org/papers/w8650.pdf, May. 24, 2015.

⑮ 韩铁著:《美国宪政民主下的司法与资本主义经济发展》,上海三联书店2009年版,第38、10页。

⑯ 在这一过程中,面对反对政府干预的质疑(实际上往往是厂商反对针对产品责任而对他们施加法律义务),国会议员往往会援引关于爆炸、鱼类死亡、职业病等可怕的故事,以通过政府的力量"制止私人或企业对于权利的滥用",制止伤害。参见〔英〕唐纳德·哈里斯,同注⑬引文;see also Thomas McGarity, The Expanded Debate over the Future of the Regulatory State, *The University of Chicago Law Review*, Vol. 63, No. 4, 1996, p. 1467.

⑰ 参见肖冰,同注⑥引文。

在 re M'Alister（or Donoghue）v. Steveson 案中发展了侵权法相关原则。⑱ 德国侵权法原则在 20 世纪初才有了较为成熟的发展,在立法规制方面,直到 1929 年德国才制定了《工业安全法》。⑲

就欧盟整体而言,其规制是在欧盟内部统一市场建设这个政治背景下发展起来的。起初,产品质量、健康、环保等的立法规制主要由成员国负责,成员国的规制差异难免对欧盟内部贸易造成壁垒。为此,欧盟通过协调规制的方式,在实现欧盟成员内的规制的同时,消除欧盟内部贸易壁垒。20 世纪 60 年代,欧盟主要通过"老方法"(相对于 1985 年以后的"新方法"而言)进行规制。根据"老方法",欧盟制定了详细的指令(directive),如低压电器指令等,然后各成员将其落实为国内法。由于这些规制大都涉及复杂的技术内容,负责行政性立法的欧盟理事关于技术性内容的讨论往往极为低效,无法有效满足欧盟内部规制需求。于是,欧盟调整这一规制方式,于 1985 年出台了《关于技术协调和标准的新方法》(以下简称为"新方法")。根据"新方法",欧盟理事会在指令中制定主要的安全要求,同时由欧盟三个标准化组织制定相关的标准⑳,符合这些机构制定的标准即被视为符合指令要求。㉑ "新方法"这一"法规 + 标准"的立法规制方式成为欧盟规制的主流。㉒

二、WTO:协调国内规制主权与自由贸易的紧张关系

到 20 世纪中期,美、欧国内规制基本被固化为现行行政立法规制体系。其中主要包括行政程序法中的透明度要求,对行政立法进行司法审查所依据的必要性测试原则,以及标准协助规制的做法等。

---

⑱ Gert Brüggemeier, Josef Falke, Christian Joerges and Hans-W. Micklitz, Examples of Product Safety Legislation, *The Hanse Law Review*, Special Issue: European Product Safety, 2010, p.179.

⑲ *Ibid*., p. 189.

⑳ 欧盟自 20 世纪 60 年代以来,陆续成立了三个标准化组织,即欧洲标准化委员会(CEN)、欧洲电动委员会(CENEELEC)和欧洲通讯标准化协会(ETSI)。欧盟成员国不再制定本国标准,而是向欧盟标准化组织提出标准建议,并在本国落实欧盟三个标准化组织制定的标准。参见安佰生著:《WTO 与国家标准化战略》,中国商务出版社 2005 年版。

㉑ Council Resolution of 7 May 1985 on A New Approach to Technical Harmonization and Standards (85/C 136/01), at http://eur-lex.europa.eu/legal-content/EN/TXT/? uri = celex: 31985Y0604(01), Sep. 8,2015.

㉒ 当然,如同美国等其他国家,欧盟规制的工具是多样的,在立法规制的同时,欧盟也存在侵权法规制,不过主流还是"新方法"项下的立法规制。

GATT/WTO 在进行技术壁垒协定谈判时,美、欧国内规制体系这些基本内容大都被纳入协定。GATT/WTO 期望借鉴美、欧国内规制的经验来实现防止利益集团游说政府制定贸易保护的政策的目的。技术壁垒协定看上去确实很有吸引力。但是,谈判期间的美好愿望将其中很多过于理想、不现实的内容有意无意地忽略掉了。如在标准管理问题上,自谈判之初,美国就不认同 WTO 现有协定关于标准管理的模式。当时美国谈判代表明确指出,"在标准化领域,各国政府职能差别很大。一些国家内有更多的政府强制规制,而另外一些国家里则有更多由私人部门制定、政府很少或没有什么影响的自愿性标准。此外,某些国家内规制一般由政府发布,而另外国家里在很多情况下则由区域或地方政府管理。不同政府在标准化领域之职能这一重大的差别,是在寻求标准导致的非关税壁垒的解决方案时应考虑的重要事实。"㉓但最终美国还是接受了含有标准管理内容的技术壁垒协定。㉔ 实际上,学界一直毫不讳言他们对协定安排、特别是 WTO 国内规制相关裁决的不满。㉕ 近年来,诸多成员也开始批评 WTO 关于国内规制与自由贸易关系的裁决,WTO 最终也指出该问题是 21 世纪贸易规则面临的一个重大挑战。

(一) 多边贸易规则体系内国内规制与自由贸易的"联姻"

从上个世纪 60 年代 GATT 非关税壁垒谈判历史看,我们并不确定成员是否均对通过采用国际标准实现消除技术壁垒等技术壁垒协定谈判初衷有清醒的认识,并真的达成了"一致同意"。就谈判的最初目的

㉓ See Report of Working Group 3 on Non-Tariff Barriers, Examination of Items in Part 3 of the Illustrative List (Standards Acting as Barriers to Trade), com. IND/W/41, November 26, 1976. para. 6.

㉔ 笔者通过与美国当时参与谈判的官员非正式交流了解到,美国之所以接受这一安排,主要是出于达成"一揽子"协定的考虑。

㉕ 如 Andrew Guzman 认为,WTO 就实施卫生与植物卫生措施相关案件只能审查透明和程序性内容,而不能审核实体性内容;关于风险评估及相关措施的裁定应更多遵从成员国的决定。See Andrew Guzman, Food Fear: Health and Safety at the WTO, *Virginia Journal of International Law*, 2004, Vol. 45, p. 4. John McGinnis 和 Mark Movsesian 指出:"'最少限制测试'或许有用,但仅应在对成员的管制选择有充分遵从的情况下使用……而目前该测试给予 WTO"太多自由裁量权"。John McGinnis, Mark Movsesian, The World Trade Constitution, *Harvard Law Review*, Vol. 114, 2000, pp. 579–580. See also J. Martin Wagner, The WTO's Interpretation of the SPS Agreement Has Undermined the Right of Governments to Establish Appropriate Levels of Protection Against Risk, *Law Policy in International Business*, Vol. 31, No. 3, 2000, p. 855.

国内规制主权与自由贸易的冲突及解决方案

而言,成员只是出于一般意义上的对标准差异导致的贸易壁垒的关注而开启了谈判。谈判初期,成员往往先对各自遇到的贸易壁垒进行通报。通报结果显示,技术壁垒对贸易的影响很大,成员自然就将其作为谈判内容。㉖ 这样一来,基于单纯的通报统计和对自由贸易的热忱,成员很容易就谈判的必要性达成一致。至于其中的复杂性,乃至问题的本质,成员似乎并没有太多关注。就谈判的具体内容而言,很多成员可能在不了解所谈的内容,或者对协定文本的影响没有清楚的认识的情况下表示了同意。有研究事后发现,很多发展中国家可能在谈判表决时,并没有弄清楚协定文本对自身贸易潜在的影响。如在《SPS 协定》的核心规定——通过采用国际标准便利国际贸易的问题——上,发展中国家给予了广泛的支持㉗,然而实践中发展中国家很快就意识到该协定对他们的不利之处:他们缺乏技术和财政力量参与国际标准的制定,而且《SPS 协定》对于发达国家制定比国际标准更严格的卫生与植物卫生措施的做法也没有实质性的约束力。㉘ 就发达国家而言,由于乌拉圭回合谈判采取了"一揽子"谈判的模式,成员就具体协定表达的"协商一致"是否是真实的意见也不得而知。㉙ 比如,美国尽管在《SPS

㉖ 如1969年 GATT 工业产品委员会根据出口成员通报的非关税壁垒通报制定的"非关税壁垒指示性清单"中标准问题是一项重要内容。为此,该委员会专门成立一个工作组(当时共成立了五个工作组)处理标准问题。See GATT: Illustrative List of Non-Tariff Barriers to Trade (L/3298), 1969, Report of the Committee on Trade in Industrial Products, Report on Status of Work (L/3886), Basic Instruments and Selected Documents, Twentieth Supplementary: Protocols, Decisions Reports 1972 ~ 1973 and Twenty-ninth Session, 1974, p. 107.

㉗ 比如发展中国家政府间组织南方中心(south centre)的一份研究报告指出:"发展中国家强烈呼吁作为非关税壁垒的卫生与植物卫生措施。他们支持卫生与植物卫生措施的国际协调,以便防止发达国家制定武断的严格的标准"。See Simonetta Zarrilli, WTO Sanitary and Phytosanitary Agreement: Issues for Developing Countries, at http://www.carib-export.com/obic/documents/WTO_Agreement_On_Sanitary_and_Phytosanitary_Measures.pdf, Sep. 12, 2015. 有学者认为发展中国家对国际协调的支持程度甚至超过了 OECD 国家,巴西、哥伦比亚甚至通过官方文件明确表示采纳上述标准协调的原则。See Tim Buthe, The Globalization of Health and Safety Standards: Delegation of Regulatory Authority in the SPS Agreement of the 1994 Agreement Establishing the World Trade Organization, *Law and Contemporary Problems*, Vol. 71, No. 1, 2008, pp. 219 - 255.

㉘ See David Victor, WTO Efforts to Manage Differences in National Sanitary and Phytosanitary Policies, in David Vogel and Robert Kagan (eds.), *Dynamics of Regulatory Change*, 2002, at http://www.escholarship.org/uc/item/4qf1c74d#page-1, Sep. 16, 2015.

㉙ 关于乌拉圭回合"一揽子"谈判模式对成员的影响,See John Jackson, The Great 1994 Sovereignty Debate: United States Acceptance and Implementation of the Uruguay Round Results, *Columbia Journal of Transnational Law*, Vol. 36, Special Double Issue, 1997.

协定》谈判中有着促进美国农产品出口的目的,但是否完全同意文本的全部内容,则难有明确答案。欧盟应该是《TBT协定》、《SPS协定》的支持者,但即便欧盟也在实践中——如荷尔蒙案的失利——是否已对自己推动达成的这两个协定有"骑虎难下"的感觉,也不得而知。㉚

不过,无论当时情况如何,1979年,成员就技术壁垒问题进行了谈判并达成了GATT时期的《TBT协定》。1995年,乌拉圭回合谈判将《TBT协定》从诸边协定转化为多边协定,并将该协定拓展至农产品,制定了《SPS协定》。此外,服务贸易被纳入多边协定的同时,服务贸易国内规制也成为协定的一部分。这样一来,原本属于国内事务的议题纷纷与贸易"联姻",系统性地成为世贸框架下的"与贸易……"(trade and ...)议题。㉛

(二)《TBT协定》的内在局限

《TBT协定》旨在通过协调标准和技术法规(规制)差异便利贸易,这是该协定的表层内容。作为国内规制在多边规则的翻版,《TBT协定》的透明度和必要性测试要求是基于国内行政规制体系的协定内在要求。只要稍加分析就可以看出,这些规定本身具有内在的局限。

(1)《TBT协定》抹杀了成员间客观上存在的技术经济差异和政策选择偏好。学界很早就明确指出,通过采用国际标准的要求,与传统的贸易理论存在相悖之处。政府在标准问题上的差异,从经济学理论上讲可以是基于本国要素禀赋、参与并促进自由贸易的必然选择。㉜要求采用国际标准,则是把要素禀赋各异的成员硬拉上一张"普罗斯特斯之床"的削足适履的做法。㉝从政治学的角度讲,各国间标准差异是成员国内基于技术和消费水平的公民选择的结果。有学者认

㉚ 参见安佰生:《论WTO与标准化组织之间的'委托—代理'机制》,载于《国际经济法学刊》第18卷第3期,北京大学出版社2011年版。

㉛ See Joel Trachtman, Trade and ... Problems, Cost-Benefit Analysis and Subsidiarity, *European Journal of Economic Law*, Vol. 9, No. 1, 1998, pp. 32 – 85.

㉜ See Richard Baldwin, Regulatory Protectionism, Developing Nations, and a Two-Tier World Trade System, in S. Collins, D. Rodrik (eds.), *Brookings Trade Forum 2000*, Brookings Institute Press, 2001, p. 254.

㉝ See David Leebron, Lying Down with Procrustes: An Analysis of Harmonization Claims, in JagdishBhagwati and Robert Hudec (eds.), *Fair Trade and Harmonization*, MIT Press, 1996, pp. 67 – 70.

为,各国公民选择的差别事关民主,未必与贸易保护有关。比如,Andrew Guzman 认为,“各国偏好存在差异,差异性的政策是说得过去的(make sense)。”[34]就实践而言,很难说电源插座标准差异是贸易保护的结果。[35] 即便国内管制措施有时候会成为“伪装的贸易壁垒”,但这些措施也可能的确根植于实现国内相关政策目标之需求。这些目标作为一种公共物品,能够“促进一国公民的福祉,是政府对其公民主权责任的核心”[36]。即便这些国内措施客观上存在贸易保护之效果的话,往往也是贸易保护与公共利益共存。[37] 因此,WTO 规则所期望的明察秋毫、区别对待,一方面允许成员采取必要的规制措施,另一方面通过规则约束各国的贸易保护,在实践中往往难以落到实处。最终,WTO 明确指出,“保证标准和规范等非关税措施的一致性显然对未来创造公平竞争环境至关重要,但这并不是 WTO 的首要任务”[38]。事实上,“《SPS 协定》和《TBT 协定》大力鼓励遵循国际标准会在实践中造成紧张情况。”[39]

至于管制差异的存在本身是否是一种“非经济”的做法,学界也一直存有争议。有学者认为,管制差异被认为有助于比较不同管制做法并与它们相学互长,而管制竞争所导致的“底线竞争”(race to the bottom)实践中也没有那么普遍或严重,反而在一定情况下有助于增强一国在技术创新基础上增强国际竞争力。[40]

㉞ Andrew Guzman, *supra* note ㉕, p. 12.

㉟ Robert Howse and Elisabeth Tuerk, The WTO Impact on Internal Regulations—A Case Study of the Canada—EC Asbestos Dispute, in Grainne de Burca and Janne Scott. Eds., *The EU and the WTO: Legal and Constitutional Issues*, Oxford: Hart Publishing, 2001, p. 320.

㊱ See John McGinnis, Mark Movsesian, The World Trade Constitution, *Harvard Law Review*, Vol. 114, No. 2, Dec. 2000, p. 550; See also Michael Trebilcock and Robert Howse, Trade Liberalization and Regulatory Diversity: Reconciling Competitive Markets with Competitive Politics, *European Journal of Law and Economics*, Vol. 6, Issue 1, 1998, p. 6.

㊲ See Richard Baldwin, *supra* note ㉜, pp. 237 – 293.

㊳ WTO 前总干事拉米为《世界贸易报告 2013》撰写的前言,载于世界贸易组织:《世界贸易报告 2013:塑造未来世界贸易的因素》,中国世界贸易组织研究会、对外经济贸易大学中国 WTO 研究院译,中国商务出版社 2015 年版,第Ⅲ页。

㊴ WTO: World Trade Report 2012, Trade and Public Policy, *supra* note ①.

㊵ See Michael Porter and Claas van der Linde, Green and Competitive: An Underlying Logic Links the Environment, Resources, Productivity, Innovation and Competitiveness, *Harvard Business Review*, September/October, 1995, pp. 120 – 134; See also Michael Porter and Claas van der Linde, Toward a New Conception of the Environment-Competitiveness Relationship, *The Journal of Economic Perspectives*, Vol. 9, No. 4, 1995, pp. 97 – 118.

(2)《TBT 协定》假定 WTO 是宪政机构。《TBT 协定》安排实际上基于 WTO 宪政机构的假设。但实际上,WTO 终究主要是一种以促进自由贸易为目标基于"合意"的外交安排,其争端解决"采取外交手段而不是法律手段"。WTO 自然也应该是偏向贸易的,自由贸易与国内规制主权间的平衡,既不是 WTO 的职责,也不在 WTO 能力范围之内。

WTO 宪政这一假设来自欧盟经验的诱惑,但 WTO 与欧盟具有很大的不同。欧盟本身是否具有宪政职能,起初也具有争议。但出于内部统一市场建设的整治需求和推动,欧盟法院自行强化其以内部贸易便利为导向对欧盟成员国规制的审查,在实践中逐步使欧盟成员国接受了欧盟法院处理成员国内规制与内部自由贸易之间关系的权能,并在这一过程中,将国内行政法基本原则和具体要求纳入欧盟成员间贸易纠纷裁决。[41] 欧盟的经验似乎可以给 WTO 提供很好的借鉴,然而实践证明并不是这样。费雪对比欧盟与 WTO 的法律内涵时评论道:"世贸组织和欧盟的体系并列为全球化的实例。这样的并列暗示它们存在许多相同之处,但是,事实上,它们是根本不同的法律文化……新的世贸组织……仍然是以国际公法化和外交为根基的体系……相反,欧盟是于 1958 年根据《罗马条约》创立的自成一体的政治组织……欧盟的核心是一系列机构:理事会、委员会和议会。它们根据'机构平衡'原则运作,每个机构之间、机构和成员之间都要保证平衡。"[42] Claude Barfield 也通过对比 WTO 争端解决机构和国内宪政法院认为,WTO 与欧盟的一个本质区别是,WTO 争端解决机构缺乏宪政项下对司法的制衡。他指出:"国内法律体系具有使司法执行相适恰(palatable)的民主合法性的基本要素,而国际法特别是 WTO 争端解决机制却付之阙如。美国和其他国家内的个人和组织可以诉诸民主程序来选举代表、修改法律、改正有缺陷的司法决定并在必要时撤换法官。然而,WTO 内的争端解决并非根植于这一民主环境……"因此,他认为,旧的 GATT 争端解决机构下,成员可阻止争端解决机构报告通过,而 WTO 项下"作为其成员的主权国家只有有限的途径反对专家组和上诉机构作出的'违宪'决定",这使得 WTO 争端解决机制已经成了"世界贸易纠纷的

---

[41] 具体过程和案例可参见安佰生,同注⑳引文。
[42] 〔英〕伊丽莎白·费雪著:《风险规制与行政宪政主义》,沈岿译,法律出版社 2012 年版,第 239~242 页。

最高法院"、"全球经济的最高法庭",但"问题就出在这里"。㊸

总之,《TBT协定》通过标准和法规协调来便利国际贸易,既无经济上的合理性,也无政治上的现实性。㊹《TBT协定》源于自由贸易的美好设想,受到欧盟经验的诱惑,尽管最终达成了一致,但实践中协定实施难免是在布满暗礁的大海中航行。比如,荷尔蒙案虽经WTO争端解决机构裁决欧盟违规,但欧盟并未采取措施予以纠正;转基因案的和解也许未必是争议双方达成一致的结果,而更有可能是预见到诉诸WTO争端解决机制并非明智选择。此外,在标准管理问题上,美、欧一直在WTO内明争暗斗,最近则因涉及具体贸易利益而在国际标准界定问题上剑拔弩张。㊺《TBT协定》的一个核心内容就是要求成员采用国际标准,但协定对什么是国际标准尚无明确界定,这无疑会使协定的实施陷入尴尬的境地。

(三) 必要性测试:对《TBT协定》批评的焦点

由于存在诸多局限,《TBT协定》在执行中不断遭到批评和障碍。最后给予该协定乃至WTO直接打击的,是WTO争端解决机构关于必要性测试的裁决。

必要性测试源于美、欧国内行政法,被视为"行政法最为重要的法律原则"㊻,甚至是"具有宪法性地位的规范性要求"。㊼必要性测试通俗地说就是"别太过分了",其目的在于防止公权力在实现公共管理目标过程中滥用权力,对私权利造成过度因而不当的侵害。必要性测试分析可以被视为一个技术性问题,用以确保行政部门在可选方案中选择对私人利益负面影响最小的措施;必要性测试有时也被货币化为"成本—收益"问题。同时,应该指出的是,必要性测试分析经常涉及重大敏感的价值判断,需法官基于个案进行审慎平衡的裁量。

㊸ See Claude Barfield: Free Trade, Sovereinty, Demacrocy: The Future of the World Trade Organization, The AEI Press, Washington DC, 2001, at http://www.tulane.edu/~dnelson/PEReformConf/Barfield.pdf, Nov.6,2015.

㊹ See Christian Joerges, Free Trade with Hazardous Products? The Emergence of Transnational Governance with Eroding State Government, at http://www.estig.ipbeja.pt/~ac_direito/CJII2.doc.pdf, Jun.19,2015.

㊺ 详见安佰生,同注㉚引文。

㊻ 高秦伟:《论欧盟行政法上的比例原则》,载于《政法论丛》2012年第2期。

㊼ 陈喜峰:《简论欧盟法中的相称性原则》,载于《法学评论》2003年第5期。

WTO 必要性测试自然也源于西方诸国司法实践。然而，如前所述，一国宪政框架下进行价值判断的任务，让非宪政结构的 WTO 承担，势必将 WTO 置于尴尬境地。更有甚者必要性测试在西方各国无论从表述、实质性，还是其背后体现的法律传统和认识，都存在差异。所有这些问题都为 WTO 必要性测试的裁决埋下了冲突的伏笔。规制中深层次的平衡，最终会体现于"效率"和"公正"目标在各国规制中的政治考量。这一考量往往因政治传统和制度而有所差异。比如，同样是健康，美国更强调其效率的内涵，对普遍医疗保障制度持谨慎态度；而欧盟则更倾向从人权的角度，强调公民的健康权并给予相应的制度保障。[48] 涉及贸易问题，欧盟更有可能基于健康的原因对贸易采取更为严格的限制措施，而美国则更有可能倾向自由贸易。同样地，在互联网用户隐私保护问题上，欧盟因将隐私权作为基本人权而对跨境数据流动进行限制，美国则因看到数据自由流动给其带来的巨大商机，而对欧盟的做法提起强烈的贸易关注。[49]

长期以来，西方文献很少把《TBT 协定》与国内规制进行直接的联系，这可能是出于避免触发对 WTO 侵蚀国家主权的担忧的考虑。但必要性测试的本质及其重要性，使 WTO 争端解决机构根本无法回避、隐瞒必要性测试这一核心条款与国内行政法之间的联系。此外，作为一个"维护或重建平衡或均衡"的机构[50]，WTO 的裁决很容易被发现——在国内规制主权和自由贸易之间的平衡中——WTO 未必如其所宣示的那样尊重国内规制主权，而是具有明显的亲自由贸易的倾向。

对比 WTO《TBT 协定》和西方国家、特别是美国的行政法，夸张一点说，《TBT 协定》就是国内行政法在 WTO 内的翻版。除要求成员采用国际标准外，《TBT 协定》的主要内容有两个方面：一是影响贸易的国内规制在草案阶段需通报 WTO，以供其成员评议。这是国内行政法透明度要求在 WTO 内的体现。二是成员的法规如出于实现国内规制目标难免对贸易造成障碍，则这种障碍仅为实现国内规制目标所必需，

---

[48] 参见龚向前：《从福利国家到欧洲价值——论欧洲法上的健康权及其启示》，载于《中国欧洲学会欧洲法律研究会 2008 年年会论文集》，第 78～83 页。

[49] See Daniel Drezner, The Global Governance of the Internet: Bring the State Back In, *Political Science Quarterly*, Vol. 119, No. 3, 2004, pp. 477-498.

[50] 范剑虹：《欧盟与德国的比例原则——内涵、渊源、适用与在中国的借鉴》，载于《浙江大学学报(人文社会科学版)》2010 年第 30 卷第 5 期。

不得对贸易造成不必要的障碍。这是国内行政法必要性要求的体现。可以说,《TBT协定》这两个方面的要求与美国行政法形成了明确、清晰的对应。

如同国内行政法,WTO关于技术壁垒协定裁决的核心在于"必要性测试"。然而,WTO内争端解决机构对成员国国内规制的裁决,毕竟与三权分立架构下司法部门对行政部门的审查有本质的不同。WTO关于成员的国内规制的裁决,最终引发了各界关于WTO主要通过对必要性测试的裁决侵蚀成员规制主权的质疑和批评。[51]

实际上,学界对WTO侵蚀成员规制主权的批评一直不绝于耳。加拿大学者Robert Howse等指出,"WTO面临最主要的批评是所谓WTO阻碍成员政府对环境予以充分保护,或者解决消费者利益和国家健康和安全的权力行使。……WTO规则也许已经对加强或制定类似国内管制体系产生了消极作用,从而限制或阻挠了民主选择。如果WTO意欲恢复公民对其的信任,就必须证明其平衡政府追求国内正当目标的自由和确保贸易自由化之间的平衡。"[52]Tim Buthe认为,GATT具有不干预成员管制领域政策制定主权的传统,但《SPS协定》是一个"重大的偏离"(significant departure)。[53] Michael Ming Du也认为,《TBT协定》"深深地嵌入了到国内管制秩序,并以一种未被预料到的方式危及到国内管制主权"。[54]

当服务贸易总理事会根据GATS授权就国内规制进行谈判时,成员终于有机会正式表达他们关于必要性测试的立场。在其提交WTO的正式文件中,美国、加拿大、巴西"强调"了成员国内管制主权的重要性,并指出必要性测试可能"过度侵蚀"这一权力。该文件认为,"必要

---

[51] 详见安佰生:《WTO必要性测试研究》,载于《财经法律》2015年第2期,第95~113页。

[52] Robert Howse and Elisabeth Tuerk, The WTO Impact on Internal Regulations—A Case Study of the Canada—EC Asbestos Dispute, in Grainne de Burca and Janne Scott. Eds. , *The EU and the WTO: Legal and Constitutional Issues*, Oxford: Hart Publishing, 2001, pp. 283 - 284, 314.

[53] Tim Buthe, The Globalization of Health and Safety Standards: Delegation of Regulatory Authority in the SPS Agreement of the 1994 Agreement Establishing the World Trade Organization, *Law and Contemporary Problems*, Vol. 71, No. 1, 2008, pp. 219 - 255.

[54] Michael Ming Du, Domestic Regulatory autonomy under the TBT Agreement: From Non-discrimination to Harmonization, *Chinese Journal of International Law*, Vol. 6, No. 2, 2007, pp. 269 - 306.

性测试是一个含糊和不可预测的标准。这将使得专家组可以就成员富有经验的管制者所做的最为敏感的政策选择进行臆断(second-guessing)”(55)。即便香港、印度等期望通过服务贸易谈判谋取更大贸易利益的成员支持就必要性测试进行谈判,但更多成员明确表达了他们因对WTO争端解决机构关于必要性测试的不满,而反对WTO在该问题上制定更明确的规则。最后,会议主席纵观全局,只能将必要性测试相关谈判打入冷宫。(56) 尽管国内规制导致的贸易纠纷已经成为当前贸易纠纷的重点内容(如信息安全监管导致的贸易纠纷等),有贸易谈判人员还是明确建议,争议双方回避将纠纷诉诸WTO争端解决机制,而是通过双边外交途径寻求务实的解决方案。(57)

三、规制合作作为技术壁垒的解决方案:理论与实践

时至今日,连WTO秘书处也明确承认《TBT协定》、《SPS协定》的内在局限。(58) WTO承认国内规制主权与自由贸易的关系是“21世纪多边贸易体系最主要的一个挑战”,但WTO给出的建议不再是各成员国标准和技术法规差异的刚性收敛,而是规制合作(regulatory cooperation),即希望通过加强透明度工作、对规制措施作更为深入的经济和法律分析从而寻找更好的政策替代、对发展中国家的能力建设等途径,来缓解规制差异导致的贸易壁垒。(59)

不过,就目前而言,规制合作与其说是一种基于成熟理论认知的国际治理模式,不如说它是一种对直觉的实践行为的简单归纳。尽管如此,笔者还是尽量梳理规制合作相关理论文献,同时侧重规制合作实践

(55) Working Party on Domestic Regulation, Communication from Brazil, Canada and the United States, Views on the Issue of the Necessity Test in the Disciplines on Domestic Regulation, S/WPDR/W/44, Mar. 22, 2011, para. 1, 8.

(56) See Working Party on Domestic Regulation, Report of the Meeting Held on September 27, 2011, S/WPDR/M/51, Oct. 27, 2011.

(57) See Baisheng An, Intellectual Property Rights in Information and Communications Technology Standardization: Highly Profiled Disputes and Collaboration Potentials between the United States and China, *Texas International Law Journal*, 2009, Vol. 45, pp. 175–199.

(58) See WTO: World Trade Report 2012, Trade and Public Policy, *supra* note ①;世界贸易组织,同注㊳引书。

(59) *Ibid*.

的介绍，以便为加深对规制合作的认识、推进规则谈判提供一个基本的信息基础。

（一）规制合作：理论创新抑或对实践的背书

WTO 内刚性协调规制差异的做法面临的困境迫使学界另辟蹊径，寻求国内规制主权与自由贸易紧张关系的解决之道。目前，学界基于规制合作实践给出的理论指导，主要是美国政治学学者斯劳特教授的"政府间网络"（government network）理论。

根据斯劳特教授的"政府间网络"理论，一国内的职能性机构被细分，然后与其他政府的对应部门，以及国际机构的相关部门，构建一个与国际机构这一"纵向"治理相对的"横向"治理网络，从而形成一个"真正的世界新秩序，其中网络化的机构于无形中执行了一个世界政府的立法、行政和司法职能"(60)。在该模式下，相对应的政府部门通过没有明确条约约束力、基于"良好意愿"（good faith）构建定期或不定期的联系网络，确定机制性的交流。斯劳特认为，政府间网络的硬通货是"引导"（engagement）和"说服"（persuasion）。(61) 政府间网络以信息交流、推广良好规制的认识和做法为目的，在增加互信、消弭差异的过程中，寻求纠纷解决方案。尽管政府间网络行政的约定并没有直接的强制约束力，但由于存在"追求共同目的"、"思路类同"（like-minded）以及如果均执行协定则互利等软约束下，在没有丧失规制主权的批评和威胁下，逐步将国际法转化为国内法。(62)

在斯劳特看来，政府间网络这一工作机制具有诸多优势，它回避了国际事务处理过程中对主权侵蚀的批评。这是因为，政府间网络通过信息交流进行"软约束"，参与的各国政府都是基于一种"良好意愿"展开交流。至于所达成一致的落实，也往往基于"你不执行、我不执行，你若执行、我也执行"的方式最终实现参与方共同遵守协议。实践中，

---

(60) See Anne-Marie Slaughter: The Real New World Order, *Foreign Affairs*, September/ October 1997.

(61) See Anne-Marie Slaughter: Governing the Global Economy through Government Networks, M. Byers edit, *Role of Law in International Politics*, Oxford University Press, 2000, p. 205.

(62) See Anne-Marie Slaughter: Government Networks, World Order, and the G20, at http://dspace.cigilibrary.org/jspui/bitstream/123456789/17386/1/Government%20Networks%20World%20Order%20and%20the%20G20.pdf? 1, Oct. 31, 2013.

往往是各国将国际法自觉、自主地转化为国内法,不会导致类似WTO这样国际规则刚性纳入国内法的情况。[63]

不过,斯劳特等自己也坦承,她们并没有提出什么新的理论,更多是将现行被视为有效的治理模式作为一个"现象"进行描述。[64] 的确,当前相关国际机构、自贸区等双边场合开展的技术壁垒应对的工作,的确提供了大量支撑政府间网络这一"理论"的实践素材。因此,本文将对规制合作的实践进行梳理,以便通过实践资料验证斯劳特教授等的理论分析,并力求为下一步的实践提供理论指导。

(二) 规制合作实践

如同WTO,亚太经济合作组织(APEC)、经济合作组织(OECD)这样的多边机构,在规制合作方面进展也不是很顺利。但这些机构具有研究和论坛性质,不像WTO那样因为制定刚性规则而容易引起成员关于侵蚀规制主权的警惕和抵制,因此可以开展一些研究、讨论性的工作,并在这一讨论过程中,如斯劳特教授所描述的模式取得一些进展。二十国集团(G20)以其非正式机制的特征,加上较为宽泛的参与性、特别是高层政治的支持,在满足参与方和议题选择相匹配的基础上,开始引发各界高度关注。同时,相对而言,更加契合斯劳特教授"政府间网络"理论的双边场合,特别是自贸区和双边经贸谈判机制,以其政府间贸易机构牵头、规制机构参与的,机制性的信息交流与纠纷应对相结合的方法,稳步推进相关工作进展。

1. APEC与OECD的经验

亚太经济合作组织(APEC)2011年的国家领导人声明中,明确将规制合作作为今后工作的五个重要议题之一[65],规制合作也是OECD

---

[63] See *Ibid*.

[64] 斯劳特认为,政府间网络成为一种更加"普世"(universal)尽管依然"不明确"(fuzzy)的"现象",她建议将政府间网络的研究从"描述和解释性"(descriptive and explanatory)转向"规范性和规划性"(normative and prescriptive)。See Anne-Marie Slaughter and David Zaring, Networking Goes International: An Update, *Annual Review of Law and Society*, 2006, Vol. 2, pp. 211–229.

[65] APEC, 2011 Leaders' Declaration: The Honolulu Declaration—Toward a Seamless Regional Economy at http://www.apec.org/meeting-papers/leaders-declarations/2011/2011_aelm.aspx, Sep. 30, 2015.

的一项重要工作。⁶⁶ APEC 和 OECD 规制合作的主要内容,在于通过信息交流传播良好规制做法,如透明度、可问责性、规制合法性、规制效率等。当然,这些问题在各国内部也是行政法项下讨论的内容。因此,规制合作一方面意在将现有的良好经验进行传播,另一方面客观上也将促进各国国内行政法的讨论和改进。或者说,规制合作在很多国家都具有国内和国际事务双重属性,将推进国内规制改革与参与国际讨论有机结合起来。⁶⁷

规制合作一般被作为一种横向的工作模式,同时也基于具体案例开展工作。如 APEC 内的玩具、食品安全等领域的规制合作等,先行通过较小范围内的沟通、形成经验性总结,然后在 WTO 等场合分享其经验。横向工作与具体案例相结合,使得规制合作不仅有了具体的案例支撑,也可以在短期内见到效益从而为规制合作提供充分的动力。短期内的效益非常重要,因为在当前国内政治力量乃至公众对自由贸易并不那么热心的情况下,纳税人也许无法直接理解规制合作指向的长期信息交流和非约束性的规制收敛的意义,而具体的案例则可通过具体的收益使长期的规制合作具有鲜活的内容、吸引力,从而为这项长期工作提供动力。

2. G20 的非正式机制

G20 是斯劳特教授认为的"政府间网络"理论的一个极佳的实践体现。她认为,相对于 WTO 等机构,G20"足够小以保证其效率,足够大以保证其代表性";G20 一方面汇集了各方的技术官僚,另一方面又获得了领导人的关注和支持,因此能够实有效地应对诸如金融危机、气候变化等诸多复杂议题。她甚至认为转基因这样 WTO 难以处理的难题都有可能在 G20 内找到解决方案。⁶⁸ 就日前的实践来看,G20 确实在全球治理中发挥了至关重要的作用,并因此成为"国际经济合作

---

⁶⁶ OECD 规制合作相关情况可参见其网站:http://www.oecd.org/gov/regulatory-policy/irc.htm, Sep. 30, 2015.

⁶⁷ 如美国总统一直推进国内规制改革(regulatory reform),参见美国预算与管理局信息与规制事务办公室网站 http://www.reginfo.gov/public/jsp/Utilities/index.jsp, Oct. 4, 2015, See;欧盟也在推进规制改革,See http://ec.europa.eu/smart-regulation/index_en.htm, Sep. 28, 2015.

⁶⁸ Anne-Marie Slaughter: Government Networks, World Order, and the G20, at http://www.uvic.ca/research/centres/globalstudies/assets/docs/publications/GovernmentNetworksWorldOrderandtheG20.pdf, Oct. 3, 2015.

的主要论坛"。

G20作为一种治理模式,在很多问题上仍在探索中,其中也不乏挑战。[69] G20的一个典型特征是其非正式性[70],这或许是它的一个局限,但也许是它的优势所在。一旦G20被赋予厚望,其机制化建设等问题也许被提上日程。此时,WTO面临的困境会摆在G20面前,而G20的非正式性也许正好可以允许它进行机制创新。在这一探索过程中,"规制合作"在起初应依然是主流模式,但不排除根据实践需要被注入新元素的可能性从而实现突破的可能性。[71]

3. 自贸区框架下的规制合作

自贸区项下的规制合作虽然也面临和多边场合类似的困难,但由于一般在国内政治和文化背景相近或具有重要政治、经贸利益的国家之间开展,相对而言还是更容易实现突破。

从现有的自贸区协定文本来看,一些国内体制较近或者加强贸易关系要求较强的成员间的自贸区谈判,在国内规制方面相对WTO技术壁垒协定而言确实有了一些积极的进展。很多自贸区协定就WTO的《TBT协定》、《SPS协定》现有协定的程序性要求进行了澄清。如自贸区协定规定评论的参与方明确为对方成员政府和"人"(person),而WTO规则中仅允许成员政府提交评论。自贸区协定还明确通报、评论的时间规定,而WTO规则仅有原则性规定,具体规定则通过非约束性的委员会决议提出建议。至于对成员对国内法规的评论意见的处理,WTO规则并无明确规定,有的自贸区协定已经要求公布对评论的反馈。如美澳自贸区协定在承认对方规制主权如保护水平自决权等的前提下,甚至明确规定对方拒绝另一方要求时应说明理由,拟议的措施应说明目的和理由等。此外,美韩自贸区则就相互开放标

---

[69] 比如,在大国格局上,原来全球经济治理主导者、特别是美、日能否以及如何坦然面对G20作用的日升,是一个需要继续观察的问题。参见洪邮生、方晴:《全球经济治理力量重心的转移:G20与大国的战略》,载于《现代国际关系》2012年第3期。

[70] 朱杰进:《G20机制非正式性的起源》,载于《国际观察》2011年第2期。

[71] 斯劳特将G20限于"规制合作"模式似乎将G20重新引向困境,比如在斯劳特看来,较少的公共性(less public forum than the WTO or U.S.-EU relations)是G20发挥有效作用的一个理由甚至前提,Anne-Marie Slaughter, supra note 68。这种观点仍是以西方三权分立政治模式导致的国内规制主权与自由贸易关系的紧张关系为出发点,且对该问题直接的解决方案予以回避。由此来看,G20旨在处理好国内规制主权与自由贸易关系问题上的探索,应基于但不能仅限于西方的主流理论。

准化组织等达成了一致。(72)

自贸区文本中,技术壁垒协定相关条款除体现在明确的《TBT 协定》、《SPS 协定》章节外,还大量体现于各具体领域,如电子商务、机械、电子、化学品等。这些领域内的谈判早已在 WTO 多哈回合谈判中提出,但进展迟缓,甚至基本停滞,而自贸区则重新赋予这些议题活力。比如,卫生与植物卫生委员会推动的旨在通过非约束性建议提供便捷的纠纷解决方案的临时磋商程序,也体现于自贸区安排中相关委员会或工作组的安排中。《TBT 协定》项下,多哈回合谈判中欧盟提出的独立的电子产品、化学品谈判提案,都已经在欧、韩等自贸区中作了相应安排。

另外,有些自贸区利用国内政治、体制以及国际立场相近的条件,明确纳入一些敏感议题。环境、劳工以及生产方法(PPM)等敏感议题是否受《TBT 协定》、《SPS 协定》管辖,一直存在争议。存在争议的问题在 WTO 内难免会被搁置,并进而实际上被排除在协定管辖之外。但在自贸区谈判中,成员可根据实际情况选择性纳入相关议题。除美、欧的跨大西洋贸易与投资伙伴协定(TTIP)自贸区一贯希望纳入环境、劳工标准外,欧、韩自贸区也已明确地将环境和劳工议题纳入其自贸区协定。

最后,必须指出的是,以上关于自贸区的考察仅以有限自贸区协定文本为对象,且这些自贸区是具有明显的政治、体制接近的成员间签署的,因此进展幅度较大。如果仅以这些自贸区文本为对象进行考察的话,难免会导致过于乐观的结果。实际上,在众多自贸区协定中,相关章节要么基本沿用了《TBT 协定》、《SPS 协定》的现有规定,要么干脆未作具体规定。即便就美、欧就目前的 TTIP 自贸区而言,食品安全、信息安全等规制合作也是困难重重。(73) 考虑到美、欧在荷尔蒙、转基因、

(72) WTO 现有规则仅要求标准化组织制定的标准对他国标准提供国民待遇,但对是否开放标准化组织并无明确规定。欧盟标准化组织对他国参与本国(地区)标准化组织的开放程度,尚低于目前美国自贸区谈判中关于相互开放标准化组织的要求,这应该是美国在其自贸区谈判中一直力推标准化组织开放的一个原因。

(73) 根据美国智库卡托研究所的研究报告,规制程序收敛、制造品规制、转基因、卫生与植物卫生措施、数据隐私保护等在美、欧自贸区谈判中最为困难。See Daniel J. Ikenson: The Transatlantic Trade and Investment Partnership: A Road Map for Success, *Free Trade Bulletin*, No. 55, October 14, 2013, at http://www. cato. org/publications/free-trade-bulletin/transatlantic-trade-investment-partnership-roadmap-success, Oct. 16. 2013. 另见 Shayerah Ilias Akhtar and Vivian C. Jones, Proposed Transatlantic Trade and Investment Partnership (TTIP): In Brief, July 23, 2013, Congressional Research Service, 7 ~ 5700, at http://www. fas. org/sgp/crs/row/R43158. pdf, Sep. 4, 2015.

数据保护等长期以来悬而未决的贸易纠纷、标准化管理体系等问题上的差别等,TTIP 的谈判起码在国内规制问题上,相对于关税这一待摘果实而言,实现实质性突破仍需做大量工作。另外,在卫生与植物卫生方面,美国甚至比 WTO 还有所倒退。考虑到国内农业利益的政治影响,美国开始在自贸区谈判中寻求比 WTO 更低的争端解决机制标准,以便使本国有更大空间根据国内政治需求解决农产品贸易纠纷。

4. 技术壁垒双边谈判

相对于自贸区,双边谈判更加具体、务实,也会回避自贸区的争端解决等敏感的机制性安排,所以更容易取得进展。

中美商贸联委会(JCCT)是美国贸易谈判代表和商务部部长及中国一位副总理为主席的双边贸易谈判机制。该机制在其存在的十年左右时间里,利用其定期的各种层级会议,处理了大量双边经贸事务。其中,世贸规则仍是双边磋商的重要基础,但 JCCT 内的磋商则比 WTO 内更为灵活和务实。很多贸易纠纷难题被提交 WTO,但在 WTO 内往往陷入口水战,最终的解决方案大都是 JCCT 达成的。比如,中美之间的包括无线局域网(WAPI)在内的信息安全纠纷大都提交 WTO,然后在 JCCT 项下进行实质性谈判。[74] 信息技术涉及信息安全和国家安全等复杂、敏感问题。《TBT 协定》等 WTO 相关协定能否有效处理此类

---

[74] WAPI 是中国政府出于信息安全考虑而拟于 2003 年 12 月强制实施的国家标准。在 2004 年 3 月的《TBT 协定》例会上,美国认为该标准与目前广泛采纳国际标准 IEEE 802.11(WIFI)有实质区别。为此,美国认为中国政府强制实施 WAPI 标准是对贸易不必要的障碍。中国代表则指出,WAPI 标准制定期间就已经与美方专家进行交流,专家认为 WAPI 标准是很好的安全解决方案。参见 WTO Committee on Technical Barriers to Trade, Minutes of the Meeting of, March 23, 2004, G/TBT/M/32, April. 19, 2004, para. 8–12. 随即,在 2004 年 4 月的中美商贸联委会上中方同意将推迟强制实施 WAPI 标准。参见 USTR: 2004 Report to Congress on China'S WTO Compliance, December 11, 2004, p. 43, at http://www.ustr.gov/archive/assets/Document_Library/Reports_Publications/2004/asset_upload_file281_6986.pdf, Sep. 11, 2015. 2011 年,美国再次就中国手机加装 WAPI(即手机可安装 WIFI,也可不安装,但必须安装 WAPI)提起关注,并表示尽管美国企业已经同意按照中国的要求加装 WAPI,但美国政府将继续对此表示关注。美国政府自 2004 年就担心,中国被允许在快速变迁的信息领域强制实施独特的标准将成为一种先例。See USTR: 2011 Report to Congress on China'S WTO Compliance, p. 51, at http://tbt.testrust.com/image/report/018/100018_2.pdf, Oct. 4, 2015,

贸易纠纷,是一个值得斟酌的问题。⑦时至今日,学界在相关问题上仍无太多实质进展。⑦ 从 WTO 规则的角度讲,直到今天 WAPI 纠纷也没有一个明确的说法,而在双边场合,WAPI 引发的贸易纠纷随时都可以得到讨论并较快、尽可能地予以化解,尽管有时候仅是彼此的妥协性安排,甚至是搁置议题。其他类似议题,如美国对中国密码管理条例、等级保护、银行业新规等的质疑,均以类似方式予以处理。

类似地,在中国对美出口管制关注中,如果中国质疑美国援引WTO 安全例外条款的做法并将其诉诸 WTO,未必会有明确有效的结果。⑦ 而通过双边场合,中国似乎也开始将其纳入一个可以商谈并谋求纠纷解决进展的轨道。⑦

除中美商贸联委会外,美、欧双边贸易谈判机制也值得一提。长期以来,美、欧主要通过跨大西洋对话解决其贸易纠纷。其间虽然体系性解决方案困难重重,但在具体问题上仍不断取得进展,如美、欧信息、医疗、电子等六个领域的互认协定等。虽然美、欧在国内法规透明度方面依然存在分歧,但仍将信息交流为主的规制合作为一种长期的工作内容,希望通过不懈的努力,在增加了解和互信的基础上,逐步消融规制差异的坚冰。⑦

四、多边贸易规则"合法性"问题再审视

技术壁垒协定因事关国家规制主权而遭遇多边规则谈判的冷凝

---

⑦ See Baisheng An, Intellectual Property Rights in Information and Communications Technology Standardization: High-Profile Disputes and Potential for Collaboration between the United States and China, *Texas International Law Journal*, Vol. 45, 2009. 类似地,韩国强制实施本国的 WIPI 标准引致的美韩纠纷也是通过双边途径得到"解决"。See Lee Heejin and Oh Sangjo, The political economy of standards setting by newcomers: China's WAPI and South Korea's WIPI, *Telecommunications Policy*, Vol. 32, Oct. 2008, pp. 662-671.

⑦ 现有的研究可参见 Zia K. Cromer: "China's WAPI Policy: Security Measure Or Trade Protectionism? *Duke Law & Technology Review*, 2005, No. 18.

⑦ 关于 WTO 案例例外条款的理解,参见安佰生:《WTO 安全例外条款辨析》,载于《国际贸易问题》2013 年第 3 期。

⑦ 参见商务部:《第 23、22 届中美商贸联委会中方成果清单》,at http://mds.mofcom.gov.cn/article/dzgg/,2015 年 9 月 11 日。

⑦ 关于美、欧双边规制合作情况,可参见安佰生:《标准化的全球治理:收敛的挑战》,RCCPB Working Paper #32, November 2012, at http://www.indiana.edu/~rccpb/pdf/An_RCCPB_32_Standards_Nov_2012.pdf, Aug. 13, 2015.

期,它甚至是 WTO 遭遇困境的重要原因之一。持续的、以必要性测试为靶子对 WTO 的批评,与美、欧对 WTO 等国际组织的"民主赤字"(democracy deficit)批评,联手将 WTO 推向尴尬的境地。对必要性测试批评与"民主赤字"如出一辙,都是从维护国内规制的角度,批评 WTO 侵蚀规制主权。⑧ 我们该如何看待基于必要性测试和"民主赤字"对 WTO 的批评呢?

(一)"民主赤字"批评的根源

西方学界对于包括技术壁垒协定在内的 WTO 规则合法性的批评,确有其国内法律根源。

国内规制与自由贸易的紧张关系,从根本上讲源于美、欧国内三权分立政治体系。根据西方(如美国)的三权分立原则和宪法授权,规制属国内事务,由立法部门负责;贸易则属外交事务,主要由行政部门负责。二者之间本无太多联系。但随着经济全球化的发展,规制开始与贸易联姻。经济全球化必然对他国国内市场产生准入需求,一国基于规制主权而对本国市场设置的准入障碍,如果从国家主权的角度说具有合法性的话,那么从全球化的角度说将对他国产生一种负外部性。解决这一负外部性,在经济全球化条件下已经成为一种国际公共物品。这一公共物品的提供需要各国通过谈判等方式提供,国内规制与贸易因此通过贸易规则发生关系。为参与国际谈判,国内负责规制的立法和负责外交的行政部门必须进行密切合作。但这种合作在分权制衡政治体系下面临的障碍可想而知。实践中,由于技术性强、人力需求大,立法部门越来越多地将国内规制事务和贸易谈判授权给行政部门,行政部门绕开了本应存在的障碍,主导了对外贸易谈判权,国内规制和贸易本应存在的障碍就这样被"轻松"跨越。这本身就为贸易谈判埋下

---

⑧ Kal Raustiala 认为,规制国家兴起,导致权力向行政部门倾斜,而行政部门通过其掌控的外交活动,避开了国内立法活动项下了严格监管,如国会授权立法和行政程序法以及司法审查的约束,参与国际立法并将其转化为国内立法。这一缺乏立法监督和公共参与的国际法立法过程,与国内法立法过程相去甚远,最终导致了多边体系的"民主赤字"。See Kal Raustiala, Sovereignty and Multilateralism, *Chicago Journal of International Law*, 2000, p. 418. Jeffrey Dunoff 也曾批评到"由非选举产生、无法问责的贸易官僚奇思怪想决定的、完全经由主权国家多数立法程序决定的法律与该国国际义务冲突,很难看上去与民主决策的大多数模式相契合。"See Jeffrey Dunoff, The Death of Trade Regime, *European Journal of Economic Law*, Vol. 10, No. 4, 1999, p. 758.

了隐患。尽管存在授权,但立法部门仍保留对国内规制管理权,司法部门也保留审查权。行政部门作为一个不被民主体系信任的政府分支促成的规制与贸易的联姻,往往被因行政部门自身无法通过民主途径获得价值偏好信息以及行政部门经常遭受的"俘获"指责,使西方国家贸易政策决策经常与国内政治决策发生冲突。

但是,国内法律根源尽管在操作上造成国内政治上的纷扰,但这并不能充分说明西方对多边贸易体系批评的根本原因。这是因为,"民主赤字"批评本身就存在争议。

首先,学界在指出国际体系"民主赤字"问题的同时,也认为多边贸易体系不仅不会影响国内民主,反而会增强国内民主。Sabino Cassese 认为,"国际法律秩序在国内行政程序方面给予本国及他国公民协商和干预的机会"⑧,从而可以使民主得到更多的保障。John McGinnis、Mark Movsesian 明确指出,"现行民主政府结构下,一国内保护主义利益集团,经常能利用政治程序追求以整体国家利益为代价为集团成员牟利的政策,而正是贸易体系对国内利益集团的这种俘获行为进行有效的约束,从而增强了国内措施的民主性。"⑧ E-U Petersmann 也指出贸易保护和其他针对国外的歧视,"为不透明的、为国内'寻租利益集团'之利益所驱使的力量政治(power politics)所驱动,并以广大消费者福利为代价。"而贸易协定则在一定条件下"有助于政府克服管制俘获、保护竞争的非歧视条件,从而造福公民"⑧。

更重要的是,纵观第二次世界大战以来乃至更早的贸易谈判不难发现,所谓"民主赤字"问题即便存在,也不是贸易谈判的唯一和核心关注。实际上,更接近现实的情况是,务实的经贸利益更实质性地承载了回应多边贸易体系"合法性"的任务。当然,利益不是单纯的贸易收益,也往往会经由各种包装后纳入理论认知和政治运作中。因此,贸易

---

⑧ See Sabino Cassese, Global Standards for National Administrative Procedure, *Law and Contemporary Problems*, Vol. 68, No. 4, 2005, pp. 109 – 110.

⑧ See John McGinnis, Mark Movsesian, The World Trade Constitution, *Harvard Law Review*, Vol. 114, 2000, pp. 515, 604. See also Edward Mansfield and Marc Busch, The Political Economy of Nontariff Barriers: A Cross-National Analysis, *International Organization*, Vol. 49, No. 4, 1995. p. 728.

⑧ See Ernst-Ulrich Petersmann, International Economic Law, "Public Reason", and Multilevel Governance of Interdependent Public Goods, *Journal of International Economic Law*, Vo. 14, No. 1, March 2011, pp. 28 – 29.

体系合法性的考察,应该从基于现实利益和认知接受的角度,考察国内对特定贸易体系的支持度,进而评判贸易体系的合法性。在这个过程中,应该考虑到,尽管国内达成一致是构建国际体系的前提,但这并意味着国际体系只是各国国内政治的简单和被动组合。国际体系自身所能提供的收益及其导致的风险,往往与国内政治形成互动,从而构成了国际谈判的进展过程。其整个过程基于不同时期的现实利益、思潮和政治运作而处于不断的变迁中。[84]

(二) 利益作为规则合法性背书:美国主导的贸易规则的利益轨迹

第二次世界大战以来美国主导的贸易规则体系无疑是基于其利益最大化考虑的。这个利益包括美国基于帮助其盟友进行战后经济恢复的国家安全利益,也包括国内利益集团游说政府进行贸易规则谈判,以便实现其产业内贸易收益。同时,美国的利益也在不断变化,而每一次变化都与认知的变化如影相随。

1. 战后初期美国的"顾全大局"

肇始于第二次世界大战期间的《租借法案》及战后西方阵营经济回复和遏制苏东影响(从而保障美国国家安全利益)[85],以及实现贸易利益的现实需求,为战后初期的贸易规则谈判提供了利益基础。第二次世界大战惨痛的教训使很多关税与贸易总协定(GATT)成员都意识到以邻为壑的贸易政策的危害,各方均有就多边贸易规则进行谈判的激励。在贸易领域,关税谈判涉及的是美、欧产业内贸易,主要是经济恢复期间美、欧工业恢复之后对国外市场的需求。

在认知上,"内嵌自由主义"(embedded liberalism)代替将世界引向混乱的自由放任主义,成为指导贸易谈判的主流思想。当时谈判进展之所以顺利,是因为成员在进行自由贸易谈判的同时,积极考虑了谈判

---

[84] See Jeffrey Dunoff, The Death of Trade Regime, *European Journal of Economic Law*, Vol. 10, No. 4, 1999, pp. 733 – 762.

[85] Ruggie 认为,GATT 谈判内含了源自1942 年《租借法案》的西方阵营合作以保证国内经济增长与社会稳定的政策诉求。See John Ruggie, International Regimes, Transactions, and Change: Embedded Liberalism in the Postwar Economic Order, *International Organizations*, Vol. 36, No. 2, 1982, p. 394; Stephen Krasnar, The Tokyo Round: Particularistic Interests and Prospects for Stability in the Global Trading System, *International Studies Quarterly*, Vol. 23, No. 4, 1979. pp. 491 – 531; Judith Goldstein and Joanne Gowa, US National Power and the Post-War Trading Regime, *World Trade Review*, Vol. 1, No. 2, 2002, pp. 154, 156.

成员所需处理的国内因素、特别是成员履行规则导致的国内调整压力。因此,作为当时谈判指引的自由主义被称为包含了国内社会因素的"内嵌的自由主义"。"内嵌自由主义"将贸易自由化与国内社会管理结合起来,认为贸易自由化应考虑国内社会问题。"内嵌自由主义"理论的首倡者 John Ruggie 教授指出,第二次世界大战之后的自由贸易体系在以自由主义为认知基础的同时,也考虑为成员国国内实现其社会目标提供空间这一需要,从而为成员在参与自由贸易体系的同时进行国内调整、保留其规制自主性和多样性预留了空间。[86]

美国学者认为,第二次世界大战之后的 GATT 关税削减之所以成功,在很大程度上应归功于美国的"顾全大局"。美国世界第一的物质力量及其对个别对自己不利条款的承载能力[87],以及美国的市场自由主义认知,均为战后贸易体系提供了坚实的基础。当然,美国作出这些努力、乃至"牺牲"的目的,在于取信于其他成员,以便共同维护多边贸易体系,从而使美国通过该体系实现其利益最大化。[88] 在美国财大气粗、"顾全大局"的安排下,贸易谈判一方面尽量收获贸易及其他利益,同时尽量回避国内调整压力(如农业等敏感领域没有被涉及,规制事务也没有实质性介入),对于英国殖民地时期的一些优惠安排、马歇尔计划等欧洲恢复等援助安排项下的自贸区性质的安排(如欧洲煤钢联盟)等与 GATT 规则不一致的地方,美国也是睁一只眼闭一

---

[86] See John Ruggie, International Regimes, Transactions, and Change: Embedded Liberalism in the Postwar Economic Order, *International Organizations*, Vol. 36, No. 2, 1982.

[87] 如 Stephen Krasner 认为,出于恢复西欧、日本经济以及对抗苏东等各方面考虑,美国作为大国承担了贸易自由化导致的对日本和西欧的成本。他认为,美国"相信更多的贸易机会将有助于经济重建,而经济重建则可使欧洲和日本更少受到内部或外部共产主义威胁。"对于日本,美国尤其给了很大宽容,因此"在上个世纪 50 和 60 年代期间,美国接受了日本大量贸易保护措施……展示了其长期的政治目标。"See Stephen Krasner, The Tokyo Round: Particularistic Interests and Prospects for Stability in the Global Trading System, *International Studies Quarterly*, Vol. 23, No. 4, 1979, pp. 494, 496.

[88] Judith Goldstein 和 Joanne Gowa 认为,美国第二次世界大战后虽然是超级大国,但其对贸易规则的承诺保证了大国进行欺骗时可允许小国进行制裁,从而鉴定了多边贸易规则体系的可信度。基于这一认识,美国在第二次世界大战初期通过世界银行、国际货币组织和 GATT 三大机构,努力构建国际经济体系,并承担了大量援助义务。随着 20 世纪 80 年代美国单边行动日益引发羽翼丰满的盟国的不满,美国又极力推动建立 WTO 争端解决机制,以便在"丧失"国家主权的奉献下接受国际机构约束,从而恢复了美国对多边体系承诺的可信度(当然,美国也认为其违反世贸规则的情况要少于其他成员)。See Judith Goldstein and Joanne Gowa, US National Power and the Post-War Trading Regime, *World Trade Review*, Vol. 1, No. 2, 2002, pp. 153 – 170.

只眼。[89] 因此,第二次世界大战初期多边贸易规则谈判才得以顺利开展。当然,美国是最大的受益者。

2. 东京回合:自由贸易成为一个笑话

东京回合开始,多边谈判开始进入一些新时期。此时,国际政治经济形势的一个主要变化是美国霸权地位式微。美国虽然无论从任何标准看都依然是世界第一,但其影响力已不如第二次世界大战结束初期。随着来自盟友经济竞争的增强,美国开始更多在贸易谈判中强调自身的经济利益。美国谈判者开始寻求有助于保护其国内弱势产业、寻找更多出口机会的贸易规则,如反倾销等。因此,从东京回合开始,多边谈判开始基于特定利益的分裂式谈判。此时,贸易谈判已经失去第二次世界大战初期的系统性和体系性,自私自利的局部利益安排成为谈判的主题,"美、欧成为主要的实用主义者"。[90]

自东京回合开始,关税减让继续进行,但边际下降幅度递减。实质性非关税谈判开始充斥了基于特定利益考虑的碎片化特征。其中,农业、补贴协定和对发展中国家的特殊与差别待遇条款"距离自由主义理念最为遥远"。谈判给予国内规制主权一定的考虑,但更多的也许是一揽子协定的产物,而非民主所应遵循的协商一致的产物。同时,相关原则、特别是最惠国待遇(MFN)等原则也开始遭遇侵蚀。自由贸易在此时已经成为一个"笑话"。[91]

对于广大发展中国家而言,市场开放导致的成本很明显不平衡,发展中国家承担了更多的负担。而战后三大体系中世界银行(WB)和国际货币基金组织(IMF)即便在最初对发展中国家看上去会有一些扶助,但其收益最终也没有得到证实。到乌拉圭回合,欺骗(如在纺织品问题上)和胁迫(如在知识产权问题上)则架空所谓的协商一致而成为对付发展中国家的一个常规武器了。

3. 对WTO"合法性"批评之批评

乌拉圭回合谈判显著的特征和最大的收获在非关税领域,其中特别包括技术壁垒协定(《TBT协定》、《SPS协定》)、服务贸易国内规制、

---

[89] See Stephen Krasner, *supra* note [87], p. 495.
[90] *Ibid.*, p. 515.
[91] *Ibid.*, pp. 491–531.

知识产权和争端解决机制的成立。尽管在国内规制主权与自由贸易的关系问题上,WTO 一如既往地承认各国规制主权,但技术壁垒相关协定以及争端解决机制,使成员的规制主权受到了很大约束。1996 年美国海龟案的裁决使美国国内经过立法和司法检验合法的立法被 WTO 裁决为非法,从而引发了关于国内规制主权与自由贸易义务的关系问题的讨论。⑫ 但当时成员也许对此并无充分的认识和准备,各方仍沉浸在乌拉圭回合的成就中。毕竟,欧盟在其理想主义的指引下将欧盟诸多经验搬到了多边贸易体系中,美国则实现了服务贸易开放和知识产权谈判的目的,同时受美国在 GATT 项下争端解决的优势地位影响,美国也达到成立更具约束性的争端解决机制的目的。但在随后的协定实施过程中,美、欧均开始发现他们在不断垒高 WTO 这个平台的同时,自己也陷入一种"骑虎难下"的境地。国内治理困境使 WTO 成了替罪羊和出气口,必要性测试、"民主赤字"批评开始占据上风。

既然美欧特别是美国开始质疑多边贸易体系的合法性问题,这不妨是一个系统性审视多边贸易体系合法性的机会。而今,世界经济格局仍处于深度调整期⑬,新兴经济体对多边贸易体系将产生何种影响,或者说,在新兴经济体话语权不断增强的情况下,曾经为美、欧等主导的多边贸易体系走向如何,均未尘埃落定。在这种情况下,对多边体系的考察,包括对其作为合法性的考察仍需不断深入,其中批判性地看待对民主合法性现有的质疑也是一个重要内容。

不过,在进行所谓合法性考察之前,我们也许首先该明确一下合法性考察的范围和标准问题。首先,合法性应该来自参与者国内政治的合法性。当成员国内政治权威与经济秩序构建中给予自由贸易一定地位,基于这一国内重构获得的合法性参与国际体系谈判就有了合法性的基础。其次,多边体系本身的合法性则应从多边体系的构建自身考察,不能以效率为由不合适地牺牲协商一致的程序价值,更不能基于胁

---

⑫ See Sabino Cassese, *supra* note ⑧, pp. 109 – 110.
⑬ 高虎城:《从贸易大国迈向贸易强国》,载于《人民日报》2014 年 3 月 2 日。

追和欺骗不恰当地分享/分担自由贸易的收益/成本。[94]最后,国内治理困境导致的所谓多边体系不能反映国内民主诉求,应该从国内寻求根源,而不是简单地将多边体系作为替罪羊。如果多边规则的确不能反映国内民主诉求,也有可能是主要成员的民主实践差异导致对多边规则的诉求不同。[95]

基于以上标准,不难看出,当前关于多边体系合法性问题的批评存在诸多问题。

首先,合法性问题早已存在。Jeffrey Dunoff 所说的作为 GATT 基础的三种认知:效率、公共物品和内嵌的自由主义本身也存在冲突,但仍然在很长时间内和谐共存于 GATT 体系内。或者说,导致贸易体系死亡的"贸易和……问题"实际上早已写入 GATT,而这些条款的存在即便之初就遭到批评,但并未导致贸易体系已死的判决。至于争端解决机制,即便美国当时推动建立该机制基于美国不会在未来诉讼中败诉太多的自信,但起码司法能动性问题美国是可以预见到的[96],将必要性测试作为 WTO 侵蚀成员国内规制主权,有一定道理但未免夸大其罪。因此,自由贸易和国内规制之间的矛盾问题,未必是一个必然导致贸易体系死亡的问题,而更应被视为一个如何进行协调的问题。

其次,学界对于贸易体系合法性的批评,与其说是法律的困境,不如说是缺乏利益的背书。起码,就服务贸易理事会关于必要性测试问题上的谈判而言,成员在该问题上的分野,很明显与其贸易服务开放的

---

[94] GATT 关税减让因为只要在美、欧等发达国家工业部门之间展开,这些部门基于各自优势开展产业内贸易,国内并无受冲击产业,也无调整压力。而发展中国家的开放并非完全基于比较优势,而更多是在国际货币基金组织(IMF)的所谓华盛顿共识推动下的开放。这一开放并无实质贸易收益,更多是承担了开放的国内调整压力和风险。See John Ruggie, International Regimes, Transactions, and Change: Embedded Liberalism in the Postwar Economic Order, *International Organizations*, Vol. 36, No. 2, 1982, pp. 400, 413 – 414.

[95] 西方学界关于"民主赤字"批评的主要原因是多边规则对国内规制问题的处理,而国内规制问题上目前最大的差异来自美、欧。二者之间的差异无法弥合,现有多边规则的理解和执行无论如何将遭遇美欧学界的质疑。这正如 Kalypso Nocolaidis 和 Michelle Egan 指出的:"欧盟和美国在[国内规制]谱系的两极,这在很长时间构成跨大西洋两个成员如何管理全球化的差异的原因。" Kalypso Nocolaidis and Michelle Egan, Transnational Market Governance and Regional Policy Externality: Why Recognize Foreign Standards, *Journal of European Public Policy*, Vol. 8, No. 3, Special Issue, p. 470.

[96] 关于 WTO 司法能动问题,参见程红星著:《WTO 司法哲学的能动主义之维》,北京大学出版社 2006 年版。

收益相关,而未必是一个单纯的必要性测试侵蚀国内规制主权问题。当美国主导的贸易体系不仅不能为其谋取贸易利益,反而影响了其国内政治平衡,使得出口部门利益难以以贸易收益抗衡国内规制利益,学界天生的对法律技术的坚守,自然会与国内规制利益结盟,勃兴其自国内规制被纳入多边贸易体系之初就频发的对贸易规则体系的批评。而若使贸易利益为贸易规则体系背书,则一方面需有确实可预见的贸易收益,另一方面也需要支持贸易利益的认知团体提供有说服力的法律技术论证,从而使贸易体系合法化。因此,这也许还是一个语义调整和建构过程。在这个过程中,如果必要性测试继续是一个重要问题,那么这个问题不应被视为国内规制主权和自由贸易的紧张关系的体现,而是一个二者如何协调、并存乃至相互促进的问题。

最后,关于利益问题,我们不妨有一个宽泛、长远和战略性的考量。第二次世界大战以来,多边贸易体系的推动者美国自始至终将利益作为其推动多边贸易体系的主要原因。纯粹理论上的"合法性"批评并非目前才有。但只有美国从多边贸易规则体系的收益大于国内的"减损","合法性"质疑即便存在,也不会构成对美国政策的实质性影响。美国当时理解的以及我们现在也应该考虑的利益起码可以包括以下几个方面:

信用收益:上个世纪30年代,各国以邻为壑的贸易政策使国际贸易规则体系全无信可言。第二次世界大战后,美国欲重建国际贸易规则体系,信心重建是首要任务。而美国本身是超级大国,其领导的信用建设首先需要自我约束。为此,美国发出了代价很高的信号,如允许其他成员维持其与原殖民地国之间的优惠安排、通过最强有力的争端解决机制约束自身的单边行动等。⑰ 因此,大国引领的信用建设在多边规则建设中是至关重要的,这也是其他成员寄予规则信赖,共建信用的前提和基础。

国家安全收益:第二次世界大战后,帮助西欧恢复经济、防止其受国内外共产主义影响,是美国维护自身国家安全的内在需求。朝鲜战

---

⑰ See Judith Goldstein and Joanne Gowa, US National Power and the Post-War Trading Regime, *World Trade Review*, Vol. 1, No. 2, 2002, pp. 153 – 170.

争爆发后,美国该方面需求又拓展至亚洲。因此,通过多边贸易规则体系,帮助其盟国恢复经济,是美国国家安全的有机组成部分。[98] 而今,与冷战时期相比,国家安全形势有所改变,来自贸易规则的国家安全收益也许应该调整为建立在经济相互依存基础上的国家安全保障。

动态贸易收益:应该看到,第二次世界大战后贸易自由化的收益大都来自产业内贸易,这符合基本贸易理论和当时的具体情况。基于贸易基本理论的谈判,应该对该理论有一个全面和深入理解,这就需要纳入动态比较优势的内容。为此,自由贸易的推动者需要具有动态和更具战略性的视野,同时不断根据经济形势的变化调整其规则建设的战略安排和贸易自由化议题选择。

国内政治收益:国内就业、汇率、健康、安全、环保等与贸易政策密切相关的问题一旦成为国内政治的热点时,国内选民的倾向将使贸易政策成为一个迫切的政治问题。选民基于个人经济状况的投票将使贸易政策选择成为彻头彻尾的政治问题。[99] 应该看到,农业问题几乎自始至终地是一个通过贸易政策寻求解决方案的政治问题;发展问题必需与贸易实质性挂钩(或者充实对发展中国家的特殊差别待遇),才能为贸易自由化提供必要的润滑剂,为发展中国家受自由贸易冲击国内进行重置(displacement)提供必要的条件和空间。

综上,所谓多边贸易规则体系合法性批评,即便不能说无中生有,也确有站不住脚的地方。而其背后的原因应该是美国影响力下降导致的无法使贸易体系收益内部化的结果,这既有欧盟、日本等美国昔日盟友的竞争,也有新兴经济体的不从。当然,美国并不是输不起(sore los-

---

[98] Ibid., pp. 491–531.

[99] See Edward Mansfield and Marc Busch, The Political Economy of Nontariff Barriers: A Cross-National Analysis, *International Organization*, Vol. 49, No. 4, 1995. p. 725. 国内选民往往对国际贸易政策并不关心,或者支持率不高。2008年的一项调查问卷显示,美国民众认为贸易对美国有好处的仅占53%,低于2002年78%的比率。其中,35%的人认为贸易协定是件好事情,48%认为是坏事情。See Raymond Ahearn and Ian Fergusson, World Trade Organization (WTO): Issues in the Debate on Continued U. S. Participation, Congress Research Service Report for Congress, June 16, 2010, at http://digitalcommons.ilr.cornell.edu/key_workplace, April 1, 2015.

er),而是想寻求其收益与责任的最佳匹配。⑩

五、总结与前瞻

曾经,在美国的主导下,西方各国以及后来的加入者从两次世界大战的惨痛教训,以及国内经济发展需求中,领悟到了稳定、不可逆的贸易自由化对于人类和平和繁荣的重要性,并为此作出了卓越的贡献。然而,国际政治经济形势的变迁,使得多边体系收益和责任分配发生了变化。与此同时,国内规制贸易规则被纳入多边体系后不久,即遭遇规制在国内政治(从而全球治理)中的危机期。⑩ 国内规制本身极具复杂性,百年来从侵权责任到立法规制的演变积累的经验本身尚需继续改进,同时又遭遇所谓"风险危机治理"新问题。⑩ 在这种情况下,对多边贸易规则体系"民主赤字"批评,很容易成为西方国家内部治理困境下极富政治诱惑力的"说辞"(rhetoric)。对现有规则的持续批评是必要和有益的,但一味地指责不仅无益而且有害。毕竟,经济全球化无法逆转,自由贸易对于国内就业、发展乃至稳定均已不可或缺。

就目前的现实看,"政府间网络"理论所描述的自贸区等双边谈判,确实可以基于体制和传统的相似性以及具体贸易收益的考量,在较小范围内和具体议题上取得更为务实的进展。不过,当前G20、APEC、自贸区以及双边等谈判,不仅自身尚在很大程度具有探索性,且与WTO的体系性等优势不可相提并论。为此,我们一方面应该积极参与、推动G20、自贸区等的谈判,另一方面也应考虑到只要成熟,各方

---

⑩ 就美国而言,贸易利益也将持续成为一个主要的考虑。美国国会的研究报告明确指出,美国在全球的影响力已经降低,如果美国抛弃WTO,在其他场合也未必能占上风,离开美国的WTO,也未必就不能运转。相反,从利益为国际规则合法性背书的角度看,即便美国因其无法像以前那样获益而质疑WTO的合法性问题,并不意味着其他国家不能从WTO规则获益。See ibid.

⑩ 关于技术壁垒在全球治理中的考察,可参见安佰生:《标准化的全球治理:收敛的挑战》,RCCPB Working Paper #32, November 2012, at http://www.indiana.edu/~rccpb/pdf/An_RCCPB_32_Standards_Nov_2012.pdf, Aug. 13, 2015.

⑩ 关于西方国家国内规制治理面临的困难以及风险规制问题,可参见〔美〕史蒂芬·布雷耶:《规制及其改革》,李洪雷、宋华琳、苏苗罕译,北京大学出版社2008年版;〔美〕史蒂芬·布雷耶:《打破恶性循环——政府如何有效规制风险》,宋华琳译,法律出版社2009年版;沈岿主编:《风险规制与行政法新发展》,法律出版社2013年版等。

会积极考虑将这些谈判成果汇总、上升为多边规则。毕竟,"多边方案虽然需要更多妥协,但是更为持久的安排。"因此,"只要可能,双边条约谈判就应该被放弃而倾向多边方案"[103]。区域主义和多边主义的讨论尽管似乎可以被调和为前者为后者提供素材,"绊脚石"成为"垫脚石","意大利面"最终回归"披萨",但也许那只是一种"期许"。[104] 毕竟,地区和双边规则虽有益于局部贸易自由化,且能短平快、务实地应对问题,但也有贸易规则体系碎片化的风险。而多边规则也许更契合经济全球化的内在需求,更符合全球发展与和平的诉求。

在当前国际贸易规则构建方面显得有些纷乱的理论和实践面前,中国等新兴经济体在经贸规则重构中的作用和影响在猜疑中不断增大,我们应该保持清醒的认识,努力对经济发展和规则谈判的现实和走势作出可靠的预判,特别处理好国内规制主权与自由贸易的关系,积极、稳妥地推进相关国际经贸规则谈判。

(编辑:张 亮)

The Conflicts between Domestic Regulatory Autonomy and Free Trade and Its Solutions: Initial Exploration on the Nature of Technical Barriers to Trade and the Trend of Rule-making

An Baisheng

【Abstract】 Technical barriers in the WTO are in their nature domestic regulations. The WTO rules provide that domestic regulations cannot constitute unnecessary barriers to trade, which are regarded as important provisions coordina-

---

[103] Rawi Abdelal and John Ruggie, The Principle of Embedded Liberalism: Social Legitimacy and Global Capitalism, in David Moss and John Cistenino (eds.), *New Perspectives on Regulation*, Cambridge MA: Tobin Project, 2009. p. 1560.

[104] 关于多边主义和双边主义的讨论,参见贺平:《地区主义还是多边主义:贸易自由化的路径之争》,载于《当代亚太》2012年第6期。

ting the relation between domestic regulatory autonomy and free trade. Due to the inherent intentions between domestic regulations and free trade, the implementation of the agreements on technical barriers is facing more and more serious challenges. In recent years, the WTO has admitted this situation and started to explore news approaches such as regulatory cooperation in order to address technical barrier to trade. Currently, initiatives on regulatory cooperation in the WTO have not been going smoothly. Trade partners are exploring the ways to address technical barrier mainly through free trade area (FTA) negotiations and other bilateral initiatives.

中韩 FTA 之 SPS 规范 个性 局限与效应

■ 肖 冰*

【内容摘要】 中韩 FTA 之 SPS 章只有六个条文,与大多数 FTA 之 SPS 规范相比,不仅条款数量少、内容过于简单,而且规制间接、范围狭隘且约束不足,具有明显的局限性。因而在文本层面,其现实效应与价值重点在于宣示中韩 FTA 对于 SPS 领域的纳入和双方的合作愿望,而非提高规制 SPS 规范的现实水平,可谓形式意义大于实质意义。在实施层面,一方面,受规制标准和约束程度的限制,其实施前景尚难预估;另一方面,SPS 领域的体制性合作及其所设空间,为未来双方的进一步合作与发展提供了无限潜能。

《中华人民共和国政府和大韩民国政府自由贸易协定》(以下简称为"中韩 FTA")已于 2015 年 6 月 1 日正式签署,目前两国政府将抓紧履行国内程序,力争于 2015 年底或 2016 年初生效。中韩 FTA 是我国迄今为止对外签署的覆盖议题范围最广、涉及国别贸易额最大的自贸协定,对中韩双方而言是一个互利、双赢的协定,实现了"利益大体平衡、全面、高水平"的目标。根据协定,在开放水平方面,双方货物贸易自由化比例均超过税目 90%、贸易额 85%。协定范围涵盖货物贸易、服务贸易、投资和规则共 17 个领域,包含了电子商务、竞争政策、政府采购、环境等"21 世纪经贸议题"。同时,双方承诺在协定签署生效后将以负面清单模式继续开展服务贸易谈判,并基于准入前国民待遇和

---

* 作者系东南大学法学院教授。

负面清单模式开展投资谈判。①

中国商务部在发布该协定签署消息的同时,高度评价其重要意义:一是将推动中韩两国经贸关系迈上新台阶。中韩两国地理相邻、经济互补性强,发展经贸合作具有得天独厚的有利条件和巨大潜力。建立中韩自贸区后,两国间商业活动和经贸往来会更加自由、便利和规范,这将成为两国进一步发挥经贸合作潜力的重要契机,推动中韩经贸关系实现更大飞跃。二是将促进中韩经济和产业链的全面融合。中韩自贸区的建立将使两国企业享受到更低的关税,拥有更大的共同市场。更重要的是,两国间贸易壁垒的取消和降低将促进两国经济和产业链的全面融合,从而充分利用各自优势,共同提升在全球市场的竞争力,携手向全球价值链的更高端迈进,在互利共赢的基础上实现共同发展。三是将推进区域经济一体化实现新发展。中韩自贸区作为整个东北亚地区的第一个自贸区,为推进中日韩自贸区、《区域全面经济伙伴关系协定》(RCEP)乃至未来亚太自贸区,走出了重要一步,将对加快东亚和亚太区域经济一体化进程产生积极的示范效应。同时,中韩自贸区也是中国"一带一路"战略和韩国"欧亚倡议"构想的重要连接点,对两国携手推动"一带一路"建设和欧亚大陆经济融合具有重要的推动作用。②

中韩 FTA 涵盖范围广、条款数量多、涉及行业领域繁杂,其中某些章节和条款属中国对外签订 FTA 首次涉及③,需要加以深入研究,以准确认知并把握其条款内涵;与此同时,由双方特殊利益需求所决定,中韩 FTA 不仅自身各章节之间的风格相去甚远,而且,某些章节条款无论是与中国已经签署的其他 FTA,还是与其他国家或地区既有的主流 FTA 相比,其内容均呈差异性色彩。"卫生与植物卫生措施"(Sanitary

---

① 《中韩自贸协定正式签署》,at http://world.people.com.cn/n/2015/0601/c1002-27087019.html.,2015 年 6 月 20 日。

② 商务部国际司:《中华人民共和国政府和大韩民国政府自由贸易协定 50 问》,at http://fta.mofcom.gov.cn/article/ftanews/201506/21870_1.html,2015 年 6 月 20 日。

③ 中韩 FTA 除序言外共 22 个章节,包括初始条款和定义、国民待遇和货物市场准入、原产地规则和原产地实施程序、海关程序和贸易便利化、卫生与植物卫生措施、技术性贸易壁垒、贸易救济、服务贸易、金融服务、电信、自然人移动、投资、电子商务、竞争、知识产权、环境与贸易、经济合作、透明度、机构条款、争端解决、例外、最终条款。此外,协定还包括货物贸易关税减让表、服务贸易具体承诺表等 18 个附件。其中,电子商务和地方合作方面的内容属中国与其他国家自贸区谈判中首次涉及,设立金融服务、电信服务单独章节亦属首例。

and Phytosanitary Measures，以下简称为"SPS"）章就是其中典型的例证，但尚未得到应有的关注。基于此，本文拟以中韩 FTA 之 SPS 章为研究对象，探析其规范的特有品质及其对于未来实施可能产生的影响，从而既为该协定的有效实施，也为中国未来参与其他 FTA 的此类实践提供经验和借鉴。

一、中韩 FTA 之 SPS 规范及其个性色彩

SPS 规范于中韩 FTA 单独成章，即第五章（以下简称为"SPS 章"），包括目标、范围和定义、WTO《SPS 协定》重申、技术合作、SPS 委员会、争端解决不适用共 6 个条文。④ 其中，第 5.1 条"目标"和第 5.2 条"范围和定义"属于体现共性的条款，即与其他 FTA 此类条款的"标配"表述和内容均无明显差异；但是，其余 4 个条文（第 5.3 条至第 5.6 条），与中国既有其他 FTA 相比，则或多或少表现出其个性化色彩。

（一）共性条款

1. 目标

涵盖四项内容：将 SPS 规范对双边贸易的消极影响减少到最低程度，保护各自境内人类、动物和植物的生命健康；提高双方实施 SPS 规范的透明度并增进相互了解；加强双方负责本章事务的主管机构间的合作与交流，以及促进 WTO《SPS 协定》的实施。

2. 范围和定义

"适用于双方所有可能直接或间接影响双边贸易的 SPS"和所有概念均等同于 WTO《SPS 协定》的定义。

（二）个性内容

1. WTO《SPS 协定》的重申

中韩 FTA 第 5.3 条规定："除本章另有规定外，《SPS 协定》应适用于双方，并纳入本章作为其组成部分。"该"重申"本身属于通用条款的范畴，但与此同时，由于"本章另有规定"内容有限——只有其以下第

---

④ 即中韩 FTA 第 5.1 条至第 5.6 条。

5.4~5.6条三个条文,而且这些条文均不涉及对于SPS的直接规制(下文详述),因而显示出中韩双方在SPS领域并无超越WTO约束水平的愿望。比较而言,中国已经签署的其他FTA⑤,有的此类"重申条款"中,不仅重申《SPS协定》权利义务,还进一步规定"双方承认并执行WTO之SPS委员会通过的关于实施《SPS协定》的决议",如中国—哥斯达黎加FTA和中国—秘鲁FTA;有的则通过直接规制SPS的多项具体要求,来反映彼此间对于《SPS协定》规则的增进,如中国—东盟、中国—澳大利亚FTA之SPS章的"透明度"条款,中国—瑞士FTA之SPS章的"检查和认证体系"条款,中国—新加坡FTA之SPS章的"区域化"安排和中国—新西兰FTA之SPS章的"等效性"、"适应地区条件"、"风险分析"及一系列《实施安排》所确定的内容,等等。

2. 技术合作

题为"技术合作"的第5.4条,是中韩FTA之SPS章具有实体内容的两个条款之一,重点确立合作领域和合作事宜。双方同意在风险分析、疫情监管与控制、微生物与农药残留检测等领域加强合作并开展联合研究,共同确保进出口食品安全。就其内容而言,与其他FTA相比,虽然其中具体合作事宜及所设前提条件有雷同之处,但一方面,其合作定位仍略显克制:中国签署的其他FTA,对于SPS领域的合作,多数定位于"应加强"(中国—冰岛FTA、中国—瑞士FTA、中国—新加坡FTA)、"同意加强"(中国—哥斯达黎加FTA)、"同意开展"(中国—秘鲁FTA)或"应当探讨进一步合作机会"(中国—新西兰FTA、中国—澳大利亚FTA),而中韩FTA,则谨慎地表述为"双方同意探索在SPS领域的合作机会";另一方面,对于具体合作事项,也保守地附设"适当考虑"和"应以双方同意的条款和条件为基础"的要求。

3. SPS委员会

该条款是中韩FTA之SPS章中的另一个实体条款,同时也是所有FTA之SPS章最常见的条款,意图通过成立SPS委员会,明确技术磋商程序及渠道,以及时解决贸易中出现的技术壁垒问题。一方面,中韩

---

⑤ 截至2015年6月30日,除内地与香港、澳门的更紧密经贸关系安排(CEPA),以及大陆与台湾的海峡两岸经济合作框架协议(ECFA)外,中国对外签署自贸协定11个,分别是中国与东盟、新加坡、巴基斯坦、新西兰、智利、秘鲁、哥斯达黎加、冰岛、瑞士、韩国和澳大利亚的自贸协定。目前仅韩国、澳大利亚自贸协定尚未实施。

FTA虽然在机构设置和委员会会议的定期召开上⑥,与其他FTA保持一致;但另一方面,其在委员会目的和职能上,却体现出明显的个性特色:(1) 就委员会目的,所有中国签署的其他FTA都确定为"管理/推动/监督本章的执行/实施",但中韩FTA则强调"该委员会的目的是促进各方对《SPS协定》的实施……"(2) 大多FTA所确定的委员会职能范围是SPS领域的广泛交流与合作,但中韩FTA重点限定于与科学风险评估相关具体SPS事务的技术合作与磋商方式。⑦

4. 争端解决不适用

中韩FTA第5.6条只有一款规定,即"对于本章下产生的任何事项,任何一方都不得诉诸于第20章(争端解决)"。由此,对于该章争端,中韩FTA并无新增解决方式,仅于"SPS委员会"条款中,规定了设有一系列限制性条件的"技术磋商"的可能性⑧;同时又明确排除了协定本身争端解决机制的适用。

SPS章"争端解决不适用"条款在全球范围的FTA和中国参与签署的FTA中较为少见。从全球范围的FTA来看,虽然不少双边或区域贸易协定设有此类"争端解决不适用"条款,但绝大多数,一是于贸易救济措施章节规定专门针对其中"两反一保"措施所适用的争端解决机制⑨;二是区分缔约方所采取的贸易救济措施的不同根据——WTO相关协定或该FTA自身的规定——分别适用不同的争端解决机制,前者排除对于本协定项下争端解决机制的适用⑩;三是对于新增谈判议题(如竞争、环境和劳动等)所涉争端,排除争端解决机制的适用。⑪ 从中国已签署的FTA来看,除中韩FTA首创此类条款之先河,之后签署的中澳FTA也有这一规定外,并无他例。不仅如此,中国—秘鲁、中

---

⑥ 均为由双方SPS主管机构代表组成的联合管理机构,一般称为"SPS委员会",只有中国—新西兰FTA称作"联合管理委员会"、中国—新加坡FTA称作"联合工作组"。同时,双方在各自的主管机构指定联系点,以便日常沟通和委员会会议的召开。

⑦ 参见中韩FTA第5.3条的序言和八项职能规定。

⑧ 中韩FTA第5.3条中规定:"当一方认为另一方SPS的实施已造成或可能会造成任意、不合理的歧视或变相限制,应一方要求,如必要,考虑以委员会同意的条款和条件开展技术磋商,以寻求合理解决双方共同关心的卫生与植物卫生问题。此类磋商应在提出磋商要求后的合理时限内举行。"

⑨ 例如北美自由贸易协定(NAFTA)。

⑩ 如中国—冰岛、中国—哥斯达黎加FTA。

⑪ 中国既有FTA大多数是这样规定的。

国—瑞士 FTA 在特别约定"技术磋商"之争端解决的同时,还专门规定:虽有"技术磋商"规定,但双方都可以直接诉诸本协定项下争端解决规定的争端解决机制。⑫

二、中韩 FTA 之 SPS 章的局限性

由中韩 FTA 之 SPS 章上述条款个性推衍开来,笔者认为,其 SPS 规范具有明显的局限性,大致反映在以下三个方面:

(一) 条款数量少、内容过于简单

首先,与中国既有其他 FTA 之 SPS 章相比,中韩 FTA 的条文数量最少,架构也相对简单,特别是与中韩 FTA 自身条款数量多、涵盖范围广、内容丰富的整体特色不相匹配。

中国已签署其他 FTA 之 SPS 规范结构一览表(按签署时间顺序)

缔约他方	SPS 条文结构与数量	主要条款
智利	第 7 章,共 7 条	目的、范围、主管机关、一般条款、透明度、委员会、定义
巴基斯坦	第 6 章,共 7 条	定义、目的、范围、主管机关、透明度、协调等效和互认、委员会
新西兰	第 7 章共 16 条 + 《实施安排》	定义、目的、范围、国际义务、实施安排、主管机关和联系点、风险分析、适应地区条件、等效、验证、进口检查、合作、通知、信息交换、联合管理委员会
新加坡	第 7 章,共 14 条	定义、目的、范围、主管机构和联系点、《SPS 协定》重申、区域化、信息交流与合作、国际标准、合格评定程序、等效、透明度、联合工作组、保密、管理职权保留、关于附件的最终条款

---

⑫ 参见中国—秘鲁 FTA 第 91 条第 3 项;中国—瑞士 FTA 第 7.11 条。

(续表)

缔约他方	SPS条文结构与数量	主要条款
秘鲁	第6章,共14条	目的、范围、《SPS协定》重申、定义、一般条款、协调、等效、风险分析和适当保护水平确定、承认非疫区、透明度、技术合作、委员会、技术磋商和争端解决、主管机关
哥斯达黎加	第6章,共11条	目的、范围、定义、《SPS协定》重申、区域化、等效、风险分析、控制检查批准程序、透明度、技术合作、委员会
冰岛	第19条,共9项	目的范围、《SPS协定》重申、主管机构联络点、等效、合作、快速磋商
瑞士	第7章,共12条	目的、《SPS协定》重申、范围定义、协调、适应地区条件、检查认证体系、技术合作、委员会、技术磋商、附带协议、联络点
东盟	第2章,共14条	目的、范围、定义、通用条款、风险分析、协调一致、区域化、等效性、透明度、技术合作、主管机构和联系点、实施、修订或后续国际协议、争端解决
韩国	第5章,共6条	目的、范围与定义、《SPS协定》重申、技术合作、委员会、争端解决不适用
澳大利亚	第5章,共11条	目的、范围、定义、国际义务、透明度、合作、区域化和等效性;控制、检验和批准程序;技术援助和能力建设、磋商和争端解决、委员会

其次,考察目前全球起主导地位的 FTA 之 SPS 规范,可以发现,如此简单的 SPS 章及其规范内容,形式上似乎更接近于美式现行 FTA 之 SPS 规范的简约模式。在美国现行有效 FTA 的 13 个 FTA 中,除 WTO 法正式实施之前缔结的北美自由贸易协定(NAFTA)之外,大多数 FTA 之 SPS 章或 SPS 规范都具"简约"特质:(1) 针对 SPS 事务的规范范围明显较小,不解决任何特定的 SPS 争端或问题;也没有建立任何用以解决相关 SPS 纠纷的争端解决程序。(2) 内容重点是关注并重申各方在 WTO《SPS 协定》中的权利义务,同时为咨询或解决问题建立 SPS 常设

委员会。[13]

美国现行 FTA 之 SPS 规范要点[14]

缔约他方 (生效时间——月/日/年)	SPS 规范(体例和要点)
加拿大—墨西哥(01/01/1994)	SPS 节(第7章第二节):适用范围、与其他各章关系(国民待遇、进出口限制、一般例外)、依靠非政府实体、基本权利义务、国际标准与标准化组织、等效性、风险评估与合理的保护水平、适应地区条件、控制检验与批准程序、信息的通报公布与提供、技术合作、对信息提供的限制、SPS 委员会、技术磋商、定义
约旦(12/17/2001)	无 SPS 章,但在一份独立的有关 WTO 问题的共同声明中,鼓励 SPS 等效性问题的磋商
新加坡(01/01/2004)	无 SPS 章,但在各方承诺的序言中都宣称减少对于贸易的技术和 SPS 壁垒
智利(01/01/2004)	SPS 章(第6章):《SPS 协定》重申;设立双边委员会,用以加强相互间 SPS 的理解和为 SPS 事务提供广泛、定期咨询
澳大利亚(01/01/2005)	SPS 章(第7章):内容与美国—智利 FTA 相同。另含附件建立动植物卫生常设技术工作组,用以指导处理各方在规则制定中提起的所有与贸易有关的 SPS 事务和风险评估过程。换文同意就确保有关疯牛病的科学基础国际标准的合作
摩洛哥(01/01/2006)	第3章 B 部分:《SPS 协定》重申;换文希望通过解决摩方对于牛肉和禽类中抗生素及其他物质的担心来便利美国的牛肉和禽类出口

---

[13] 关于美式现行 FTA 之 SPS 规范模式以及分析,参见肖冰:《新型 FTA 之 SPS 规范的特色与问题——以美欧中 FTA 的对比为线索》,载于《WTO 法与中国论坛年刊》,知识产权出版社 2015 年版,第 60~75 页。

[14] See Renée Johnson(Specialist in Agricultural Policy), Sanitary and Phytosanitary and Related Non-Tariff Barriers to Agricultural Trade, March 31, 2014, Congressional Research Service 7 ~ 5700, pp. 8 - 9, at http://nationalaglawcenter. org/wp-content/uploads/assets/crs/R43450. pdf, May 7,2014.

(续表)

缔约他方 (生效时间——月/日/年)	SPS 规范(体例和要点)
多米尼加共和国—中美洲 (03/01/2006、01/01/2009 分别生效)	《SPS 协定》重申;建立委员会,同时指定各国的代表机构。相关换文同意在科技工作上与美合作以获得禽类市场准入;明确多米尼加共和国不得授予或拒绝基于 SPS 担忧的进口许可证,国内采购要求,或自由裁量标准,并应执行独立于其进口许可证体制的任何 SPS
巴林(08/01/2006)	SPS 章(第 6 章):《SPS 协定》重申,无 SPS 委员会
阿曼(01/01/2009)	《SPS 协定》重申,无 SPS 委员会
秘鲁(02/01/2009)	SPS 章(第 6 章):《SPS 协定》重申,设立 SPS 委员会;并附一系列换文
哥伦比亚(05/15/2012)	同上
巴拿马(10/31/2012)	SPS 章(第 6 章):《SPS 协定》重申和设立 SPS 委员会。巴方接受美肉类和禽类审查制度的等效性;根据可接受的国际标准对所有美牛肉和禽类及相关产品提供准入;对美加工食品简化进口文件要求;和确认美国牛肉分级制度,等等
韩国(03/05/2012)	SPS 章(第 8 章):《SPS 协定》重申和设立 SPS 委员会

(二) 规制间接且范围狭隘

与其他 FTA 之 SPS 章相比,中韩 FTA 在内容上最显见的特征,是没有涉及任何直接规制 SPS 的规定。如前所述,除重申《SPS 协定》权利义务外,中韩 FTA 的实体内容只有关涉体制性安排的"技术合作"和"SPS 委员会"两个条文。

首先,就技术合作而言,其一,目的是为了"增进对彼此管理体制的相互了解,并最大程度减少对双边贸易的消极影响";其二,事项重点是经验、信息、人员之间的交流和特定研究领域内的成果分享;其三,对于此类合作,如前所述,协定只要求"探索合作机会",同时强调"应以双方同意的条款和条件为基础"给予"适当考虑"。

其次,就建立 SPS 委员会而言,其核心在于通过委员会建立并加强双方 SPS 主管机构之间的联系，从而促进相关 SPS 事务的处理和《SPS 协定》的实施。该条款在有关委员会职能的款项中虽然有一些看似具体的规范要求，但其一，直接规制对象是委员会这一联合管理机构，而非缔约方本身；其二，规范同时均附设了不同程度或形式的弹性条件。⑮ 例如，该条第 3 项中就解决双方共同关心的 SPS 问题时，对于开展技术磋商，不仅设有"应一方要求"和"如必要"的前置条件，还设有"以委员会同意的条款和条件"等限定要求。

"技术合作"和"委员会"条款均属体制建设范畴，对于缔约方 SPS 的制定和实施并无直接规制作用，而且，这些体制安排本身尚处初始探索阶段，范围和程度均十分有限。

（三）约束力不足

FTA 规范的约束性，除条文本身的实体规定外，主要受制于争端解决机制的效力范围。由于"争端解决不适用"条款的明示排除，中韩 FTA 第 20 章自身创设的争端解决机制不具有约束其 SPS 章下任何事务的效力；与此同时，有鉴于中韩 FTA 之 SPS 章第 5.3 条直接将《SPS 协定》纳入为组成部分，所以，其"争端不适用条款"意味着，未来中韩 FTA 之 SPS 争端的解决，需要根据是否与《SPS 协定》相竞合的争端事项区别对待：如果竞合，双方可以且只可以选择 WTO 争端解决机制寻求解决；如果不竞合，则除双方之间友好协商外，别无救济途径。当然，由中韩 FTA 的实体内容所决定，后一种情形只会出现在"技术合作"和"委员会"的特定范围之内。换言之，中韩 FTA 之 SPS 章不同于《SPS 协定》的"另有规定"并无争端解决机制的应有约束保障。

需要说明的是，上述对于中韩 FTA 之 SPS 规范的个性归纳和局限总结，是与当今全球大多数 FTA 之主流 SPS 规范（包括但不限于中国签署的 FTA）相比较的结果，但就韩国自身 FTA 而言，则属常态化的通例。截至 2015 年 6 月 30 日，韩国签署了 15 个 FTA，其中 11 个已经生效。

---

⑮ 参见中韩 FAT 第 5.4 条项下的委员会职能规定。

韩国已签署 FTA 之 SPS 规范结构一览表⑯

缔约他方（生效时间）	SPS 条文结构与数量	主要条款
智利（04/01/2004）	第 8 章，共 12 条	定义、一般规定（目标+《SPS 协定》一致）、《SPS 协定》权利/义务重申、国际标准与协调、风险评估和适当 SPS 保护水平确定、适应区域条件、控制检查批准程序、透明度、委员会、技术磋商
新加坡（03/02/2006）	第 7 章，共 1 条 4 款	《SPS 协定》重申、联络点
EFTA⑰（09/01/2006）	第 2.7 条，共 2 款	《SPS 协定》重申、联系点
东盟（06/01/2007）	第 14.2 条，共 1 款	信息、人才和技术等领域的合作
印度（01/01/2010）	第 2.8 条（含技术性贸易壁垒规范），共 4 款	《SPS 协定》重申重申、目标、合作、争端解决限制
欧盟（07/01/2011）	第 5 章，共 11 条	目标、范围、定义、《SPS 协定》重申、透明度和信息交换、国际标准、进口要求、与动植物卫生相关的措施、动物福利合作、委员会、争端解决不适用
秘鲁（08/01/2011）	第 6 章，共 9 条	目标、适用范围、《SPS 协定》重申、等效、适应区域条件、委员会、争端解决不适用、定义
美国（03/05/2012）	第 8 章，序言+4 条	目的、范围、重申、SPS 委员会、争端不适用
土耳其（05/01/2013）	第 2.10 条，共 3 款	《SPS 协定》重申、非以武断或不合理的歧视或变相贸易壁垒方式实施 SPS、争端解决不适用
澳大利亚（12/12/2014）	第 5 章 B 节，共 6 条	范围、《SPS 协定》重申、联络点、技术会议、合作、争端解决不适用
加拿大（01/01/2015）	第 5 章，共 5 条	目标、范围、《SPS 协定》重申、争端解决不适用、委员会

⑯ 根据韩国官方网站（http://www.fta.go.kr）公布的文本资料整理，包括已生效的 11 个 FTA 和已签署尚未生效的 FTA。at http://www.fta.go.kr/main/situation/kfta/lov5/cl/ and http://www.fta.go.kr/main/situation/kfta/lov3/co/1/1/，2015 年 7 月 20 日。

⑰ 欧洲自由贸易联盟（European Free Trade Association，EFTA），又称小自由贸易区、七国集团、七国联盟。是指由英国、瑞典、挪威、瑞士、奥地利、丹麦和葡萄牙组成的自由贸易区。

(续表)

缔约他方 (生效时间)	SPS 条文 结构与数量	主要条款
哥伦比亚	第5章,共5条	目标、范围、《SPS 协定》重申、风险评估、委员会
中国	第5章,共6条	目标、范围与定义、《SPS 协定》重申、技术合作、委员会、争端解决不适用
新西兰	第5章,共6条	目标、范围、《SPS 协定》重申、委员会、联系点、争端解决不适用
越南	第5章,共6条	目标、范围和定义、一般条款(《SPS 协定》重申+非以武断或不合理的歧视或变相贸易壁垒方式实施 SPS)、技术合作、委员会、争端解决不适用

可见,韩国 FTA 之 SPS 规范总体结构简单,内容以宣示性的合作为主,多含"争端解决不适用"条款,也由此构成韩式 FTA 之 SPS 规范的"低标准"特质——维持在 WTO《SPS 协定》的既有水平,并与其农产品市场的审慎开放保持一致。

三、中韩 FTA 之 SPS 章效应预估

由上述局限所决定,笔者认为,对于中韩 FTA 之 SPS 章的文本效用不宜放大,未来实施前景尚有待观察。

(一) 文本效应

客观地说,中韩 FTA 之 SPS 章,因缺失直接规制 SPS 的实体规范,也缺失对于体制安排的应有约束,因而对实现中韩 FTA 的"利益大体平衡、全面、高水平"目标并无明显贡献。

依文本现状,第一,于 SPS 的规制层面,中韩 FTA 之 SPS 章仅仅定位于恪守《SPS 协定》已有水平,既无提高规制门槛的举措,亦无增进《SPS 协定》实效的努力;第二,于 SPS 体制合作层面,中韩 FTA 之 SPS 章所表达的,是颇为谨慎的尝试意愿——"探索合作机会"、"委员会力求加强双方联系",因而不仅与中国签署的 FTA 存在差距,也比不上韩国已签署 FTA 的高水平 SPS 规范,同时落后于全球 FTA 之 SPS 章的平

均水准和发展潮流。

进言之,其一,与中国现有FTA之SPS章的差距已如前述;与韩国现有FTA,特别是与韩国—欧盟FTA、韩国—秘鲁FTA之SPS规范相比,其规制水平亦为逊色。以韩国—欧盟FTA为例,其SPS章共含11个条文:目的、范围、定义、(重申《SPS协定》)权利义务、透明度和信息交换、国际标准、进口要求、与动植物健康有关的措施、动物福利之合作、SPS委员会、不适用争端解决。其中,第5.5~5.9条为直接规制缔约方SPS的实体规范;第5.10条"委员会条款"明确规定其对本章实施进展的监督权能。其二,尽管在形式上,中韩FTA之SPS章近似于美式现行FTA模式[18],但一方面,美式现行FTA之SPS章本身虽然不涉及具体SPS问题,但却往往是利用谈判过程或随后的批准、实施期间,通过协定附件、独立协议或者换文的方式来解决的。例如,美国—澳大利亚FTA的SPS章中,只重申WTO权利义务和设立委员会。而在其附件中,设立了动植物卫生常设工作组,旨在为解决双边动植物卫生的特定事务提供解决平台以便利贸易,同时从事风险评估和规制程序等等事务。双方谈判期间,美国当局还从澳方获得一项承诺:将简化阻碍美国猪肉、柑橘、苹果及核果的进口审查程序。同时,换文中,双方同意在获得有关疯牛病的具有科学基础的国际标准方面进行合作。[19]另一方面,由美国积极主导和推动的最新FTA谈判——被视为新型FTA发展风向标的《跨太平洋战略经济伙伴关系协定》(Trans-Pacific Strategic Economic Partnership Agreement, TPP)和美欧联袂高调启动、力图构筑史上最大FTA的《跨大西洋贸易与投资伙伴协议》(Transatlantic Trade and Investment Partnership, TTIP),均将其SPS章定位于既"超越"《SPS协定》的规则或权利义务,也"超越"美国现行FTA下SPS规范的新型SPS体制,即所谓"超WTO"(WTO-Plus)或"超SPS"(SPS-Plus)。就TPP之SPS规范而言,其SPS章意欲超越的重点,一是建立新机制、增加新内容,如要求通报所有新措施,后备测试的自动权利规定等;二是特别强调规则的可执行性,强调在现有争端解决和执行体制

---

[18] 韩国—美国FTA之SPS章为第八章包含序言和4个条文:序言为其目的宣示;正文4个条文为:范围、重申(《SPS协定》和其他相关协定之现有权利义务)、SPS委员会、争端解决(不适用)。其中,SPS委员会条款与中韩FTA所规定内容基本相同。

[19] Renée Johnson, *supra* note [14], p.8.

上有进一步突破。而 TTIP 所谓"野心勃勃的 SPS-Plus 章",更是体现出美欧在 TPP 之"WTO-Plus"基础上再加超越的取向定位。除在规制范围和程度上的加强和超越外,其野心彰显于两方面:一是务实角度,解决美欧间长期存在的 SPS 问题;二是战略角度,实现美欧间不同 SPS 监管体制的兼容与合作。正如欧洲智库欧洲国际政治经济研究中心主任弗雷德里克·埃里克松所说,"统一双方的食品安全标准、药品监管认证、专利申请与认证、法规和认证等,可以让欧美市场更好地融为一体。"[20] 由此,无论是 TPP,还是 TTIP,在所有涉及 SPS 事务范畴的问题上,均呈现出不满足于 WTO 和现行美式 FTA 之 SPS 规范框架的立场倾向,并将其"超越"的走向定位于强化 SPS 规范约束贸易壁垒的功能角度,以不断扩大和加深对贸易自由化利益的保护。相较 TPP,TTIP 意图走得更远,不仅立足于规范义务的扩大,更执着于规范体制的融合。

(二) 实施前景

有鉴于中韩 FTA 的文本现状,其实施前景似应从两个不同的层面加以预估:

在显性的现实层面,其一,由于中韩 FTA 之 SPS 章文本价值的重点在于宣示中韩 FTA 对于 SPS 领域的纳入和双方的合作愿望而非提高规制 SPS 的现实水平,可谓形式意义大于实质意义,因而其实施与否既无显见意义,也没有明确的衡量标准。换言之,在双方体制性合作具有实质成效之前,就 SPS 规范的刚性约束而言,仍然依赖于双方作为 WTO 成员和将《SPS 协定》权利义务纳入 FTA 的结果,而非中韩 FTA 之 SPS 章。

其二,由中韩 FTA 之 SPS 章"技术合作"和"SPS 委员会"的软条款实质所决定,合作体制的建立,固然可以为扩大双方 SPS 领域利益创设空间,但其实施前景尚难预估,只能根据双方未来对于合作机会的把握和彼此间的实际联系,特别是根据第 5.5 条第 4 项成立 SPS 委员会及其职责范围的广度和深度再作判断。

---

[20] 宋媛:《TPP 外,美国又捧出 TTIP》,载于《国际先驱导报》(电子版)2013 年 3 月 22 日 ~28 日,第 23~24 版,at http://www.jdqu.com/read-16385-23.html,2014 年 5 月 5 日。

需要特别说明的是,在潜在的体制建设层面,尽管 SPS 章对于中韩 FTA 作为"一个包含实质性自由化和广泛领域的高水平、全面的自贸协定"并无增进作用,但也无损对于中韩 FTA 高水平自由化的整体评价。因为,FTA 水平的高低是相对的,不能只看其中某一个行业或领域,也不能只看相对的自由化比例;而且,维护开放和保护之间的精细平衡,是任何 FTA 不可或缺的基点,中韩 FTA 也不例外。一方面,中韩 FTA 实现了开放水平最大化。中方除部分化工产品、机电产品、钢铁等产品外,韩方除部分农水产品、纺织品和服装、木材及木制品等产品外,其他非高度敏感产品都将逐步取消关税。另一方面,中韩两国都各有一些高度敏感产品。经过反复深入磋商,双方最终在确保利益大体平衡的原则下,妥善解决了高度敏感产品问题。从双方降税安排看,中方的高度敏感产品主要是汽车、机械、化工、钢铁、电子等制造业领域的一些中高端产品,韩方的高度敏感产品主要集中在农水、纺织、汽车等领域。双方针对各自不同敏感度的产品,通过过渡期、部分降税、关税配额、例外等方式,进行了有区别的妥善处理和保护。[21] SPS 规范的规制水平与农产品贸易戚戚相关,农产品及相关产业的强保护必然与 SPS 的弱规制如影随形。[22] 中韩 FTA 中,韩国农水产品开放程度不高,是韩国已签署的 FTA 中所承诺的农产品关税减免比例最低的[23],与韩方所秉持的保护立场和基本利益相契合,SPS 章的审慎尽在情理之中。更何况,如前所述,其中"技术合作"和"SPS 委员会"为双方 SPS 领域的体制性合作和规制水平的提高都留下了可能的空间,并由此为双方未来的进一步合作与发展提供了无限潜能。

(编辑:崔勇涛)

---

[21] 商务部国际司,同注②。

[22] SPS 是限制农产品贸易的最惯常手段。正因如此,WTO 乌拉圭回合谈判期间,《SPS 协定》谈判一直是与《农产品协定》同时进行的——当《农产品协定》确定单一关税制时,许多国家担心农产品的非关税措施被禁止采用,可能会导致一些国家更多地和不合理地使用 SPS 变相限制农产品贸易,作为消除这种威胁的《SPS 协定》由此应运而生。参见世界贸易组织秘书处编:《乌拉圭回合协议导读》,索必成、胡盈之译,法律出版社 2000 年版,第 80~81 页。

[23] 原因在于中国与韩国其他自贸伙伴不同,两国地理相邻、生产种种相近、口味相似,韩方担心中国农水产品,特别是水果、蔬菜等生鲜食品给韩国带来较大冲击。中方理解韩方农水产品的敏感性,同时,考虑到农水产品在中韩双边贸易中只占 4%,因此,在确保"利益大体平衡"的前提下,同意将韩方农水产品自由化水平最终定为"税目 70%、贸易额 40%"。

SPS Rules of China-Korea FTA: Individuality, Limitations and Effects

Xiao Bing

【Abstract】 The SPS Chapter of China-Korea FTA contains only 6 articles, which, compared with the SPS rules of most FTAs, are few in number, over simplified in content and lack direct regulation with narrow scope and limited constraint, and therefore have clear limitations. In terms of texts, the actual effect and key value of the SPS Chapter lie in announcing the incorporation of SPS sector into the China-Korea FTA and the parties' desire to cooperate, rather than improving the real level of SPS rules, which therefore is more symbolic than substantive. In terms of implementation, on one hand, due to the limited regulatory standard and level of constraint, the implementation prospect of such chapter is hardly foreseeable yet; while on the other hand, the institutionalized cooperation and space setup thereof in the SPS sector provide unlimited potential for future development and cooperation between parties.

中美自贸区知识产权边境侵权行为规制比较研究[*]

——以美国对外贸易区相关案例为视角

■ 朱秋沅[**]

【内容摘要】 美国通过立法规定和司法诠释将自由贸易区的法律性质明确确定为海关密切监管的区域,认为自由贸易区并非处于"境内关外",而是属于"境内关内"的区域,并禁止滥用区域便利功能实施多种知识产权边境侵权行为。为将我国自由贸易区建成法律环境规范、贸易便利、监管高效的具备国际水平的自由贸易区,可参考美国相关立法与判例,对我国自贸区法律地位进行准确定性,并通过立法明确我国对自贸区知识产权边境侵权行为的管辖权和规制的具体内容。

为了体现自由贸易区(free trade zone,以下简称为"自贸区")政策的特殊优惠与自由,我国诸多文献或传媒载体都将自贸区称为"境内关外"。但无论是法理上,还是实践中,将自贸区称为"境内关外"区域都存在着重大问题。"关外"是"关境之外"的简称。按照海关法的理论以及世界海关组织(World Customs Organization,WCO)《简化与协调

---

[*] 本文系作者所主持的2013年教育部人文社会科学研究青年基金项目"创新驱动发展中我国知识产权边境保护的新问题与法律机制重构"(项目编号:13YJC820118)以及2015年上海海关学院"知识产权海关保护"院级科研创新团队的阶段性成果。

[**] 作者系上海海关学院法律系副教授。

海关制度的国际公约》(修订)①的规定,关境是经济体海关法所适用的地域。② 如果自贸区被我国自己认定为"关境之外",那么也就属于我国海关法所适用的地域之外,也就属于海关法所适用的法域之外。这个推论的后果是严重的。如果果真如此,我国海关在自贸区中(诸多知识产权边境侵权行为)的执法,我国法院对自贸区案件适用海关法,都将成为无根之水(既然处于"关境之外",何来适用与执行海关法?)。因此,实有必要通过法理分析与类似案件的借鉴,根本纠正这一错位的提法与理解。同时,也有必要体现自贸区发展与知识产权边境侵权行为之间的关系及其演进规律,从而更好地对自贸区中的侵权行为予以规制,维护自贸区良性发展的软环境。

一、美国对外贸易区内知识产权边境侵权行为形态的历史变化

美国对外贸易区制度产生于美国经济大萧条的中期,但是美国1930年《霍利—斯穆特关税法》将平均税率从40%提高到47%,有些货物的进口关税甚至高53%。③ 1930年关税法极大地限制了贸易自由,为了加速美国贸易的发展,打开通向合法贸易自由的窗口,美国于1934年5月29日通过了《对外贸易区法》。1936年1月30日,对外贸易区委员会主席 Daniel C. Roper 签署下发了第2号指令,授权在纽约

---

① 《简化与协调海关制度的国际公约》的英文全称为:International Convention on the Simplification and Harmonization of Customs Procedures,由于该公约是在日本京都召开的会议上通过的,也被简称为《京都公约》。它是现代国际海关制度最综合、最全面的体现。该公约有两个版本。第一个版本是由海关合作理事会于1973年5月18日在日本京都召开的年会上通过的。第二个版本产生于1999年。1994年世界海关组织决定对1973年《京都公约》进行修订。1999年6月,修订后的《京都公约》议定书及其文本在海关合作理事会的年会上获得正式通过,于2006年生效(因此简称"《京都公约》(修订)")。《京都公约》(修订)是汇集了发达国家最佳实践而产生的结构复杂的条约群。该条约群分为三个层次,由一项主约(共5章20条),一项总附约(共10章)和十个专项附约组成。此外,总附约(第二章"定义"除外)与专项附约及其各章均有指南。截至2015年7月,1999年《京都公约》(修订)共有102个缔约方。我国于1988年5月29日交存加入书,同时接受公约 E.3 和 E.5 附约。加入书于同年 8 月生效。See http://www.wcoomd.org/en/about-us/legal-instruments/~/media/1BC68A39AE20468D94920118C750D0B2.ashx, Oct. 12 2015.
② 参见《京都公约》(修订)总附约·第二章"定义"。
③ Beth V. and Robert M. Yarbrough, *The World Economy: Trade and Finance*, Harcourt Brace, 1991, p. 368.

市成立美国历史上的第一个对外贸易区。④ 但在对外贸易区制度设立的早期,由于其功能发展不全,因此发展缓慢。⑤ 在这一时期并未发生有影响力的知识产权边境侵权案件。

(一) 20 世纪 60~70 年代,对外贸易区初步发展下转运侵权行为的出现

20 世纪 50 年代初,美国解决了对外贸易区的制造和展示功能,并允许设立在行政上属于对外贸易区主区,但在地理上与主区分离的对外贸区分区。这一制度性突破使得对外贸易区的发展获得了突破性进展。

在这一时期,美国商界主要利用自贸区从事国际中转业务。因此,转运侵权行为在区内出现。在 1979 年 A. T. Cross Co. v. Sunil Trading Corp. 转运货物案⑥中,原告 Cross 公司是美国罗德岛的一家在书写工具方面具有百年制造历史的公司。Cross 公司以商标侵权、不正当竞争和虚假的原产地标志为由,对被告 Sunil 贸易公司和 Narson(Sunil 公司员工)提起诉讼。被告 Narson 在台湾向 Wangbaoloong 公司订购了 3500 打的假笔并运至纽约的 Sunnil 公司后,存储于纽约对外贸易区的一处专门用于存储不进口到国内的外国货物的保税仓库中。这些货物在对外贸易区中分装、重新包装、贴标,然后出口并销售给 Sunnil 公司的代理公司 Metro 国际代理在加那利群岛最后销售。涉案的假"Cross"钢笔在国外/地区制造(台湾 Wangbaolong 制造公司),这些假笔制作精良,以肉眼无法分辨真伪,这些笔上印有"made in U. S. A." and "A. T. Cross, Lincoln, R. I.",运至纽约的对外贸易区后再转运至其他外国,并作为"美国制造"的"Cross"钢笔真品进行销售(该案件具体结果见本文第二、三部分)。

---

④ 周阳:《论美国对外贸易区的建立、发展与趋势》,载于《国际贸易》2013 年第 12 期,第 18 页。

⑤ Mary Jane Bolle, U. S. Foreign-Trade Zones: Background and Issues for Congress, at http://www. fas. org/sgp/crs/misc/R42686. pdf, Oct. 12 2015.

⑥ A. T. Cross Co. v. Sunil Trading Corp. , 467 F. Supp. 47, 1 ITRD 1875, 201 U. S. P. Q. 750.

中美自贸区知识产权边境侵权行为规制比较研究

(二) 20 世纪 80 年代,对外贸易区制造业繁荣促使了跨国组合侵权行为的产生

在此阶段,美国立法允许入区制造的货物无需支付增值税和其他进出境运输方面的税费⑦,这一措施极大地刺激了区内制造业的繁荣。通过实质性加工、制造进行跨国的组合侵权行为也随之增加。

在 U. S. v. Watches, Watch Parts, Calculators & Misc. Parts 案⑧中,1985 年 10 月 31 日,美国海关查获了销售上为 Darrison, Ltd., T. S. J. M. Electronics Co., Ltd., and Golden Star Enterprises 的、在保税仓库中处于保税(in-bond)状态的 92 箱(Carton)来自香港、途径美国、运往巴拉圭的石英表和手表的部件(包括分别包装的数千没有表面手表,带有"Casio"的表面、数百件"Swatch"手表,两套"Casio"的冲压模具和六个"Casio"的胶印平板-offset plates)。1985 年 11 月 1 日,美国海关又查获了申报为"塑料带"但实际为胶印平板、冲压模具、2.1 万件没有表面的晶片数字手表和其他类似货物。此后至 1986 年 3 月间,美国海关共查获了 13 批次的类似货物,共涉及"Casio"、"Citizen"、"Swatch"三个商标。被海关查扣货物的持有人(原告,转运货物的销售商)认为:第一,拆散件,不完整件(表面上受保护的商标)不属于侵权;第二,保税货物不属于进口,海关无权没收。以此案为标志,区内侵权行为表现出国际化、集团化趋势,存在跨境分工合作,共同实施侵权的倾向,即侵权行为被分解为若干部分,各部分单独衡量都不能认定为(严重)侵权行为,但组合起来即构成了完整的侵权行为。侵权组织者常利用各国自贸区作为其组合跨国侵权的场所(该案件具体结果见本文第二、三部分)。

(三) 20 世纪末至 21 世纪初,对外贸易区内复杂侵权行为的显现

这一时期,高技术高附加值业态在区内发展,对外贸易区集中了国际集散中转、各式联运、分拨配送、国际市场等多种功能。随着区域功能的发展,侵权行为进一步复杂化。

---

⑦ Gao, Foreign-Trade Zones Growth Primarily Benefits Users Who Import for Domestic Commerce, GAO/GGD 84-52, March 2, 1984, p. 12.

⑧ U. S. v. Watches, Watch Parts, Calculators & Misc. Parts, 692 F. Supp. 1317, 10 ITRD 1988, 8 U. S. P. Q. 2d 1529.

1. 许诺销售行为

在 Reebok Intern. Ltd. v. American Sales Corp. 案⑨中，原告是马萨诸塞州的锐步国际有限公司和英国锐步国际有限公司。这两个公司分别负责制造和销售，共同被告为美国销售公司以及一系列自然人 American Sales Corporation、Barry E. Smith、Warren Levy、Naka Enterprises Inc. 以及 Takehiro Naka（日本人，美国居民）、Various John Does、Jane Does and ABC Companies，被告的一批带有原告商标的鞋子，在台湾制造，存放于洛杉矶对外贸易区，此后转运至欧洲比利时安特卫普以及新加坡、日本等。鞋子在到达比利时后，被告向美国的买方许诺销售。

2. 平行进口行为

在 U. S. v. 4,432 Mastercases of Cigarettes, More Or Less 案⑩（以下简称"Intrigue 公司案"）中，1998 年至 2001 年 4 月间，Intrigue 公司定期将灰色市场香烟存储于加州卡森市港口对外贸易区。2000 年 8 月至 2001 年 1 月间 Intrigue 公司从国外购买了 4432 大箱的万宝路香烟（共约 4400 万支），从迈阿密进口并支付关税后运至卡森市对外贸易区存储。进口单证显示这些香烟在瑞士制造。Intrigue 公司原打算最终将香烟销售给密苏里的一家公司。由于 2000 年后加州立法修改后规定将第三方在国外制造的美国品牌的香烟进口是非法的。所以此行为受到美国海关的监管与执法。⑪

二、美国司法对自贸区内知识产权边境侵权行为管辖权理念的反转

（一）对外贸易区发展初期，美国法院援引判例法对区内侵权行为实施"域外管辖"

20 世纪 70～80 年代，美国对外贸易区中发生了 1979 年 A. T. Cross Co. v. Sunnil Trading Corp 案、1985 年 U. S. v. Watches, Watch

---

⑨ Reebok Intern. Ltd. v. American Sales Corp., 1989 WL 418625 (C. D. Cal.), 11 ITRD 1177, 11 U. S. P. Q. 2d 1229.

⑩ U. S. v. 4,432 Mastercases of Cigarettes, More Or Less, 448 F. 3d 1168, 28 ITRD 1611, 06 Cal. Daily Op. Serv. 4633, 2006 Daily Journal D. A. R. 6941.

⑪ 朱秋沅：《中国自贸区海关法律地位及其知识产权边境保护问题的四点建议》，载于《电子知识产权》2014 年第 2 期，第 41 页。

Parts, Calculators & Misc. Parts 案、1988 年 Reebok Intern. Ltd. v. American Sales Corp. 案等。法院对这些案件审理时,首先会受到被告根据对外贸易区属于"境内关外"区域的抗辩理由的挑战,即被告提出:对外贸易区是处于"国境之内关境之外"的区域,法院对案件没有管辖权。因此法院首先需要明确对案件是否具有管辖权。

在上述一系列案件中,法院频繁地援引了 1952 年 Steele v. Bulova Watch Co. 案⑫来说明其对区内侵权货物实施的是"域外管辖权",并通过立法意图解释推定《兰哈姆法》等授予美国法院对此类案件的域外管辖权。

在对外贸易区发展初期的数个案件中,美国法院一般都通过援引 Steele v. Bulova Watch Co. 案后认为《兰哈姆法》等授予美国法院域外管辖权"。实际上该法本身规定:"本章的意图是通过对在此类商业中欺诈和误导性使用标志的可诉性来对注册商标的复制、拷贝、假冒或色

---

⑫ Steele v. Bulova Watch Co. 案件的主要案情是:宝路华手表公司,是世界上最大的手表制造商之一,在美国和外国宣传与分销"宝路华"手表。自 1929 年起,该品牌的听觉和视觉的西班牙语和英语广告传入墨西哥。Steele 是圣安东尼奥市的长期居民,自 1922 年起第一次在当地从事手表生意,并在 1926 年得知了"宝路华"商标。随后他将他的业务转移到墨西哥城,并发现"宝路华"没有在墨西哥注册,1933 年 Steele 购买了墨西哥的该标志的注册,并用从瑞士和美国进口的机件、表盘和盒子装配瑞士手表,在墨西哥城将商品上印制"宝路华"并进行销售。作为分销此类的"宝路华"手表的结果是,宝路华手表公司的德克萨斯州销售代表收到很多来自墨西哥边界区域珠宝零售上的投诉,他们的客户所带来维修的有问题的"宝路华"手表经过检测多被发现不是由该公司生产的。因此宝路华手表公司在德克萨斯州西区联合地区法院起诉 Steele,请求美国法院禁止该居住在德克萨斯州的美国公民使用在美国注册的"宝路华"商标,并在墨西哥提出了撤销 Steele 的"宝路华"商标注册。Steele 在美国法院答辩称,法院对诉讼案件的标的没有管辖权,并提出了数个抗辩理由,包括他将"宝路华"标志在墨西哥合法注册,并在墨西哥正在进行有关"宝路华"诉讼的司法程序尚未判决。此案初审的美国地区法院法官认为,法院对此案没有管辖权。后初审原告上诉至美国第五巡回上诉法院。巡回上诉法院法官作出了与德克萨斯州西区联合地区法院的判决相反的判决。美国最高法院作出了调卷令。经审,美国最高法院认为,《兰哈姆法》授予了美国法院广泛的管辖权。该法案明示的意图是"通过对在商业中欺骗性地或误导地使用标志提出诉讼,由各州或地区立法的干预来保护在此类商业中被使用的注册商标,通过反不正当竞争来保护从事此类商业的人,防止在此类商业中对注册标志进行复制、复印、假冒、模仿而使用来进行欺诈或欺骗;并且提供美国和外国之间达成的有关商标、商号和反不正当竞争的条约与公约所规定的权利与救济。"为此目的,判决有责任支持由商标注册人所提起的任何在商业中以规定的方式侵犯注册商标人的民事诉讼。商业是指由国会合法规范的所有商业。美国地区法院被授予根据该法案所产生的所有诉讼的管辖权,并且可以作出包括禁令在内的救济,以防止侵犯任何注册人的权利。在美国最高法院审理该案的同时,1952 年 10 月 6 日,墨西哥最高法院作出了判决,支持了宣告上诉人墨西哥"宝路华"商标注册无效的行政裁定。美国最高法院进一步认为美国法院对此案的管辖不会引起管辖权冲突。因此,美国最高法院裁决,美国地区法院对此案具有管辖权。

彩模仿行为进行反不正当竞争,防止虚假与欺诈从而保护从事此类商业中的人员;并且通过和美国与外国缔结有关商标、商号和反不正当竞争条约与公约来规定权利与救济。"由此看来只有对《兰哈姆法》背后的立法意图进行合理解释才会呈现其管辖权表述与(条约中)商业条款中的共同范围。根据这一解释,法院认为:"《兰哈姆法》将明确地扩展对争议中的货物。"[13]法院实施域外管辖并发出初步禁令的标准:(1)与外国法的冲突程度;(2)双方的国籍;(3)执法所希望达到的守法程度;(4)对美国影响的相对重要性;(5)损害美国商业的明显意图;(6)效果的可预见性;(7)违法的严重程度。[14]

(二)对外贸易区成熟期,美国法院按"域内管辖"的标准对区内侵权行为实施管辖

1. 美国法院将对外贸易区法律地位认定为"境内关内"区域

在世纪之交,美国对对外贸易区法律地位的认识逐步深化,并通过制定法明确了对外贸易区的法律地位。

第一,仅在关税支付目的下,对外贸易区可视为处于关境之外。在美国《联邦法规汇编》第15编第400部分"对外贸易区委员会规则"的范围"条款第(c)项中明确规定:"在美国《联邦条例汇编》第19卷第146部分美国海关与边境保护局(U. S. Customs and Border Protection, CBP)程序下,并且仅在(对外贸易区)法所明确的目的下启动的区域范围内,(对外贸易)区域在关税法和海关入境程序的目的下被视为处于美国的关境之外。"

在"宝马制造公司诉美国案"中法院对"对外贸易区"的含义进行了进一步澄清,认为对外贸易区是"根据国会的授权享有美国海关法律下的优惠待遇的,处于入境口岸或临近入境口岸的独立区域"[15]。也就是说,即使对外贸易区可以享有优惠待遇,也是在"美国海关法律下的",需要受到"海关法律"的授权,也要受到"海关法律"的制约。

---

[13] A. T. Cross Co. v. Sunil Trading Corp., 467 F. Supp. 47, 1 ITRD 1875, 201 U. S. P. Q. 750.

[14] Ocean Garden, Inc. v. Marktrade Co., Inc., 953 F. 2d 500, 13 ITRD 2246, 60 USLW 2496, 21 Fed. R. Serv. 3d 660, 21 U. S. P. Q. 2d 1493.

[15] BMW Mfg. Corp. v. United States, 241 F. 3d 1357, 1359 FN. 1 (Fed. Cir. 2001).

第二,在海关法语境下,对外贸易区仍然属于关境之内。一般而言,各国海关法律体系的范围包括关税法律制度、通关法律制度、保税加工与仓储法律制度、知识产权边境保护制度、海关特殊监管区域法律制度以及暂准进出境法律制度等。因此,美国对外贸易区仅在关税支付和部分入境通关程序方面可以享有便利的待遇,视为处于美国的"关境之外",而其他海关法律制度仍然适用于该区域及进出区和区内货物。从逻辑推演,知识产权边境保护措施也同其他海关制度一样适用于该区域。

2. 美国法院根据制定法按"域内管辖"的标准对区内侵权行为实施管辖

在这一阶段,美国法院认为,美国制定法已明确了国家具有对自贸区内侵权行为进行规制的权力。自1934年设计对外贸易区法以来,海关对对外贸易区的行政执法就始终是对外贸易区规划的一部分。美国《法典》第19编第81d节⑯对海关管理对外贸易区进行了简单而明确的授权,要求财政部指派必要的海关官员以保护有关区域的国家收入,并且对外国货物进入美国关境进行许可。该条规定的实施由美国《联邦法规汇编》第19编第146节⑰予以具体化。针对对外贸易区的具体规则方面,自1969年以来美国《联邦法规汇编》第19编第146节就一直授权海关可以无证搜查等区域内执法的权力。同时,根据美国《法典》第19编第1526节"带有美国商标的商品"中的规定,扣留没有商标持有人同意而进口货物或者带有假冒商标的进口货物,即带有错误标识的商品,如果带有侵权商标货物进入区域,则这些货物进入了关境中的特殊区域,应当受到《兰哈姆法》(15 U.S.C. §1127)的管辖。

至此,美国法院改变了"域外管辖"的理念,根据制定法按"域内管辖"的标准对区内侵权行为实施当然的司法管辖。

---

⑯ See 19 U.S.C. §81d. Customs Officers and Guards.

⑰ 参见朱秋沅:《特殊区域内知识产权边境侵权规制问题比较研究》,载于《上海海关学院学报》2012年第4期,第66~65页。

三、美国对于对外贸易区中各种侵权行为的规制

(一) 美国法院确认了美国海关在区域内实施边境保护与严密监管的权力

在 Intrigue 公司案中,海关执法相对人 Intrigue 公司质疑美国海关在对外贸易区中进行执法的合宪性。但是,美国第九巡回区上诉法院的判决中指出,对外贸易区具有受到海关"紧密监管"的性质,有关立法充分授权海关无证搜查。在对外贸易区中财产存储人不能期待"隐私"并对无证检查的可能性应有充分的注意和知晓,美国《宪法第四修正案》[18]并不适用于对外贸易区中的案件。对外贸易区的使用者为换得对外贸易区所提供的利益,将货物存储于对外贸易区的人必须将其行为告知海关并且必须同意海关具有检查其运营的权力,这是已确立多年并易于理解的规则。Intrigue 公司决定在对外贸易区中运营时就很清楚地意识到了这一(利益)交换。上诉法院得出结论认为:美国海关对在对外贸易区中 Intrigue 公司存储区域的货物的知识产权状况进行了无证的搜查和取样是合宪的。

(二) 美国法院确认了对外贸易区中处于保税状态的货物可以实施规制

U.S. v. Watches, Watch Parts, Calculators & Misc. Parts 案[19]中,针对侵权人提出其没有将货物"进口"进入美国,而是处于区内保税状态,对此,法院对"Entry"作了扩大解释,指出该词既包括"import",也包括通过海关法规中规定各种海关程序进入美国的货物,自然也包括了"in-bond merchandise"。

---

[18] 美国《宪法第四修正案》具体表述为:"人民保护其人身、住房、文件和财物不受无理搜查扣押的权利不得侵犯;除非有可能的原因认为有罪,以宣誓或郑重声明保证,并详细开列应予搜查的地点、应予扣押的人或物,不得颁发搜查和扣押证。"

[19] U.S. v. Watches, Watch Parts, Calculators & Misc. Parts, 692 F. Supp. 1317, 10 ITRD 1988, 8 U.S.P.Q. 2d 1529.

(三) 美国法院禁止利用对外贸易区实施多种侵权行为

1. 美国法院禁止利用对外贸易区进行转运侵权行为

美国自 20 世纪 70 年代起陆续出现了一系列利用自贸区转运和仓储自由的规定进行跨国知识产权侵权的情况。美国海关 20 世纪 70 年代末的 A. T. Cross 公司诉 Sunnil 贸易公司与 Narson 案[20]、80 年代的"Reebok 诉美国销售公司"案[21]以及 90 年代的海洋花园(Ocean Garden)公司诉 Marktrade 公司案[22]等都涉及对转运货物进行知识产权边境执法,通过这一系列案例已确立对转运货物进行边境执法的规则,即无论转运货物是否进入美国,无论在美国领土上的具体行为(往往是跨国侵权链条上的一环)是否违法,只要其转运人整个行为违反了海关法律制度,侵害了美国权利人的利益,损害了美国自贸区的海关管理秩序,则海关都有权进行知识产权执法。

在制定法方面,经 2008 年修改后的美国《优化知识产权资源与组织法案》注释28[23]与美国《法典》第 18 编(犯罪与刑事程序)第 113 章第 2320 节(h)款"转运与出口"[24]规定,任何侵犯商标权的货物转运与出口都视为违反了《兰哈姆法》第 42 节,即美国《法典》第 19 编第 1124 节。[25]美国法院认为,转运人滥用了美国对外贸易区的功能,违背了国会立法的目的。

2. 美国法院禁止利用对外贸易区进行许诺销售行为

在 Reebok Intern. Ltd. v. American Sales Corp. 案[26]中,美国加利福

---

[20] A. T. Cross Co. v. Sunil Trading Corp., 467 F. Supp. 47, 1 ITRD 1875, 201 U. S. P. Q. 750.

[21] Reebok Intern. Ltd. v. American Sales Corp., 1989 WL 418625 (C. D. Cal.), 11 ITRD 1177, 11 U. S. P. Q. 2d 1229.

[22] Ocean Garden, Inc. v. Marktrade Co., Inc., 953 F.2d 500, 13 ITRD 2246, 60 USLW 2496, 21 Fed. R. Serv. 3d 660, 21 U. S. P. Q. 2d 1493.

[23] See Prioritizing Resources and Organization for Intellectual Property Act of 2008, PRO IP Act. 2008 年 9 月 26 日,美国参议院通过了《优化知识产权资源与组织法案》,于 2008 年 10 月 13 日经总统签署成为正式法令。

[24] 18 U. S. C. Part I, Chapter 113, § 2320. Trafficking in Counterfeit Goods or Services, (h) Transshipment and Exportation.

[25] 15 U. S. C. §1124.

[26] Reebok Intern. Ltd. v. American Sales Corp., 1989 WL 418625 (C. D. Cal.), 11 ITRD 1177, 11 U. S. P. Q. 2d 1229.

尼亚地区法院认为《兰哈姆法》可以使用于"在任何商品的销售、许诺销售、分销、广告中对注册商标复制、拷贝、假冒、模仿,可能会引起混淆、误解或欺骗的任何商业使用"都是商标侵权行为。再根据美国联邦最高院对管辖权的广义解释,法院对此案具有管辖权。

3. 美国法院禁止边境环节的共同侵权和间接侵权行为

针对对外贸易区中侵权行为的跨国分工与组合的特点,美国法院援引 Steele v. Bulova 案中联邦最高法院注意到即使不公平贸易实践是在外国进行的,并在美国被诉的单一行为却是合法的,但如果在本国内的合法行为是违反行为方案的重要部分,则仍将根据《兰哈姆法》具有管辖权。因此,美国法院对此类案件中被分拆于多国侵权行为将予以整体看待,只要完整的行为在美国视为侵权,则应当承担侵权责任。

四、对我国自贸区知识产权边境侵权行为规制的建议

(一) 我国对自贸区知识产权边境侵权行为规制的现状与误解

总结美国对"对外贸易区"相关的知识产权侵权行为的司法管辖权适用原则从"域外管辖"向"域内管辖"的转变;再结合国际海关法(以《京都公约》(修订)为代表)以及我国海关法自身的规定,自我国自贸区设立以来多数文献将该区域称为"境内关外"是一种明显的错误。从海关法的角度看,这种称谓有违自贸区的法律性质。

如将自贸区视为"境内关外",那么我国对自贸区内侵权行为规制就成了"域外管辖"。这是早已被美国法院放弃的滞后观点。从当前理论来看,这种观点存在着重大的法理缺陷,因为如果自己承认自贸区处于"海关法适用的领域之外(即关境之外)",就等同于在此范围内自己放弃了海关主权。因为按照此错误的逻辑,我国在此区域内,不仅不能进行知识产权边境保护制度,而且所有的海关监管与执法都将不能进行。"关外"就是"关境之外","关境之外"就是"海关法实施的地域之外",如果自贸区处于"海关法实施的地域之外",海关就此区域内无法可执,那么此区域从海关法律性质上看何称"海关特殊监管区"? 因此,将自贸区称为"境内关外"的说法必须改变,误解必须纠正。

(二) 我国立法应当确立对自贸区知识产权边境侵权行为规制的权限与原则

1. 从立法上明确自贸区是处于密切监管下的"境内关内"区域,确立明确的管辖权

(1) 确立明确的边境保护执法权与管辖权

美国司法对自贸区内知识产权边境侵权行为管辖权理念的反转足以说明在通过自贸区促进经济发展的同时,对自贸区知识产权边境执法的重要性。因此,建议我国借鉴美国立法与司法实践对自贸区法律地位与法律性质的阐述,同时还可参考 WCO《京都公约》(修订)对于自贸区法律地位的规定以及 WCO 有关研究文献[27],将自贸区的法律地位明确表述为"关境之内"的区域,将自贸区法律性质明确诠释为海关"密切监管区域",从而为海关获得对自贸区广泛的执法权打下基础,也为对自贸区知识产权边境侵权行为的司法管辖权奠定法理基础。

(2) 调整立法冲突

为了对边境执法权予以进一步明确,我国还有必要修改《知识产权海关保护条例》的相关条款。我国《知识产权海关保护条例》第 2 条规定:"本条例所称知识产权海关保护,是指海关对与进出口货物有关并受中华人民共和国法律、行政法规保护的商标专用权、著作权和与著作权有关的权利、专利权(以下统称知识产权)实施的保护。"从狭义理解,"进出口"是"一般进出口",是指货物在进出境环节完全缴纳进出口税费,并办结各项海关手续后,可以直接进口在境内自行使用、销售,或者运离关境自由流通的海关通关制度。这项通关制度与世界海关组织《京都公约》中的"结关内销"和"直接出口"两项附约基本吻合。它规定进出口的货物可以永久留在关境内或关境外;同时,包含着完全缴纳应缴的进出口税费和办理进出境环节各项海关手续两重意义。[28]

---

[27] See Jeffrey Hardy, New Report Calls for Urgent Action to Stop Counterfeiting and Piracy in Free Trade Zones, *WCO News*, No. 71, June 2013, p.41, "There is a common misconception that free zones are 'extraterritorial', or outside a nation's borders, and are not subject to national Customs laws."

[28] 朱秋沅:《知识产权边境保护制度国际化与本土化研究》,知识产权出版社 2014 年版,第 39 页。

而我国的《海关法》第44条规定:"海关依照法律、行政法规的规定,对与进出境货物有关的知识产权实施保护。"其措辞与《知识产权海关保护条例》不同。根据通关所发生环节的不同,通关程序除了"一般进出口通关程序"外,还可以分为进口货物通关、出口货物通关与过境、转运、通运货物通关。

根据一般理解,第一,我国《海关法》中规定的海关边境保护范围要广于《知识产权海关保护条例》的规定;第二,我国《海关法》所规定的海关边境保护范围包括自贸区及海关特殊监管区的进出区以及区内处于海关监管下的货物,但是《知识产权海关保护条例》并不包括对自贸区的边境执法。

在现实中,《知识产权海关保护条例》是海关边境保护的主要依据。因此,在自贸区设立之前,海关并无对海关特殊监管区进行知识产权保护的先例。在自贸区设立后的2015年3月6日,海关查获上海自贸区首起进境侵权货物案[29]。在该首案之后,又鲜有案件产生。况且首案仅发生在境外入区环节(一线),而对于区内以及区内入境(二线)的规制权限的立法不明,执法也处于空白。

因此建议,将我国《知识产权海关保护条例》的第2条的"进出口"改为"进出境",或者采取列举式列明我国边境保护所适用的通关程序范围和地域范围。

2. 针对滥用自贸区功能的多种侵权行为进行合理执法

没有限制的知识产权海关执法权必将破坏知识产权与贸易自由的平衡。因此在授权海关在自贸区内进行知识产权边境保护的同时还必须限制海关执法的自由裁量权。海关执法的必要性和合理性要求就是对海关权力的限制,是启动海关执法的门槛,从而防止海关过渡干预贸易自由,实现区域内知识产权边境执法与贸易自由的平衡。

我国在衡量何为"合理执法",可给予以下考虑:第一,损害衡量。根据我国法律,在自贸区内的侵权行为(或侵权行为一个环节)的影响

---

[29] "海关查获上海自贸区首起进境侵权货物案",2015年3月6日上海海关在洋山港一举查获某公司申报进境自贸区的标有"NIKE及钩形图"商标的运动鞋10164双。经耐克国际有限公司确认,该批货物侵犯了其"NIKE及钩形图"商标专用权,据初步统计涉案货物市场价值约为人民币500余万元。at http://shanghai.customs.gov.cn/publish/portal27/tab61724/info737737.htm,2015年7月10日。

将对我国合法有效的知识产权造成了可辨识的足够重大的损害或即时的不可弥补的损害。第二,利益比较。如果海关不予执法对我国合法有效知识产权的损害比海关进行执法对行为人合法利益的损害更为严重。第三,事前充分告知。海关必须事先充分告知商业场所的所有人,海关的知识产权边境执法是根据法律进行的并具有适当明确的授权范围。第四,边境执法应具有"合理依据",在确定"合理依据"时,需要对案件情形进行整体评测,海关的"合理依据"虽然不需要达到"初步证据"的程度,但是必须要比"仅有怀疑"要更为充分。

(三)我国对自贸区知识产权边境侵权行为进行规制的具体规则

1. 借鉴美国相关案件,我国自贸区将出现的知识产权边境侵权行为类型

总结美国自贸区知识产权边境侵权案件,其对外贸易区中侵权行为的表现形式呈现出从简单到复杂,并向跨国组合侵权行为的发展轨迹。我国自贸区中极可能出现的知识产权边境侵权行为包括:

(1)保税仓储与加工项下的侵权行为。滥用自贸区功能往往表现在:利用自贸区的境外入区免税制度将假冒货物在区内免税存储;或者进一步在区内对假冒货物进行流通性简单加工和增值服务,通过上述一系列的行为将假冒货物洗成"真品",并改变了原产地,这些不仅构成侵权行为,而且扭曲了国家设立自贸区的目的。因此,我国应当禁止进入自贸区的货物在存储、销售、展示、分拆、重包、装配、分销、分类、混合、简单与实质性加工过程中的任何侵权行为或侵权行为的组成部分,并明确规定法律责任。当前世界上很多货标分离的侵权案件就是利用对外贸易区作为其跨国侵权行为链条的关键一环(加贴侵权标识,改变货物原产地、存储分拆、改变包装等)。例如来自世界各地的无牌货物"自由"地进入对外贸易区后,侵权人将单纯的侵权标识加贴于无标识货物(一般而言,贴标行为属于流通性增值服务,较之区内的生产加工行为更容易获得海关的许可,海关的监管也更为宽松),并获得免税仓储的自由,最后形成侵权货物后再"自由"地转运出境。

(2)转运环节的侵权行为。美国对外贸易区中最早期的侵权形式就是在转运环节的侵权,如 A. T. Cross Co. v. Sunil Trading Corp. 转运货物案。根据 WCO 统计,2010 年有 3053 件海关执法案件(占所有向 WCO 报告案件的 14.6%)是在达到最终目的地前涉及转运的。其中

有 275 个案件是涉及 2 次以上转运的,其中有一个案件在到达最终目的地前经过了 5 次转运。

我国目前的自贸区多为位于沿海主要港口,中转集拼是这些区域的重要功能之一。可以合理推测,随着中转集拼业务量的攀升,如果不在此环节执法,将不利于形成良好的转运秩序,也不利于我国供应链的良性发展。

2. 我国对自贸区进行知识产权边境侵权行为进行规制的具体建议

(1) 规范简单/表面加工下的原产地规则。

为了保证自贸区正常功能,为保存货物而进行的必要加工、改进包装或销售质量或为装运前的准备而进行通常处理是允许的,也是一种最为常见的经营行为。但是,针对上述他国自贸区已经发生,而在我国自贸区极有可能发生的侵权行为,应当规范原产地规则。

在自贸区加工货物的原产地不可改变。但是,当货物在自贸区被重新包装,就有机会去除原产地标志;当这些货物移出自贸区,出口或发往最终目的地时,监管就尤其困难。海关应当特别提高用以识别和检查在自贸区内加工的货物真实原产地的技术。适当的监管应当针对(货物的)文件和货物本身来行使。

(2) 加强区内各类经营行为的监管。

在自贸区内加工和制造货物会导致知识产权侵权货物的生产。因此海关应当在授权中明确所允许的加工与制造的准确性质,以及其他进出区所需的海关手续和申请。

第一,货物自境外入区的监管。进入自贸区的货物必须向海关呈验,这一行为以提交海运或空运舱单或空运单来完成。即使按照"一线放开"的要求,允许企业自运输工具申报进境之日起 14 日内,先凭进口舱单信息进行申报后将货物提运进区,再向主管海关办理进境备案清单申报手续。该舱单给予有关货物的概要信息,如原产地、物流等,也应用于评估所涉及的风险。[30]

---

[30] 根据《京都公约》(修订)专项附约 D 第二章的"货物的准入"的建议条款 8 的内容:"货物直接从境外进入自贸区,如果从随附单证上已获信息,海关不应要求货物申报。"其中货物随附的商业单证(commercial documents that should accompany the goods)为:如果货物为海运则为"舱单"(Manifest),如果货物为空运则为"空运舱单"(Air Manifest)或"空运单"(Airway Bill)。

第二,货物自境内入区的监管。多数货物会随附出口或保税入区的单据。根据该单证中信息(如货物种类、原产地等),海关应对货物所涉风险进行评估。

第三,货物存储于自贸区时的监管。首先是对存储于自贸区的货物的监管。国内立法应当明确规定存储假冒或盗版货物是禁止的,海关应当实施监管权以识别和阻止此类存储。在授权方面,可以要求保存存储记录以用于海关检查。这些记录因此应当作为海关监管所依据的关键单据之一;该记录应当用于佐证从实物检查和货物查验中所收集的证据。在授权不要求存储与自贸区的存储记录的情况下,海关就更加需要倚重于对货物的实物检查。其次是对自贸区中经营行为的监管。海关应当对入境加工程序、海关监管下的加工程序或其他程序下所进行的经营行为进行监管,以核查这些经营行为是否在海关授权的范围内或条件下进行。处理货物的经营行为应当告知海关,也是为了海关实时监管货物的变化。入境加工程序下生产的货物,应当保存记录。海关可以基于这些记录实施监管。

第四,货物离区入境的监管。当货物离开自贸区进入国内关境,它们应当被置于一项海关程序下(一般进口或转运等)。海关可以基于申报中的信息实施监管。

第五,货物离区出境的监管。《京都公约》中有关于货物离区直接出境及其所需信息的建议条款;货物随附的商业单据(海运或空运舱单)视为提供了充分的信息。根据《京都公约》专项附约 D 第二章的"货物的运出"的建议条款 18 的内容:"如果从自贸区直接运往境外的货物必须向海关交验单证,海关不应要求已从随附单证上获得的信息以外的更多信息。"也就是说,只需一份证明进入自贸区的货物的专门格式的简化单证就足够了。在舱单中包含的信息应用于海关监管之目的。

3. 强化对自贸区转运侵权行为的规制

鉴于我国大部分自贸区具有国内外运输中转的枢纽地位,建议针对(自贸区)转运货物执法设立特殊规则。第一,设定自贸区内从事商业行为的经营人的合理审慎义务。海关可向自贸区内商业行为经营人发出"合理审慎清单",告知其在知识产权方面需要尽到审慎义务的合理范围,帮助经营人进行知识产权合规守法。㉛ 在明确告知与提醒的前提下,经营人仍然从事了专利侵权行为,则应承担边境侵权责任。第二,针对侵权行为国际化和集团化的趋势,应规定可适用于边境环节的共同侵权和间接侵权行为的种类、认定标准与法律责任,从而使得即使仅构成专利侵权组成部分的有意规避性安排也能受到我国专利权边境保护的规制。

(编辑:崔勇涛)

Comparative Study of the Regulation of IPR Infringements at Border in China and the U. S.: From the Perspective of Cases relating to FTZ in the U. S.

Zhu Qiuyuan

【Abstract】 The U. S. legislatively and judicially interprets the legal nature of Free Trade Zone (FTZ) as closely regulated area by U. S. Customs and Border Protection (CBP), and regards the FTZ as the area within the customs territory but not the "extraterritorial area" or outside the borders of the customs territory, and prohibits abusing FTZ facilitations to commit IPR infringements at border. In order to set up FTZ with sound legal environment, trade facilitations and efficient regulation, China could make reference to corresponding legislations and cases of the U. S., accurately characterize the legal status of FTZ, and clarify through legislation the jurisdiction and rules on IPR infringement at border relating to FTZ.

㉛ 陈晖:《比较海关法》,中国海关出版社2011年版,第303~304页。

《贸易便利化协定》在我国的实施研究[*]

■ 余 丽[**]

【内容摘要】 作为"巴厘一揽子协定"的重要组成部分,《贸易便利化协定》(TFA)将以修正议定书的方式纳入到WTO协定的附件1A中。考虑到不同国家实施TFA的水平和能力的差异,TFA在义务要求上作出了与其他多边贸易协定不同的弹性化和灵活化的处理方式。我国已经完成TFA的国内批准程序,并向WTO贸易便利化筹备委员会提交了A类措施通报以及国内批准书。综观我国贸易便利化现状与TFA的要求,对于A类通报措施,我国总体实施情况良好。在作出A类措施排除的"确定和公布平均放行时间"、"单一窗口"、"货物暂进口与入境及出境加工"和"海关合作"方面,我国实施现状与TFA的要求差距较大,需要从人员、机构、信息通讯技术、基础设施建设和法律等方面进行完善。我国将以实施TFA为契机,以外促内促进我国口岸综合管理能力和口岸监管能力的提升。

2013年12月,在印度尼西亚巴厘岛举行的WTO第九届部长级会议上,WTO成员就《贸易便利化协定》(TFA)的文本最终达成一致,成为"巴厘一揽子协定"的重要组成部分。历经非洲集团和印度反对

---

[*] 本文系中国政法大学校级课题《WTO法与其他国际法规则的冲突与协调》以及中国法学会世界贸易组织法学会课题《WTO新贸易便利化协定研究》的阶段性成果。

[**] 作者系中国政法大学国际法学院讲师,法学博士。作者2013年至2014年在商务部条法司交流工作期间,参与了TFA协定的法律文本审查。

TFA 生效的波折①,WTO 总理事会于 2014 年 11 月通过了《修正〈马拉喀什建立世界贸易组织协定〉议定书》,决定将 TFA 纳入《马拉喀什建立世界贸易组织协定》附件 1A 中。

在 TFA 达成后,为体现我国支持该协定尽早实施的积极姿态,我国常驻 WTO 代表俞建华大使于 2014 年 6 月 30 日致函 WTO 贸易便利化筹备委员会主席菲律宾大使内约斯,提交了我国在 TFA 项下的 A 类措施通报。该通报将 TFA 第一部分的多数条款列为 A 类措施。② 2015 年 9 月 4 日,我国完成 TFA 的国内批准程序,并向 WTO 贸易便利化筹备委员会提交了批准书。③ 至此,已经有包括中国香港、美国、新加坡、毛里求斯、马来西亚、日本、澳大利亚、博茨瓦纳以及中国等在内的 60 多个国家或地区批准了该协定。④

根据 TFA 下"碎片化"争端解决机制的设计,一旦 TFA 完成生效程序,我国通报的 A 类措施将立即适用于 WTO 争端解决机制;而对于前述未列入 A 类措施的条款,最终也会以 B 类措施的形式,经过能力建设援助和/或过渡期后无条件地适用于 WTO 的争端解决机制。因此,为减少潜在的贸易摩擦和贸易中的被诉情形,我国需高度重视 TFA 两类措施在国内的实施问题。

---

① 在 TFA 达成后,非洲集团和印度从各自立场出发对"早期收获"TFA 相继表现反对态度。非洲集团主张 TFA 的实施应与《多哈部长宣言》第 47 段挂钩,强调 TFA 的正式实施取决于多哈回合结束,现阶段应仅在"临时基础"上实施,借此表达对巴厘一揽子成果及其实施不平衡以及对于发展中国家利益重视不足的不满。印度则主要对粮食安全谈判的进展不满,要求制定有关其粮食储备和补贴的永久性协议,并要求该永久性协议与 TFA 同时通过。非洲集团和印度的反对,致使世贸组织未能按计划在最后截止日期前通过相关修改议定书,TFA 的生效一度陷入停滞。后经美欧国家和非洲集团以及印度的多次谈判,非洲集团最终转变立场同意接受 TFA,美国与印度也就印度的粮食安全计划达成政治性共识,并形成《后巴厘工作决定草案》(WT/GC/W/690) 与《粮食安全公共储备决定草案》(WT/GC/W/88)。See Neufeld, Nora, The Long and Winding Road: How WTO Members Finally Reached a Trade Facilitation Agreement, WTO Working Paper, ERSD-2014-06, 2014.

② Preparatory Committee on Trade Facilitation:《Notification of category A commitments under the Agreement on Trade Facilitation——Communication from China》(WT/PCTF/N/CHN/1), July 1, 2014.

③ WTO news:《China ratifies Trade Facilitation Agreement》, at https://www.wto.org/english/news_e/news15_e/fac_04sep15_e.htm, Sep. 4,2015.

④ WTO news:《Members accepting the Protocol of Amendment to insert the WTO Trade Facilitation Agreement into Annex 1A of the WTO Agreement》, at https://www.wto.org/english/tratop_e/tradfa_e/tradfa_agreeacc_e.htm. , Sep. 4,2015.

一、TFA 义务的性质和国内实施的特点

在 TFA 形成之前,WTO 并没有专门关于贸易便利化的协议和协定,贸易便利化的相关规则散见于 GATT 1994 中第 5 条、第 8 条、第 10 条、《海关估价协议》、《进出口许可证程序协议》、《装船前检验协定》、《技术性贸易壁垒协定》、《实施卫生与植物卫生措施协定》和《与贸易有关的知识产权协定》等协议条款之中,这些规定或多或少包含了简化国际贸易程序,降低贸易成本等内容。与这些 WTO 规则所涉的广泛范畴不同,TFA 重在从简化货物通关、过境程序方面设定贸易便利化规则。同时,考虑到各 WTO 成员贸易便利化实施现状和实施能力的巨大差异,TFA 对发展中国家尤其是最不发达国家特设专章规定。

总体而言,TFA 的 24 个条款共涉及三部分内容,其中贸易便利化的实质性措施义务规定在第一部分(TFA 第 1 条至第 12 条)。这些条款旨在澄清和改善 GATT 1994 第 5、8、10 条的相关方面,以及加强成员在贸易便利和海关守法问题上的有效合作。⑤ 鉴于我国在 2001 年加入世界贸易组织时已经针对 GATT 1994 第 5 条、第 8 条和第 10 条作出了相关承诺,并通过国内立法等措施履行了这些承诺。因此,从 TFA 实施的角度考虑,需要注意的是 TFA 相对于 GATT 1994 协定新增义务在我国的实施。

与包括 GATT 1994 在内的 WTO 协定不同的是,TFA 义务(尤其是新增义务)的履行,不是仅通过 WTO 成员修改相关国内法或者新设某项贸易便利化措施就可以迅速实现的,而是需要 WTO 成员从政策法律框架、程序、机构安排、人力资源和培训、信息通讯技术、基础设施建设等方面来综合完善。因此,在 TFA 的谈判期间,WTO 贸易便利化委员会就在这些方面发布了多份《贸易便利化自我评定指南》,为 WTO 成员评估本国(地区)贸易便利化和未来实施 TFA 措施提供指南。尤其

---

⑤ 《贸易便利化协定》序言指出:"各成员,考虑到多哈回合多边贸易谈判;忆及并重申《多哈部长宣言》第 27 段、总理事会于 2004 年 8 月 1 日通过的《关于多哈工作计划的决定》附件 D 及《香港部长宣言》第 33 段和附件 E 所含的授权和原则;期望澄清和改善 GATT 1994 第 5 条、第 8 条和第 10 条相关方面,以期进一步加快货物包括过境货物的流动、放行和结关;认识到发展中、特别是最不发达成员的特殊需要及期望增强在此领域能力建设方面的援助和支持;认识到成员间需要在贸易便利化和海关守法问题上的有效合作。"

值得注意的是,在 TFA 达成之后,结合 TFA 最终文本义务和措施内容,WTO 贸易便利化委员会于 2014 年 2 月 17 日发布了第八版《贸易便利化自我评定指南》⑥,于 2014 年 11 月 17 日发布了第九版《贸易便利化自我评定指南》⑦,旨在从上述方面来帮助 WTO 发展中国家和最不发达国家评定其在实施 TFA 时的技术援助和能力建设需求。

考虑到不同国家(尤其是发展中国家与最不发达国家)在上述各方面实施 TFA 的水平和能力的差异,TFA 还特别在义务性质上作出了与包括 GATT 1994 在内的其他 WTO 协定不同的弹性化和灵活化的处理方式。这种弹性化处理主要体现在以下两个方面:

第一,在 TFA 贸易便利化义务(TFA 第一部分)性质上采取了弹性处理方式。GATT 1994 第 5 条、第 8 条、第 10 条分别在"贸易法规的公布和实施"、"进出口手续和过境费用和手续"和"过境自由"为 WTO 成员设定了约束性义务。而 TFA 在澄清和解释这些条款的措施义务中,在约束性义务中融入了"应努力"、"应在可行的限度内并酌情"、"应在其可获得资源内"等灵活性处理方式。此外,对于"国际标准的使用"和"定期公布和确定放行时间"等措施甚至以"鼓励"等方式设定为非约束性义务。⑧

第二,TFA 为"发展中和最不发达国家"设定专章(TFA 第二部分第 13 条至第 23 条)。TFA 第二部分赋予了这些成员根据贸易便利化措施难易程度以及是否需要技术和资金援助自主选择 TFA 义务的权利,相应分为 A 类措施即 TFA 生效后立即实施的措施、B 类措施即经过一定过渡期后实施的措施以及 C 类措施即经过一定过渡期并通过能力建设援助获得实施能力后再实施的措施。同时规定,WTO 争端解决机制不会统一适用于所有成员,而是在给予 A/B/C 三类措施不同宽限期的前提下,依据成员的通报结果适用不同条款。TFA 中这种颇具"碎片化"特征的争端解决制度设计,对于缓和 WTO 成员在贸易便利化实施现状和实施能力方面的显著差异,具有重要意义。此外,针对这

---

⑥ Preparatory Committee on Trade Facilitation: WTO Negotiations On Trade Facilitation—Self Assessment Guide, at https://docsonline.wto.org/dol2fe/Pages/FE_, Sep. 4, 2015.

⑦ Ibid.

⑧ See Heng Wang, The Agreement on Trade Facilitation and Its Implications: An Interpretative Perspective, Asian Journal of WTO & International Health Law and Policy, Vol. 9, No. 2, 2014.

类成员发展水平较低、贸易便利化实施现状不佳、建设能力基础薄弱等情形,TFA 第二部分还规定了能力建设援助的提供,主要涉及能力建设援助的目标、原则、合作机制等,鼓励成员对发展中国家和最不发达国家成员提供援助。⑨

综观我国贸易便利化现状与 TFA 的要求,在"确定和公布平均放行时间"(第 7 条第 6 款)、"单一窗口"(第 10 条第 4 款)、"货物暂进口与入境及出境加工"(第 10 条第 9 款)、"海关合作"(第 12 条)四个方面,我国实施现状与 TFA 要求差距较大。为实施这些措施,我国还需要通过从人员、机构、信息通讯技术、基础设施建设和法律等方面进行完善。因此,我国在向 WTO 贸易便利化委员会提交 A 类措施通报时,将这四方面措施排除之外,利用 B 类措施允许的过渡期建设后再加以全面实施。

除了上述措施外,我国将 TFA 的其他措施都作出了 A 类措施通报。对于这些 A 类通报措施,我国总体实施情况良好。即使在某些具体措施方面与 TFA 要求存在一些差距,我国仍然可以利用 TFA 义务的弹性和灵活性义务性质特点,结合我国贸易便利化的改革方面逐步实施(参见表格 1)。

表格 1　TFA 义务和我国 A 类措施通报

TFA 贸易便利化义务涵盖范围	措施分类	义务性质	中国 A 类措施通报
信息获得、公布及法规修订(TFA 第 1～5 条),旨在澄清和解释 GATT 1994 第 10 条	信息的公布与获得(第 1 条)	约束性义务(其中互联网公布与设立咨询点具有灵活性)	全部措施 A 类通报
	评议机会、生效前信息及磋商(第 2 条)	弹性的约束性义务	
	预裁定(第 3 条)	约束性义务(其中预裁定范围具有灵活性)	
	上诉和审查程序(第 4 条)	约束性义务(其中海关外其他机构具有灵活性)	
	增强公正性、非歧视以及透明度的其他措施(第 5 条)	约束性义务	

---

⑨ Azevêdo Launches New WTO Trade Facilitation Agreement Facility to Deliver Support to LDCs and Developing Countries, at http://www.wto.org/english/news_e/news14_e/fac_22jul14_e.htm, Sep. 4, 2015.

(续表)

TFA贸易便利化义务涵盖范围	措施分类	义务性质	中国A类措施通报
进出口手续和费用（TFA第6~10条），旨在澄清和解释GATT 1994第8条	进出口费用和收费（第6条）	约束性义务	除第10条第4款"单一窗口"、第7条第6款"确定和公布放行时间"和第10条第9款"货物暂准进口/进出口和出口加工"外，其他措施全部以A类措施通报
	进出口和过境手续（第10条）	非约束性义务（"国际标准的使用"）和弹性的约束性义务（其他措施）	
	货物放行和结关（第7条）	非约束性义务（"确定和公布放行时间"）和弹性的约束性义务（其他措施）	
	边境机构的合作（第8条）	弹性的约束性义务	
	受海关监管的货物的移动（第9条）	弹性的约束性义务	
过境自由（TFA第11条），旨在澄清和解释GATT 1994第5条	强化非歧视原则	约束性义务	全部措施A类通报
	限制过境收费	约束性义务	
	简化过境手续	约束性义务（其中"提供单独基础设施"具有灵活性）	
	设置过境担保	约束性义务	
	加强过境合作	弹性的非约束性义务	
海关合作（TFA第12条）	促进守法和合作的措施	约束性义务	整体排除A类通报
	信息请求、提供和使用	弹性的约束性义务	

二、TFA的A类通报措施在中国的实施

（一）TFA"信息公布、获得及法规修订"义务的实施

1. TFA"信息公布、获得及法规修订"的义务

TFA第1条至第5条是关于"信息公布、获得及法规修订"的规

定。从内容上看,这些规定是对 GATT 1994 第 10 条"贸易条例的公布和实施"的澄清与完善。与 GATT 1994 第 10 条相比,TFA 针对贸易便利化中透明度的特殊需求,从以下四个方面为成员增加了诸多约束性义务:

第一,扩大信息公布范围,建立有效的公布途径。TFA 第 1 条规定的信息公布范围,除原 GATT 1994 第 10 条所列的法律法规外,还包括进出口和过境程序及单证要求、对进出口及过境征收的规费和费用、与原产地规则相关的普遍适用的法律法规及行政裁决、违反进出口或过境手续的惩罚规定、申诉程序以及与关税配额管理有关的程序。关于信息公布途径,TFA 第 1 条在增加互联网公布和设立咨询点义务的同时,也赋予了成员实施的灵活性,即仅要求 TFA 成员在可行范围内通过互联网提供和更新信息,在可获得资源内设立咨询点来提供相关信息。

第二,建立信息生效前的评议机制。评议机制要求在新订或修订涉及通关的法律时,要给予相关利益人机会和合理时限进行评议。这实质上赋予了私人立法参与权,降低了私人守法成本和行政监管成本。⑩ GATT 1994 第 10 条对此缺乏明确规定,TFA 第 2 条在此方面为成员增设了具有灵活性的约束义务,即要求成员在对与货物的流动、放行、清关和过境相关的法律法规新订或修订时,应考虑贸易商及其他关系方的利益诉求,在可行范围内,给予其机会和适当时限进行评论;并要求在信息生效前尽早公布,以便贸易商和其他利益关系方能够知晓。此外,协定还建议成员酌情规定边境机构与贸易商或成员与领土内的其他利害关系方之间进行定期磋商。

第三,增设"预裁定"机制。"预裁定"是指在货物抵达前,贸易商就货物的税则归类、原产地等海关事项向海关部门书面申请预先裁定。预裁定不仅能提高影响货物贸易的海关规则的透明度,还可以减少交易延误、摩擦和纠纷及可能的贸易诉讼。为此,相对于 GATT 1994 第 10 条缺乏"预裁定"要求,TFA 第 3 条为成员增设了两类"预裁定"要求:要求成员对于货物的税则归类、货物的原产地"应"设立"预裁定"机制;而对于确定完税价格、关税减免要求、配额要求及适合作出预裁

---

⑩ 参见张潇剑:《WTO 透明度原则研究》,载于《清华法学》2007 年第 3 期。

定的任何其他事项,则赋予了成员灵活性,仅鼓励成员设立相关预裁定。除了对成员预裁定事项作出规定外,TFA 第 3 条还规定了"预裁定"的程序性事项,如"预裁定"的申请、拒绝、撤销、修改和废止以及信息公开和范围等。⑪

第四,建立有效的上诉或审查程序。有效的上诉或审查程序对于保障贸易公平,规范包括海关在内的行政机构权力具有重要意义。⑫ TFA 第 4 条针对 GATT 1994 第 10 条对此仅有原则性规定的不足,为成员规定了以下详细义务:上诉或审查程序以非歧视方式进行;向行政相对人提供作出决定的理由,以便其在必要时提出上诉或审查;若上诉决定为在规定期限内作出或有不适当拖延,申诉人有权提出进一步上诉或审查或向司法机关寻求其他救济。同时建议成员将本规定适用于海关或其他边境机构针对通关货物的行政裁决。

2. TFA"信息公布、获得及法规修订"义务在中国的实施

如前所示,TFA"信息公布、获得及法规修订"是在 GATT 1994 第 10 条基础上进行的澄清和完善。针对 GATT 1994 第 10 条"贸易法规的公布和实施"的要求,我国早在 2001 年《中国入世议定书》和《中国入世工作组报告》"透明度"承诺部分已经作出了超 WTO 义务的承诺。承诺内容不仅涵盖了 GATT 1994 第 10 条的所有要求,而且对于现 TFA 所新增的互联网公布、设立咨询点、评议机制和预裁定等也作出了相关承诺。不仅如此,在国内实施方面,我国也已出台相关法律规章设立了信息公开制度⑬,通过《立法法》等法律行政法规建立了"信息生效前的评议机制"⑭;针对海关行政决定,建立了有效的上诉或审查程序。

---

⑪ See Deborah Elms, After Bali: What Happens Next with Asian Trade Facilitation, *Asian Journal of WTO & International Health Law and Policy*, Vol. 9, No. 2, 2014.

⑫ See Friedl Weiss & Silke Steiner, Transparency As an Element of Good Governance in the Practice of the EU and the WTO: Overview and Comparison, *Fordham International Law Journal*, Vol. 30, 2007.

⑬ 我国《政府信息公开条例》第 15 条规定:行政机关应当将主动公开的政府信息,通过政府公报、政府网站、新闻发布会及报刊、广播、电视等便于公众知晓的方式公开;《海关关务公开办法》第 14 条规定:海关应当将主动公开的海关信息,通过海关门户网站、新闻发布会以及报刊、广播、电视等便于公众知晓的方式公开。

⑭ 我国《立法法》第 58 条规定:行政法规在起草过程中,应当广泛听取有关机关、组织和公民的意见;《海关关务公开办法》第 9 条第 2 款规定:海关拟作出的决策、制定的规定或编制的规划、计划、方案等,涉及公民、法人或其他组织的重大利益或者有重大社会影响的,应当将有关草案向社会公开,充分听取公众意见。

《贸易便利化协定》在我国的实施研究

因此,与其他(例如亚洲地区)WTO 成员相比,我国在 TFA"信息公布、获得及法规修订"方面实施水平较高。

尽管如此,在具体要求方面,我国实施水平与 TFA 的要求还有一些差距。这些差距以"预裁定"制度最为典型。根据我国 2004 年 9 月《进出口货物原产地条例》[15]、2007 年 3 月《海关进出口货物商品归类管理规定》[16]以及 2013 年 6 月修正的《海关法》[17]的规定,我国虽然已经建立了"预裁定"制度,但在可裁定事项范围方面与 TFA 要求还存在一定的差距。具体而言,我国目前仅设立了针对关税分类和货物原产地的预裁定制度,而针对 TFA 鼓励设立"预裁定"的其他事项,我国上述法律法规还未作出相应的规定。虽然暂不实施这些鼓励性义务并不会招致 WTO 争端,但为了全面实施 TFA 的"预裁定"要求,以提高贸易便利化中的透明度水平,我国将通过逐步扩大预裁定的裁决事项,以完善预裁定制度。

(二) TFA"进出口费用和手续"义务的实施

贸易便利化中有关进出口费用和手续的规则,在 GATT 1994 第 8 条"进出口费用和手续"中已有规定。该条主要涉及了简化费用和手续及对违反海关规章和手续的处罚纪律等,针对该条规定过于简单概括,缺乏可操作性等问题,TFA 第 6 条至第 10 条特从进出口费用、进出口手续和货物清关三个主要方面为成员增设了诸多要求(参见表格 2)。

---

[15] 我国《进出口货物原产地条例》第 12 条规定:进口货物进口前,进口货物的收货人或者与进口货物直接相关的其他当事人,在有正当理由的情况下,可以书面申请海关对将要进口的货物的原产地作出预确定决定;申请人应当按照规定向海关提供作出原产地预确定决定所需的资料。海关应当在收到原产地预确定书面申请及全部必要资料之日起 150 天内,依照本条例的规定对该进口货物作出原产地预确定决定,并对外公布。

[16] 我国《海关进出口货物商品归类管理规定》第 15 条规定:在海关注册登记的进出口货物经营单位,可以在货物实际进出口的 45 日前,向直属海关申请就其拟进出口的货物预先进行商品归类。根据商品归类结果进而确定其适用的税则。

[17] 我国《海关法》第 43 条规定:海关可以根据对外贸易经营者提出的书面申请,对拟作进口或者出口的货物预先作出商品归类等行政裁定。进口或者出口相同货物,应当适用相同的商品归类行政裁定。海关对所作出的商品归类等行政裁定,应当予以公布。

表格 2　TFA 关于"进出口费用和手续"纪律与我国实施状况

TFA "进出口费用和手续"规则涵盖范围	具体措施分类	我国 A 类通报措施实施现状	备注
关于对"进出口征收或与进出口相关的规费和费用"的规则	公布费用/规费、禁止征收未公布的费用/规费、定期审查费用/规费、减少费用/规费的数量和种类、费用/规费的具体构成、处罚	已经实施公布费用/规费、禁止征收未公布的费用/规费、减少费用/规费的数量和种类、处罚。尚未明确费用/规费定期审查制度、部分费用/规费未以成本计价	
关于"进出口手续"的规则	简化手续和单证要求、副本的接受、单一窗口、国际标准的使用、取消装船前检验、取消强制使用报关代理、关税同盟内的相同边境程序和统一单证要求、拒收货物退还进出口商和出口商、电子化和信息化	已经实施简化手续和单证要求、取消强制使用报关代理、退还拒收货物。副本的接受范围、取消装船前检验范围与 TFA 有区别，国际标准的使用、信息化和电子化水平还需要逐步提高	作出 A 类措施排除的"单一窗口"已在上海自贸区等试点。另外，"货物暂准进出口和加工"已经在上海洋山保税区试点。
关于"货物放行与结关"的规则	预清关、特别放行、风险管理、后续稽查、电子化和信息化、授权经营者、确定和公布平均放行时间、快运货物的放行、易腐货物的放行	已经设立预清关、特别放行、授权经营者制度，并对快运货物和货物快速放行。需要进一步深化通关电子化和信息化、推广风险管理和后续稽查。	尚未定期确定和公布平均放行时间，作出 A 类措施排除。

1. TFA"进出口相关的规费和费用"义务的实施

与"进出口相关的规费和费用"原本规定在 GATT 1994 第 8 条第 1

款的(甲)项和(乙)项下[18],该款规定规费和费用的征收不应对国际贸易构成变相限制,也不应成为增加财政收入的税收手段。同时规定要减少规费和费用的数量和种类。相比之下,TFA 第 6 条在继承对 GATT 1994 第 8 条第 1 款的(甲)项对进出口征收的所有规费和费用必须以服务成本为限的基础上,新增以下义务要求:成员应公布与进出口相关的费用信息;在规费和费用的公布与生效之间应设置过渡期;禁止征收未经公布的规费和费用;定期审查规费和费用等。

就这些义务而言,我国已做到依法公布收费标准,费用征收环节的透明度大力提高。但是,在征收标准方面,我国现有的检验检疫费用征收规则为从价征收,与 TFA 第 6 条第 2 款要求的进出口费用按照服务成本征收不符。因此,为满足 TFA 第 6 条第 2 款要求,我国需要改变现有检验检疫的征收标准。此外,由于工作量等考虑,我国尚未建立 TFA 第 6 条第 1 款要求的费用征收和通报的定期审查制度,我国将通过设立定期审查制度进一步提高在进出口费用方面的透明度。

2. TFA"进出口手续"义务的实施

贸易便利化的核心是海关与跨境制度,其关键要素在于简化和协调与进出口和过境相关的手续和程序。为此 GATT 1994 第 8 条第 1 款(丙)项[19]作出了简化与进出口和过境相关的手续的原则性规定。相比于该条规定缺乏可操作性的问题,TFA 第 10 条"与进出口和过境相关的手续",特设 9 个款项,从以下几个方面为 WTO 成员设定了具体操作性措施义务。

第一,简化手续和单证要求。简化与进出口和过境相关的手续和单证是贸易便利化主要解决的问题,该项要求能够减少贸易商和经营者的守法时间和成本,并有效降低对贸易的限制。为此,TFA 第 10 条第 1 款要求 WTO 成员在结合多方考虑[20]情形下履行审议手续和单证

---

[18] GATT 1994 第 8 条第 1 款:(甲)缔约国对输出入及有关输出入所征的除进出口关税和本协定第 3 条所述国内税以外的任何种类的规费和费用,不应成为对国产品的一种间接保护,也不应成为为了财政目的而征收的一种进口税或出口税。(乙)各缔约国认为:本款(甲)项所称规费和费用的数量和种类有必要予以减少。

[19] GATT 1994 第 8 条第 1 款:(丙)各缔约国认为:输出入手续的负担和繁琐,应降低到最低限度;规定的输出入单证应当减少和简化。

[20] 《贸易便利化协定》第 10 条第 1 款指出,此"多方考虑"包括合法政策目标及情形变化、相关新信息和商业惯例、方法和技术的可获得性、国际最佳实践及利益关系方的意见。

的义务,并根据审议结果,努力实现货物快速放行和结关。

第二,接受副本。通关口岸监管部门之间相互协调承认接受商业副本,能极大减少贸易商递交材料的时间成本和货物滞留的仓储费用支出,并由此提高货物通关速度。为此,TFA第10条第2款要求成员在努力接受单证纸质或电子版本的原则下,对于由持有单证正本部门发出的商业副本,其他机构有接受的积极义务。同时还规定了在货物进口时,成员不得要求提交出口报关单正本或副本的消极义务。

第三,鼓励国际标准的使用。贸易便利化国际标准范围广泛,包括联合国贸易便利化和电子商务中心(UN/CEFACT)、世界海关组织(WCO)在内的诸多国际组织都制定了贸易便利化相关的国际标准,其中仅UN/CEFACT就相继发布了35个建议书、7套标准、5项准则,涉及600多项国际标准。[21] 鉴于这些国际标准本身都是非强制性的,各国实施水平和程度也参差不齐,TFA第10条第3款最终仅为成员设定了非约束性义务:鼓励成员以相关国际标准为依据,作为其进出口或过境的手续和程序的依据;鼓励成员在其资源限度内,适当参加国际组织对国际标准的制定和定期审议。同时规定委员会应酌情制定供成员分享实施国际标准的相关信息和最佳实践的程序,以及确定对成员有特殊价值的特定标准。

第四,设立国际贸易"单一窗口"。国际贸易"单一窗口"又称"国际贸易数据系统"(ITDS),是指参与国际贸易和运输的各方,通过单一的平台提交满足全部进口、出口和转运相关监管规定的标准化信息和单证的一项措施。[22] 在TFA之前,"单一窗口"主要是联合国力推的一项贸易便利化的重要措施,旨在促进国际贸易快速发展,消除行政和技术壁垒,实现各国国际贸易电子数据互联互通。联合国贸易便利化和电子商务中心(UN/CEFACT)与联合国欧洲经济委员会(UNECE)在"单一窗口"的建设方面,发布了第33号建议书《建立国际贸易单一窗口的建议与指南》、第34号建议书《国际贸易数据简化和标准化的建议书》以及第35号建议书《建立国际单一窗口的法律框架的建议书》

---

[21] 参见胡涵景等著:《国际贸易便利化和单一窗口概论》,中国工信出版社和电子工业出版社2015年版,第24~26页。

[22] UN/CEFACT Recommendation No. 33-Recommendation and Guidelines on Establishing A Single Window.

等一系列关于"单一窗口"的建议书和标准。此外,世界海关组织(WCO)、联合国贸易和发展委员会(UNCTAD)、世界海事组织(IMO)和国际商会(ICC)等制定了诸多有关"单一窗口"建设中的国际标准和指南。[23] TFA第10条第4款"单一窗口"并没有如上述国际组织关注"单一窗口"的建设指导,而是突破性将建设"单一窗口"设定为具有灵活性的约束性义务,即要求成员应努力设立一个单一窗口,使贸易商能够通过主管机构的单一接入点提交货物进出口或过境的单证数据要求,并通过此接入点及时获取审查结果。

第五,取消部分装运前检验。进出口货物的装船前检验现多为发展中国家采取的措施,该措施很容易导致交易成本增加和通关时间延长。从加速通关角度考虑,同时又兼顾装船前检验的必要目的和发展中国家的实施现状。TFA第10条第5款最终仅设立了取消部分装船前检验的禁止性义务,即不得要求使用与税则归类和海关估价有关的装运前检验。同时建议成员在实施《装运前检验协定》的基础上不再增加新的检验要求,但排除以保护人类、动物或植物的生命或健康(SPS)为目的进行的装运前检验。

第六,逐步取消报关代理的强制使用。TFA第10条第6款要求成员在维持目前报关代理存在的前提下,自TFA生效时起,不得强制使用报关代理。同时规定成员应履行通知和公布其关于报关代理使用措施的义务,以透明、客观的方式规定报关代理的许可程序。

在上述措施中,我国将设立国际贸易"单一窗口"作出了A类措施排除。其他措施都属于我国向WTO贸易委员会通报的A类措施范围。就这些通报措施而言,我国已经基本达到TFA第10条所要求的精简单证要求、允许接受文件副本、限制装船前检验、取消强制报关代理的要求。但是,在取消装船前检验和文件副本接受范围方面,我国现有规定与TFA要求存在一定差距。具体而言,在装运前检验方面,TFA第10条第5款允许成员为动植物卫生检疫(SPS)目的进行装船前检

---

[23] UN Report:《Electronic Single Window Legal Issues: A Capacity-Building Guide》, pp. 17 – 43, at http://www.unescap.org/resources/electronic-single-window-legal-issues-capacity-building-guide, Sep. 4, 2015; WCO Compendium:《how to build a single window environment》, pp. 25 – 28, at http://www.wcoomd.org/~/media/WCO/Public/Global/PDF/Topics/Facilitation, Sep. 4, 2015.

验,但要求 WTO 成员履行不得使用与税则归类和海关估价有关的装运前检验。而根据我国 2013 年修订的《进出口商品检验法》的相关规定,我国现在虽然对进出口货物主要是以 SPS 为目的进行装船前检验。但在税则归类方面,依据 2013 年 6 月修正的《海关法》规定[24],海关的检验结果必要时可以作为商品税则归类的依据。由此,为实施 TFA 第 10 条第 5 款,我国需要逐步调整税则归类与海关装运前检验挂钩。此外,在文件副本方面,我国虽然允许接受文件副本,但是对于如进出口许可证等文件,我国规定需留存正本,因此也需要作相应调整。

最后,针对 TFA 第 10 条第 3 款"国际标准的使用"这一非约束性措施,我国国际标准化委员会等机构虽已根据 UN/CEFACT 等的国际标准制定了相应的国内标准,但与欧盟和美国等 WTO 成员相比,这些国内标准对国际标准的等同采用率仍然较低。例如,欧盟和美国对于 UN/CEFACT 的相关国际标准的等同化率到达 80% 甚至 100%,而我国仅为 40% 左右。[25] 虽然 TFA 仅将使用国际标准设为非约束性义务,但鉴于使用国际标准在统一进出口手续和程序中的重要作用,我国尤其是在"单一窗口"的建设中应加强国际标准的等同化采用。

3. TFA 货物清关义务的实施

货物清关即结关,是指进出口或过境货物出入一国关境时,依照各项法律法规和规定应当履行的手续。只有完成海关手续办理,货物才得以放行,货主或申报人才能提货。GATT 1994 第 8 条对货物清关环节并未加以任何规定,但建立统一、标准化的货物清关和放行程序对于提高货物流通速度,减少贸易成本具有重要意义。TFA 第 7 条"货物的放行和清关"(共有 9 款),特别从预清关、特别放行、风险管理、后续稽查、电子化和信息化、授权经营者计划、确定和公布平均放行时间、快运货物的放行等角度对成员货物的放行和结关作出了统一要求。

在货物清关方面,我国将"确定和公布平均通关时间"排除在 A 类措施之外,其他都属于我国向 WTO 贸易委员会通报的 A 类措施范围。

---

[24] 我国《海关法》第 42 条规定:进出口货物的商品归类按照国家有关商品归类的规定确定。海关可以要求进出口货物的收发货人提供确定商品归类所需的有关资料;必要时,海关可以组织化验、检验,并将海关认定的化验、检验结果作为商品归类的依据。

[25] 参见罗有花:《中国贸易程序标准体系及其应用特征研究》,载于《湖南财经经济学院学报》2014 年第 2 期。

我国自 2001 年启动"大通关"(即提高通关效率)口岸通关改革以来,通过推行"前推后移"的"哑铃式"式通关作业改革,尤其是分类通关㉖以及通关无纸化㉗作业改革等,基本可以达到了上述 A 类措施要求。具体而言:

第一,设立了"预清关"制度。"预清关"即抵达前处理。TFA 第 7 条第 1 款要求成员应允许贸易商在货物抵达前递交包括舱单在内的进口单证和其他必要信息,以期加快货物放行速度。在我国,根据 2003 年海关总署发布的《海关进出口货物申报管理规定》,已经允许进出口单证信息进行提前申报,并已经在实践中采取了"提前通报、实货放行"的前推式通关作业改革。

第二,设立了"特别放行"制度。"特别放行"是一种将货物放行与关税、国内税、规费和费用的最终确定相分离的制度。具体操作是海关在接受担保、合同或定金保证的基础上,将海关监管下的货物在缴税之前或在一些海关问题(如关税分类、交付关税或海关评估)解决之前予以放行。㉘ TFA 第 7 条第 3 款在对 WTO 成员设立特别放行程序设定统一要求的同时,也对"特别放行"中海关收取的担保费用、处罚和罚金问题作出了灵活性规定。在我国货物进出口环节,根据国务院 2003 年 11 发布的《进出口关税条例》㉙、2010 年 9 月发布的《海关事务担保

㉖ 分类通关是海关以企业资信状况为基础,综合货物、物流等各类要素,按照风险高低对进出口货物实施分类通关作业。

㉗ 通关作业无纸化是指海关以企业分类管理和风险分析为基础,按照风险等级对进出口货物实施分类,运用信息化技术改变海关验核进出口企业递交纸质报关单及附随单证办理通关手续的做法,直接对企业通过中国电子口岸录入申报的报关单及附随单证的电子数据进行无纸审核、验放处理。通关作业无纸化改革能够极大地减少纸质单证要求,简化法检商品的进出口通关作业手续,使进出口企业省去申领纸质通关单这一环节,减少企业往返通关现场次数,降低企业成本。2012 年 8 月起,我国海关开始在北京、天津、南京、杭州、宁波、福州等 12 个直属海关正式启动通关无纸化改革。2013 年 4 月 11 日,海关总署发布《关于深化通关作业无纸化改革试点工作有关事项的公告》,开始在全国深化通关作业无纸化改革试点工作。参见"关务通监管通关系列"编委会编著:《便捷通关一本通》,中国海关出版社 2013 年版。

㉘ 参见何文珂、刘文纲、杨浩雄、陈高宏著:《贸易便利化与过境运输》,知识产权出版社 2008 年版,第 101 页。

㉙ 我国《进出口关税条例》第 42 条规定:经海关批准暂时进境或者暂时出境的货物,在进境或者出境时纳税义务人向海关缴纳相当于应纳税款的保证金或者提供其他担保的,可以暂不缴纳关税,并应当自进境或者出境之日起 6 个月内复运出境或者复运进境。

条例》㉚以及 2013 年经修订的《海关法》㉛，海关已经设立了 TFA 要求"特别放行"程序，并且自 2009 年起已经在全国实施"担保验放、便捷通关"的通关作业改革。

第三，对"经认证授权经营者"实施贸易便利化措施。"经认证授权经营者"（英文简称"AEO"）的概念源于 2005 年世界海关组织（WCO）《全球贸易安全与便利化标准框架》（以下简称《标准框架》）。根据《标准框架》中的定义，AEO 是指以任何一种方式参与货物的国际流通，并经海关认定符合世界海关组织或相应供应链安全标准的一方。与《标准框架》从保护国际贸易供应链安全，并兼顾贸易便利化的角度引入 AEO 制度㉜不同的是，TFA 中的 AEO 规则更侧重于对"经认证授权经营者"提供与进口、出口或过境手续有关的额外贸易便利化措施。因此，TFA 第 10 条第 7 款 AEO 规则，在鼓励成员根据国际标准制定授权经营者计划的基础上，纳入了自有的 AEO 认证标准，并要求成员对于符合标准的 AEO 提供可供选择的贸易便利化措施。㉝

我国作为 WCO《标准框架》的接受国家之一，2008 年通过《海关对企业实施分类管理办法》将《标准框架》部分 AEO 制度转化为国内法，由此初步建立了我国企业分类通关管理（即 AEO）制度。㉞ 2014 年 9 月海关总署发布了《海关企业信用管理暂行办法》（取代了上述《海关对企业实施分类管理办法》），正式明确了"认证企业是中国海关经认证的经营者（AEO）"。此外，对比 TFA 的要求，在 AEO 的认证标准方面，我国也采取与 TFA 所符的特定标准，并给予不同认证企业实施了

㉚ 我国《海关事务担保条例》第 4 条规定：有下列情形之一的，当事人可以在办结海关手续前向海关申请提供担保，要求提前放行货物：进出口货物的商品归类、完税价格、原产地尚未确定的；有效报关单证尚未提供的；在纳税期限内税款尚未缴纳的；滞报金尚未缴纳的；其他海关手续尚未办结的。

㉛ 我国《海关法》第 66 条规定：在确定货物的商品归类、估价和提供有效报关单证或者办结其他海关手续前，收发货人要求放行货物的，海关应当在其提供与其依法应当履行的法律义务相适应的担保后放行。法律、行政法规规定可以免除担保的除外。

㉜ 参见御厨邦雄：《贸易便利化与海关角色》，载于《中国海关》2013 年第 1 期。

㉝ 《贸易便利化协定》第 10 条规定：对于符合标准的授权经营者，TFA 要求成员至少提供以下贸易便利化措施中的任意 3 项：降低单证和数据要求、降低实体检查和审查的比例、加快放行时间、延迟支付税费和费用、使用总担保或减少担保、在特定时限内的一次性海关申报、其他地点办理货物结关。并对成员设置了在委员会范围内就有效的授权经营者计划交流相关信息的强制性义务。

㉞ 参见陈苏明：《AEO 认证对海关稽查的影响——基于风险管理基础稽查的 AEO 认证》，载于《上海海关学院学报》2008 年第 1 期。

不同的 TFA 建议的贸易便利化措施。㉟ 此外,在 WTO 成员之间的 AEO 互认方面,上述《海关企业信用管理暂行办法》也明确了"中国海关依法开展与其他国家或者地区海关的 AEO 互认,并给予互认 AEO 企业相应通关便利措施"。在实践中我国海关也依法开展了与其他国家或者地区海关的 AEO 互认,并给予互认 AEO 企业相应通关便利措施。

第四,正在实践"风险管理"式通关改革。"风险管理"作为我国在 TFA 谈判中力推的措施,其有效实施能够提高口岸查验效率和服务水平,同时保证"国门"安全,避免政府税收流失和实现贸易便利。WCO 的《京都公约》和《全球贸易安全与便利化标准框架》等都对于海关风险管理制度已经作出了较全面的指导规范。㊱ 与 WCO "风险管理"规范详细而约束力具有选择性(仅对选择接受成员有约束力)不同的是,TFA 第 7 条第 4 款"风险管理"规则偏重于为成员设立统一要求,即成员应尽可能设立以海关监管为目的的风险管理制度,而对于"风险管理"规范仅作出了原则性规定,即成员在设计和运用风险管理机制时以非歧视为原则,避免对跨境贸易构成变相限制;成员应将边境监管集中在高风险货物上,对低风险货物加快放行。我国作为 WCO《京都公约》(部分附约)和《标准框架》的接受国,早自 1999 年起就已引入了"风险管理"理念。但是直至 2009 年我国海关总署试点实施分类通关(见《分类通关改革试点工作实施》),现代"风险管理"理念才正式转化为实践应用,并开始正式实践到海关事前(预清关)、事中、事后通关(后续稽查)监管体系。从全国海关"风险管理"实施情况来看,以企业分类管理(即上述 AEO)和风险分析为基础的分类通关作业模式已在全国初步建立,而鉴于"风险管理"一定程度上取决于管理人才和信息技术的应用和发展程度,针对我国不同口岸间风险管理、分类通关和后

㉟ 我国经认证企业包括一般经认证企业和高级认证企业两类。认证企业享有不同范围的贸易便利化措施。其中一般认证企业享有较低进出口货物查验率;简化进出口货物单证审核;优先办理进出口货物通关手续;海关总署规定的其他管理原则和措施。高级认证企业除适用一般认证企业管理原则和措施外,还适用下列管理措施:在确定进出口货物的商品归类、海关估价、原产地或者办结其他海关手续前先行办理验放手续;海关为企业设立协调员;对从事加工贸易的企业,不实行银行保证金台账制度;AEO 互认国家或者地区海关提供的通关便利措施。参见我国《海关企业信用管理暂行办法》第 16、17 条。

㊱ See WCO Report: WCO Customs Risk Management Compendium Volume I, pp. 6 – 9, at http://www.wcoomd.org/en/topics/enforcement-and-compliance/instruments-and-tools/compendiums, Sep. 4, 2015.

续稽查的实施情况仍参差不齐,我国仍需加强这些口岸的风险管理能力建设。

第五,正在实践"后续稽查"制度。后续稽查是指海关在货物放行之后,以风险评估结果为基础对人或货物实施稽查工作。作为我国在贸易便利化谈判中力推的内容,后续稽查的设立不仅能加快货物流通速度,还能有效弥补前期风险管理的漏洞,对应查而未查的货物进行补充查验。[37] 针对后续稽查,TFA 第 7 条第 5 款对成员提出了建立后续稽查制度的要求,即成员应在风险管理的基础上实施后续稽查;以透明的方式进行;稽查结果、权利义务和结果理由应及时通知被稽查人。建议成员在可行的情况下,将后续稽查结果应用在风险管理中。后续稽查制度以企业和货物监管并重,在进出口货物通关放行之后,仍可以对企业进出口活动实施监督和检查,扩大了海关监管的时间和空间,实现了海关管理的"后移"。根据 1997 年国务院发布的《海关稽查条例》和 2000 年海关总署发布的《海关稽查条例实施办法》,我国已经建立了较详细的后续稽查制度,但是若要达到 TFA 第 5 条"后续稽查"的要求,还需要加强海关风险管理技术在后续稽查中的运用。

最后,正在推进电子化和信息化应用。在货物通关程序中推动电子化和信息化的运用,提高货物通关程序的自动化水平,既能减低企业通关成本,又能提高海关执法透明度和行政效率。[38] TFA 在此方面对成员作出了综合性建议:成员应在可行限度内并酌情通过互联网提供和更新相关信息(TFA 第 1 条第 2 款);在预清关中,货物抵达前的单证可以电子格式提交(TFA 第 7 条第 1 款);成员可以设立电子支付税费的程序(TFA 第 7 条第 2 款);为简化进出口和过境相关的手续,在成员政府机构已经持有单证正本的情况下,该成员其他机构应接受电子文档副本(TFA 第 10 条第 2 款);鼓励成员在可行限度内,使用信息技术支持单一窗口建设(TFA 第 10 条第 4 款)等。我国通过海关"金关工程"建设和中央和地方"电子口岸"建设,以及通关无纸化作业改革等,通关电子化水平迅速提高,配合我国国际贸易"单一窗口"的建设,口岸监管信息化和电子化程度将得到进一步提升。

---

[37] 参见胡蓉:《海关通关风险管理浅析》,载于《商业时代》2007 年第 3 期。

[38] 参见匡增杰、凌定成:《我国海关实施贸易便利化的困难及对策研究》,载于《世界贸易组织动态与研究》2009 年第 9 期。

《贸易便利化协定》在我国的实施研究

(三) TFA"过境自由"义务的实施

过境自由,是指对于来自或前往其他缔约国领土的过境运输,被过境方须给予其自由通过其领土的权利。过境自由是贸易便利化的重要内容,规定在 GATT 1994 第 5 条中。㊴ 与 GATT 1994 第 5 条相比,TFA 第 11 条共 13 个条款在强化非歧视原则的基础上,对过境程序和费用的规定更加简化和细化,使其具有可操作性。具体而言,TFA 第 11 条过境自由要求成员加强过境运输方面的合作,以减少运输延误和限制因素;要求成员过境运输的法规或程序不得构成变相限制,不得要求任何自愿限制;过境运输费用应与所接受的服务成本相当;过境手续和单证要求仅应用于满足货物过境要求;不得对过境货物有技术或质量要求;允许过境单证数据的预处理;允许过境运输存在的最高额担保,成员要求担保只能以满足过境运输为目的;建议成员加强在此方面的合作。

在过境运输方面,我国基本能达到 TFA 第 11 条有关降低过境收费、简化过境手续、设定过境担保、加强过境合作的要求。但是,在强化非歧视性义务方面,根据我国海关总署于 1992 年 9 月发布的《海关对过境货物监管办法》中的相关规定㊵,来自与我国签订运输协议国家的货物和来自没有与我国签订运输协议的国家货物在办理过境手续时,可能受到不同的待遇。在过境费用构成方面,根据我国《出入境检验检疫收费标准》,货物检验费是以货值为计费依据的,这也不符合 TFA 以服务成本为计费依据的要求。为实施 TFA 过境自由方面的义务,我国应对上述过境措施进行改革。

㊴ GATT 1994 第 5 条为"过境自由",规定了过境运输时应遵守的纪律。该条规定过境运输可选择最方便的国际过境路线,有经过每一成员领土的过境自由;被过境国应对过境运输提供非歧视待遇,不得因船籍、原产地、始发地、入港、出港或目的地、或与货物、船舶或其他运输工具所有权的任何情况而有所区分;给予经由其他任何缔约方领土过境产品的待遇,不得低于此类产品在不经过其他缔约方领土而自原产地运至目的地的情况下所应给予的待遇;不得延误或限制过境运输,收费应限制在服务成本等。

㊵ 我国《海关对过境货物监管办法》第 3 条规定:对同我国签有过境货物协定的国家的过境货物,或属于同我国签有铁路联运协定国家收、发货的,按有关协定准予过境;对于同我国未签有上述协定国家的过境货物,应当经国家经贸、运输主管部门批准并向入境地海关备案后准予过境。

三、TFA 通报 A 类排除措施在我国的实施

如前述,我国在向贸易便利化筹备委员会与前述术语要统一作出 A 类通报时,对于"确定和公布平均放行时间"、"海关合作"、"货物进口与入境及出境加工"以及"单一窗口"作出了排除。

首先,就第 7 条"确定和公布平均放行时间"而言,鉴于参与 TFA 谈判的 WTO 成员在货物"放行时间"以及"确定和公布平均放行时间"国内实施方面的显著差异,TFA 第 7 条第 6 款"确定和公布放行时间"在尊重各成员依照其需要和能力确定平均放行时间测算的范围和方法的基础上,仅为 WTO 成员设定了鼓励性义务,即鼓励各成员定期并以一致的方式测算和公布货物的平均放行时间,特别使用包括《世界海关组织放行时间研究》等工具;鼓励各成员与委员会分享其在测算平均放行时间方面的经验,包括所使用的方法、发现的瓶颈问题及对效率产生的任何影响。

其次,针对 TFA 第 12 条"海关合作",与区域贸易协定中"海关合作"范围广泛不同的是,TFA"海关合作"规则在鼓励 WTO 成员加强海关合作的前提下,仅重点关注海关合作中的信息交换义务。这些信息交换的约束性义务包括:要求成员迅速回应,提供准确信息;要求信息使用方履行信息保护和保密的强制性义务,不得越权使用信息;要求成员遵守相关的信息请求限制[41];要求成员考虑信息请求对被请求成员造成的行政负担及请求获得答复的财政利益与被请求成员为提供信息所付努力间的均衡性。

我国将"确定和公布平均放行时间"和"海关合作"排除在 A 类通报措施之外,与我国货物贸易通关总量与现行海关工作承受能力有着密切关联。我国现在虽已设立海关通关时间限制和海关合作机制(基于双边海关合作协定),并通过一系列清关措施改革,不断缩短海关通关时间,以及通过加快自贸区建设等加强海关合作和信息互通。但我们需要注意的是,我国作为全球第一大贸易进口国和贸易出口国,货物

---

[41] 不得要求成员修改其进口或出口申报的格式或程序;不得要求提供规定外的单证;禁止为获得信息而发起咨询;不得要求修改保留信息的期限;不得要求翻译信息或核实信息;不得要求提供可能损害他人合法利益的信息。

通关数量全球居首。若按照 A 类通报措施要求,立即实施 TFA 要求的定期公布平均通关时间和应其他 WTO 成员请求提供海关信息㊷,可以预见现有的海关工作量将大幅增加。不仅如此,从 TFA A 类措施与 WTO 争端解决机制挂钩的角度考虑,若立即实施这两项措施,还可能因个别通关时间与平均通关时间差距过大,或者无法有效公布平均通关时间或无法及时应请求提供海关信息,而招致 WTO 争端。我国将这两项措施排除在 A 类措施之外而作为 B 类措施实施,可以为我国实施争取相应的过渡期。在 B 类措施过渡期中,为实施 TFA 这两项措施要求,我国海关总署还需要从人员、技术和基础设施建设等方面加以提升。

再次,就"货物进口与入境及出境加工"而言,TFA 要求各成员可以根据临时准入程序允许货物进口,或根据全部或部分免除关税及税收的运进货外发加工程序,允许货物进口或出口。我国已经按照 TFA 相关要求在上海洋山保税区试行,在试行成功的基础上,可在全国口岸推广相关措施。

最后,就"单一窗口"而言,由于国际贸易"单一窗口"具有优化口岸部门之间的协调配合,降低行政成本;减少进出口货物在口岸的延误,提高口岸通关效率,降低贸易成本;提高贸易商的守法意识和政府执法的透明度,维护国际贸易供应链的安全与便利等诸多优势。㊸ 故在 TFA 谈判期间,"单一窗口"就已经在欧美国家、日本、澳大利亚、韩国、新加坡、马来西亚以及我国香港和台湾地区甚至非洲的毛里求斯、加纳等 70 多个国家或地区得以建设实施(这其中,欧盟内部甚至实现了区域"单一窗口"建设),成为这些国家或地区提高国际贸易竞争力的重要工具。㊹ 因此,在我国建设国际贸易"单一窗口"不仅是实施

㊷ 《贸易便利化协定》第 12 条对海关合作中的信息交换环节作出了如下规定:要求成员应尽力促进贸易商守法,对违法行为实施严厉处罚措施;鼓励成员加强海关合作;列举了请求的内容,要求成员迅速回应,提供准确信息;要求信息使用方履行信息保护和保密的强制性义务,不得越权使用信息;要求成员遵守相关的信息请求限制;要求成员考虑信息请求对被请求成员造成的行政负担及请求获得答复的财政利益与被请求成员为提供信息所付努力间的均衡性。

㊸ 海关总署:《海关总署新闻发言人就"单一窗口"试点答记者问》,at http://www.customs.gov.cn/publish/portal0/tab49564/info702014.htm,2014 年 4 月 3 日。

㊹ 参见孟朱明:《建设我国国际贸易"单一窗口"是当务之急》,载于《中国对外贸易》2014 年第 7 期。

TFA义务要求,更是顺应国际贸易形势,提升我国国际贸易竞争力的重要要素。

按照TFA要求和以上各国(地区)建设国际贸易"单一窗口"的成功经验,实现国际贸易"单一窗口"需要具备以下四个基本要素:一次递交,也就是说企业只需要一次性向平台提交相应的信息和单证,已通过单一窗口受理的申报信息,海关、商检、海事、边检等相关机构不应再要求企业提交;一个平台,企业所有申报行为只面对一个平台,海关、商检、海事、边检等相关部门的监管信息通过一个平台反馈给申报人,各监管部门通过一个平台实施信息共享;一个标准,各监管部门要求企业提交单证和电子数据的格式、种类等应该采取统一的标准规范;能够满足政府部门和企业的需求。而我国现行的"电子口岸"(我国"单一窗口"建设平台)电子信息化和基础设施建设水平不一,尤其是"电子口岸"所涉海关、边检、质检部门等口岸监管部门仍处于强垂直管理、弱横向联合管理状态,部门之间数据共享、数据国际标准化和一致化较低以及通关串联作业的现状下,要实现上述"单一窗口"的四项基本要求,就需要在加快"电子口岸"基础设施和信息技术建设的同时,尤其重视加快推进以"信息互换、监管互认、执法互助"(简称"三互")[45]为指导的口岸监管体制改革。

中国(上海)自由贸易试验区(以下简称"上海自贸区")国际贸易"单一窗口"的建设,为口岸监管部门之间实现上述"三互"提供了试点。根据《中国(上海)自由贸易试验区条例》第21条,"自贸试验区建立国际贸易单一窗口,实现部门之间信息互换、监管互认、执法互助,企业可以通过单一窗口一次性递交各管理部门要求的标准化电子信息,处理结果通过单一窗口反馈。"2014年6月18日,上海自贸区"单一窗口"首先运行了货物进口申报和国际船舶联网核放两个项目,在这两个项目上实现了上述国际贸易"单一窗口"的基本要素,即货物和运输企业在"单一窗口"一次性提交申报信息,分别发送给口岸监管单位系统,申报结果通过"单一窗口"反馈给申请人,监管部门通过"单一窗

---

[45] 2013年11月12日通过的中央十八届三中全会《关于全面深化改革若干重大问题的决定》。

口"共享监管状态和结果信息,并联审查。㊻ 2015 年 6 月,上海"单一窗口"功能再次扩展("单一窗口"1.0 版),其功能全面覆盖了货物进出口申报、运输工具申报、支付结算、企业资质、贸易许可和信息查询等六大模块,参与单位也由之前的口岸监管部门扩大到包括海关、检验检疫、海事、边检、商务、国税、外汇、食药监、林业(濒管)等 17 个口岸和贸易监管部门,初步具备了国际贸易单一窗口的基本架构和主要功能,成为推动外贸企业全面应用单一窗口模式的新起点。上海自贸区国际贸易"单一窗口"的建设,为全国 300 多个口岸建设国际贸易"单一窗口"发挥了积极示范作用。我国"电子口岸"可按照"一个形式"、"一个模式"、"一个机制"和"一个平台"的方式复制和推广上海自贸区"单一窗口"经验,以实现国际贸易"单一窗口"为契机,最终实现我国口岸现代化转变。

四、TFA 的实施对我国的意义及未来前景

作为 WTO 成立二十年来的首个多边贸易协定,TFA 是多哈回合谈判启动以来取得的最重要突破,增强了各方对完成多哈回合的信心,维护了 WTO 多边谈判功能的信誉。此外,TFA 的达成、生效和实施也将极大便利各国贸易,降低交易成本,有力推动世界贸易和全球经济的增长。㊼ 在我国推动"一带一路"战略的背景下,推动 TFA 的生效和实施能够有助于推动"一带一路"国家之间货物的加速放行和流动、提高贸易效率、降低贸易成本,改善主要出口成员贸易便利化环境,减少我国产品进出口障碍并营造便捷的通关环境,实现"一带一路"战略的"贸易畅通"。这种"贸易畅通"对于与"一带一路"沿线具有重要贸易利益

㊻ 参见殷飞等:《新加坡国际贸易"单一窗口"制度经验及启示》,载于《中国经贸导刊》2015 年第 6 期,第 29 页。

㊼ 根据经合组织(OECD)编制的贸易便利化系列指标测算,TFA 谈判成功,发达经济体的贸易成本将下降 10%,发展中国家贸易成本将下降 13%—15.5%。全球贸易成本每下降 1%,全球收入将增加 400 亿美元。协定可使发展中国家出口每年增长 9.9%(约 5690 亿美元),发达国家增长 4.5%(4750 亿美元),带动全球 GDP 增长 9600 亿美元,增加 2100 万个就业岗位。See The WTO Trade Facilitation Agreement: Potential Impact on Trade Costs, at http://www.oecd.org/tad/tradedev/WTO-TF-Implementation-Policy-Brief_EN_2015_06.pdf, Sep. 4, 2015.

和贸易潜力的我国而言㊽,具有重要意义。

在 TFA 谈判中,我国政府就结合我国贸易便利化的需求,单独联合韩国等其他 WTO 成员提交和参与联署了 7 份提案。㊾ 此外,在 TFA 谈判中,针对 TFA 草案措施与我国贸易便利化改革方向一致,但实施能力有差距的措施,在谈判中也联合其他类似发展中国家争取非约束性义务(例如进出口手续中国际标准的使用)处理,或者对于约束性义务争取添加灵活性要求(如上述预裁定范围,取消装船前检验的范围)。因此,总体上而言,TFA 最终文本符合我国在贸易便利化方面的利益需求、实施状况以及改革方向。

如前所述,我国与 TFA 要求存在差距的措施,主要集中于 TFA 关于进出口手续和货物清关的措施要求。实施 TFA 这些措施要求,将对我国现在的口岸管理体制和口岸综合管理能力提出新的挑战。但是我们需要注意的是,实施这些 TFA 措施要求,例如建设国际贸易"单一窗口"和海关通关"风险管理"等,与我国为"稳定外贸"和实现"大通关"目标而推行的口岸现代化改革方向是一致的。以我国关于口岸现代化改革的最新文件 2015 年 4 月国务院发布的《关于改进口岸工作支持外贸发展的若干意见》(国发【2015】16 号)为例,该《意见》设定了"优化口岸服务,促进外贸稳定增长";"加强口岸建设,推动外贸转型升级"等改革目标。为实现这些改革目标,《意见》要求推进一系列具体的口岸改革措施,包括加大简政放权,研究探索实行联合审批、并联审批;改进口岸通关服务,对企业实施分类管理,拓宽企业集中申报、提前申报范围;清理规范收费;推进通关无纸化等。这些具体措施都是我国为实现 TFA 在进出口手续和货物清关要求所需要进行的措施改革。因此,以实施 TFA 为契机,配合我国"大通关"目标,我国将实现"以外促内"推进我国口岸通关综合管理体制和口岸治理能力的优化和提

㊽ 据统计,2014 年我国与"一带一路"国家的贸易总额达到了 1.12 万亿。占我国货物贸易总额的 26%。而在过去十年我国与沿途国家的贸易总额增长了 19%。参见《〈贸易便利化协定〉为"一带一路"护航》,载于《中国经济时报》2015 年 9 月 9 日。

㊾ 《中国和韩国关于后续稽查的提案》、《中国、印度、巴基斯坦斯、里兰卡关于贸易便利化手续的提案》、《中国、韩国和台湾、澎湖、马祖单独关税区、瑞典关于风险管理的提案》、《中国、印度尼西亚和韩国关于海关审计的提案》、《中国和巴基斯坦关于对成员确认贸易便利化需求优先权的提案》、《中国关于澄清和改进 GATT 第 5 条的提案》、《中国和韩国关于后续稽查的提案》,See WTO Facilitation, at https://www.wto.org/english/tratop_e/tradfa_e/tradfa_e.htm, Sep.4,2015.

升,并最终实现口岸现代化的转变。

(编辑:倪小璐)

The Implementation of Trade Facilitation Agreement in China

Yu Li

【Abstract】 As an important part of "Bali Package", the Trade Facilitation Agreement (TFA) was inserted into Annex 1A of the WTO Agreement by the adoption of the Protocol of Amendment. Given implementation level and capabilities difference among WTO members, TFA is characterized by inserting buffers and flexibilities into its binding obligations, which are different from other WTO agreements. China has completed the domestic ratification procedure of TFA and submitted the report of Category A measures and the instrument of acceptance to the WTO Preparatory Committee of Trade Facilitation. Comparing China's existing trade facilitation situation with the requirements of the TFA, the overall implementation situation is good in general with regard to Category A measures. However, in regard to the establishment and publication of average release times, single window, temporary admission of goods/inward and outward processing as well as customs cooperation, which were excluded from Category A measures, there is still a gap between the requirements of TFA and China's current trade facilitation situation. China needs to make improvement in human resources/training, institutional framework, communication/information technology, equipment and infrastructure as well as policy/legal framework, etc. Serving as a juncture (turning point), the implementation of TFA will catalyze the improvement of port management capacities in China.

国际经济法基本理论

南方国家重整旗鼓与全球南北关系的重塑[*]

■ Branislav Gosovic 著[**] 张泽忠译[***]

【内容摘要】 "国际发展问题"是战后国际经济秩序的核心议题。南方国家在20世纪六七十年代为维护、实现自身的发展利益充分利用"万隆会议"、"不结盟运动"和"77国集团"等,与发达国家开展了针锋相对的抗争、对话和谈判,并取得了一定的成果。然而自冷战结束后,由西方主要国家所主导的新自由主义全球化秩序不断得到强化,随之国际发展议程受到冷落,大多数发展中国家的政策空间受到限制。这一时期,面对北方国家的攻势,南方国家在团结一致方面表现得犹豫不

---

[*] 原文系作者 Branislav Gosovic 先生以其专著《南方塑造全球的未来:南北国家60年来在联合国为发展问题开展的争斗》(The South Shaping the Global Future: Six Decades of the South-North Development Struggle in the UN) 第11章和第12章为基础,结合全球南北关系最新的发展态势,改写增订而成。该专著于2014年由 Kolofon Press 出版,并且即将在印度、坦桑尼亚出版。

[**] 作者系资深联合国退休官员,曾先后在联合国贸易与发展会议(UNCTAD)、联合国环境署(UNEP)、联合国拉丁美洲和加勒比经济委员会(ECLAC)以及发展中国家政府间组织"南方中心"等部门工作,目前担任"全球发展战略研究会"(DAG)执行秘书。

[***] 译者系江西师范大学政法学院讲师,法学博士。

决,也未能建立自己的统一、高效的组织机构,往往被北方国家逐个击破策略所击溃。进入21世纪以来,以金砖国家(BRICS)为核心的主要南方国家崛起,在推动多中心、多元化和民主的世界经济秩序中具备全球引领作用的实力。鉴此,文章指出经常召开区域性、跨区域性、全球性南方国家的南南合作会议(如"万隆60周年会议")具有重大的意义,并要重视诸如"金砖国家新开发银行"、"亚非中心"、联合国南南合作专门机构等南方国家组织机构的建设,希望主要的南方国家在南南合作中发挥"火车头"作用,同时发展中国家也要充分利用互联网来鼓舞和恢复"南方声音"。

一、跌宕起伏的南北发展争斗

(一) 南北发展对话与冲突的主要表现

本文力图突出第二次世界大战后南北关系的重要表现和阶段。焦点集中于国际发展议程,包括发达国家与发展中国家集团之间发生过争论、对抗、对话和谈判的一系列重大议题。因此,在对这一跌宕起伏进程进行回顾是十分必要的。

南方国家在全球舞台上的早期行动。发展中国家早期的开端十分活跃,20世纪60、70年代在世界舞台上开展的政策行动包括:
- 它们开始以"不结盟运动"和"77国集团"进行集体行动;
- 它们成功地使发展成为联合国的一个核心议程;
- 在少数逐渐步入发达行列的国家以及知名人士及一些社会主义国家的帮助下,它们顺利地与北方国家进行了持续的对话、谈判和行动;
- 它们运用1973年欧佩克行动中所获得的力量,与发达国家开展了综合谈判,包括国际发展议程中的关键议题,并提出要建立国际经济新秩序、国际信息新秩序以及许多其他计划。

尽管在此次机会窗口关闭之前,它们行动热情高涨,提出了许多重要政策,并充满着乐观主义,但事实上,具体行动却寥寥无几,北方国家对绝大多数议题不感兴趣。

北方国家的反击。1980年,新的十年的头一年,是一个转折点。有明显右翼思想的人士所领导的保守政党在主要北方国家中获得选举胜利,他们开始上台执政。同时在发达国家中所谓的"志趣相投者",虽然一定程度上曾对南方国家及其发展愿望表示过同情,但也倒向或者站到了右翼政治阵营的一边。

发达国家的集体立场发生了改变。在以英美为内部核心力量的鼓动下,北方国家开始公开地攻击、抵制南方国家和它的集体目标。其根本目标是要抵制和消除一切对现有全球秩序的制度性挑战,并且逐渐演变成为一项包括要持续不断地竭力打破南方国家的集体团结和破坏"77国集团"、"不结盟运动"的全球综合性战略。结果:

- 南北发展对话戛然而止,国际发展议程遭到贬低和诋毁。
- 对南方国家所取得的成就提出回滚政策,经常无视那些成就,并且提出发展中国家该如何拾掇自己内部秩序的方法。
- 通过结构调整计划和附加条件,系统性入侵陷入债务危机发展中国家的国内政策空间,这种做法开始变得十分普遍,逐渐削弱、打击它们刚刚起步的发展势头。
- 为竭力推翻南方国家所取得的制度性成果,不断向联合国施加压力,特别是联合国贸发会议,削弱联合国在贸易、货币和金融等核心经济议题中的作用,并让这些议题专属于世界金融组织、世界贸易组织和在"七国集团"国家或政府首脑层级里讨论,防止联合国贸易和发展会议(UNCTAD)秘书处资助"77国集团",并以这种方式来弱化发展中国家的集团性影响和效果。
- 北方国家自称是全球政治的领导者,在以政策辩论为基础的知识话语权方面获得先手。

核心北方国家所牢牢掌握的新政治潮流很快就变得更加野心勃勃,席卷全球,并且演变成为整个地球新自由主义全球化的推手。

新自由主义全球化的强化。"华盛顿共识"提出的新自由主义全球化包含一套需要单个发展中国家服从的药方。递到南方国家手中的药单,不是要调整国际经济制度,发达国家对发展中国家的努力发展提供支持,而是发展中国家必须在"整平游戏场地"的自由市场口号下调整和接受北方国家的地缘政治议程及相关条件、药方。这要求南方国家刚刚兴起的市场向发达国家的出口开放,包括食品、服务、跨国公司、资本和投资,结果限制了大多数发展中国家进行自主发展、自力更生方面上的选择、政策空间。

为了实现这些目的,国际经济新秩序议程被束之高阁。"旧"的世界秩序重新得到强化,其中部分根本性内容被重新包装,并以"全球化"面貌呈现。而交织着民族、经济和国家的前行发展因受到资本、市场基础主义的影响而遭到限制和带偏见性的干扰。

在联合国或其他国际论坛中不会优先讨论"全球化",也不会寻求发展中国家的观点。这一信条是命令式的,在全球范围内得到推广和执行,它几乎被视为一种神圣的、完美的发明,而根本不是一项人工产品。不容人们去怀疑它,也不得发出任何质疑之声。全球化信条出自于与全球权力中心密切联系或者直接对此作出回应的北方国家智囊所提出的一项理论设计。他们隶属于真正的右翼经济和政治思想学派,基本没有考虑到南方国家和它们的愿望、问题,甚至没有这方面的同情心。

国际发展议程受到冷落。简单地说,因受到新自由主义全球化模式的影响,发展中国家过去所必须坚持的国际发展议程受到了冷落。相当一部分是因为发展中国家别无选择,其他方面则是因为它们失去了促使它们实现难以捉摸的发展之梦的信念或希望。

在苏联解体及其所带来的政治真空期,北方国家针对全球南方国家和单个发展中国家的这种政经攻势逐渐变得更加赤裸裸和自信了。由此产生的单极地缘政治环境让一些传统的帝国主义和军事侵略行动更容易变成一种披有合法、理所当然情势外衣的事务了。根深蒂固的冷战思维和行动仍在继续着,因为它们发现在对主流制度的任何"重大挑战"和对特权规则的不满或异议的潜在"敌人"主要来自南方国家。东方阵营的原社会主义国家的政治和意识形态一夜之间发生的转变,以及它们加入西方阵营的热情,证明现存的制度具有优越性,也证明了任何不同于现在被坚定供奉的范例(即意识形态)的东西必须予以彻底消除。

这种地缘政治变化而引起的其他损害包括发展中国家寻求的国际经济关系改革。这些问题被公开宣布没有相关性,而且已过时了,而那些提出这些问题的人则会被嘲笑,甚至干脆直接被贴上"恐龙"的标签,再后来被直呼"穴居人"。为进一步"抹黑"南方国家的目标,某些人以国际发展议程可能源自"社会主义"和受其启示为由而进行大肆诋毁。

为实现其目的和推进可以被称为南方国家"后殖民奴役"的发展，北方国家狡黠地运用一系列令人印象深刻的经济、政治、军事和意识形态手段。毫不奇怪，许多手段属于有关国际发展议程的衡量准则：

• 货币与金融，更具体地说，外债、资源外流和外国直接投资，被证明是一个能够紧紧地套住单个发展中国家脖子的更高效绳套。

• 随着世界贸易组织成为北方国家手中一个限制南方国家、抵制其集体力量与行动，并根据其自身喜好和利益塑造国际贸易体系的"命门武器"，贸易与发展被回转到传统意义上的贸易。其中的关键是隐藏于WTO"整平游戏场地"原则一击中的地铲除了贸易与发展议程的基础，为实力强大的北方国家和该原则的推进者(即"跨国公司")进行全球扩张创造了一块全球性的"整平游戏场地"。坦桑尼亚前总统朱利叶斯·K.尼雷尔在谈及"整平游戏场地"时，将发展中国家的情况比作他自己与迈克·泰森进行一场拳击比赛，双方使用同样的装备、规则进行搏击，并且比赛由一个公正的裁判执法。他轻笑着得出这样的结论："当然，你知道谁会被淘汰出局吗？"

• 跨国公司所引领的科学技术，更通俗地说，带有"知识社会"特征的先进技术，受到知识产权协定以及WTO中其他与贸易有关协定的保护，包括涵盖服务的协定。通过这种方式，不仅将发展中国家束缚得更加牢固，而且还堵塞和逆转了联合国曾经拟定的政策方向。

从南方国家立场来看，这一时期的形势变得十分糟糕，与发展中国家当初追求的政治和经济独立、国家主权以及在全球舞台享有重要、公正地位的目标和厚望形成了鲜明对比。

资本主义、殖民主义和帝国主义高涨。这些做法在过去的一个世纪和新世纪的早期里，是国家之间、国家内部以及全球冲突的起因。它们包括军国主义、使用武力、侵略、颠覆、征服、镇压、不断地攫取与控制有价值的自然资源和地缘政治领地；种族主义、制度化奴役；掠夺、剥削、不平等、不公平；孤立、排斥。这些做法十分常见并塑造着现在的世界秩序。它们助长了世界紧张的蔓延，威胁到世界和平，给全球带来大量贫困和社会边缘化，与此同时导致世界财富大量集中到少数享有特权的人手中，推动着科技不断进步和革新。

随着新保守主义的军事与安全武装以及全球范围、无孔不入的全方位干涉主义扩张,北方国家所"丰富"或扩张新自由主义或极端自由主义全球化的概念不但不尊重国家的边境和主权,而且已经明目张胆地入侵全球所有通信、网络,刺探情报。这已经引起了广泛的警惕。

所有上述都受到北方大国的既定思维、政治立场派别以及根植于其特定国家背景和形势的意识形态、知识框架、理论和模式的启示和指导。它们与具体目标和利益密切相关,并为追求这些目标、利益服务,包括地缘政治方面的利益。

今天,问题不能再用简单的武器来解决了,覆盖全球的致命技术掌握在极少数侵略性国家手中,对它们来说,其目标在于摧毁性武器瞬间发射至境外,飞越既定的轨道,同时不会因此受到惩罚和给自己国家带来伤亡。对选定目标的武装袭击或攻击而危及世界和平的可能性是永久存在的。全球霸权和无时不在的激进军国主义行为与"金融大亨"、"专断政府"、全球化技术(相互)依赖(某些最先进的除外)和作为驱动力量的"毫无节制的资本主义"相联合,意味着高科技形成全球极权主义的可能。

南方国家是靶子。入侵发展中国家的主权空间已经司空见惯了,并成为一个新现实。这些入侵行为被诡辩和包装为公共消费,例如,作为声称保障民主、自由、人权、人类安全、西方文明价值观和机制的一种手段,以及为对付各种"邪恶"、"威胁"的"战争"。它们获得了次级理论的支撑,比如维护世界秩序"使命"、保护和干预的"义务"与"责任",包括维护"正义"、"预防性战争"的"权利"。这一趋势已严重威胁到发展中国家的政治、经济主权和国家完整,特别是那些恰巧控制着重要自然资源或在世界版图中占据战略地理位置的国家。这增加了它们在与北方国家较量时的地缘政治战略、策略依赖性和脆弱性,而且还因受到科技进步的影响,这种状况已呈全球性趋势,势头强劲。

北方国家大胆的权力架构,不遵守联合国建立的国际法,在其行为方式中带着传统帝国主义形式特征的实践、习惯和本能,包括软实力形式和为实现全球目的而经常给予充足资金资助。鉴此,它们长期干预和监视国家内部事务和政治进程;颠覆政权、政府(即"政权")更迭;秘密和公开地打压;煽动民族和宗教冲突;挑起和精心谋划政治分歧;军事侵略;肢解国家,免除或安排它们名义上的领导人和其他诸如此类的行为,这激起了那些正好是主要潜在目标的发展中国家(它们中大多数脆弱不堪,没有任何有效的自卫手段,甚至很少作出反应或进行回击)的觉醒。

这些正在成形的东西表现出来的是一种全新的、阴险的帝国主义,是绝对统治权与全球化的结合,即"帝国主义全球化"。它有军事力量、经济、金融、技术实力与优势的支持,并与全球企业实力、金融与投资扩张主义、"无懈可击"的商业与底线逻辑和"必须保障投资者信心"的委婉措辞密切配合。它通常建立在相应理论、法律和规范框架基础之上,是一种需要去说服、合法化和证明具体行动的故事,与之相伴的是要为大众设计一个民粹主义故事情节。必要时,误入歧途的发展中国家要对诸如"缺乏民主"、"缺乏透明度"、"腐败"与"欺诈"、"侵犯人权"、"破坏环境"以及其他"公害"行为负责,并面临诸多责罚。

南方阵营的分裂。最初,当第三世界(即南方国家)出现在世界舞台上时,它在全球中拥有相当的政治力量和领导地位。它有着明确的目标和根本的理论基础,团结一致,大力支持各项政治、经济解放和发展的目标。那时它拥有社会主义国家的政治支持,帮助其扩大政策空间和领域。但是南方国家经济上脆弱和技术力量不足,要依赖于南北联系、发达国家的宽宏大量以及它们对其全球愿望的默从、许可。

自那以后五十年已经过去。南方国家的经济实力增强了,并且势头相对强劲,它们中的许多国家的经济目前已实现了多元化发展并达到发达程度,其中有一些已经成为全球的参与者。今天,南南合作已经起航,给南方国家提供了十分重要的机遇并开创了新的远景。但是,作为一个集体,南方国家目前的政治力量依然薄弱,容易受到冲突的影响而产生分歧和分裂。同时它还要面对信心满满、独断专横的北方国家,后者已经很老练地撒下了一张新的依赖之网,极大地限制着单个发展中国家可利用的政策空间,包括通过充分利用、往往引发和/或直接卷入它们国内纷争和政见异己,参与它们相互之间的冲突与纷争。

南方国家目前在团结一致方面表现得犹豫不决。南方国家没有统一的平台,没有公开地质疑全球主要的制度和架构。它经常被北方国家的策略所击溃,而后者在维护其自身利益、地位以及对次级地位的南方国家的控制这一首要目标方面,组织严密、步调一致。为保持南方国家放弃反抗、被受控制和处于被动地位,北方国家不仅使用各种微观的、宏观的手段,而且还拥有充足财政资金来达到这一目的。

由于"异议"会被北方国家视为不正常、不忠实甚至是背叛("你们要么是朋友,要么是敌人"的格言),因此除少数外,其他单个发展中国家都小心翼翼,不愿公开说出自己的想法和/或按它们自身的意愿去行动。那些胆敢挑战、质疑或反对流行制度的"不听话"、自力更生的发展中国家饱受传统势力的打压,偶尔是胡萝卜,但更多的是大棒,微妙地或公开地,包括排斥、剥夺和制裁,而不守规则和缺乏纪律者将受到严惩。结果导致在一般情况下,为免受不痛快、遭受批判,单个发展中国家别无选择,自愿或不自愿地进行配合,容忍这一处境,充当"代理国家"或"傀儡国家"的角色,使用晚近开出来的尽管有争议性的药方。

一方面,它们受到新自由主义全球化、知识和政治全球霸权以及相关"正确的思想意识"观点的影响。北方的核心大国积极主动、精明地运用分而治之战略和地缘政治目的,使南方国家的当地"买办"精英以及认同北方国家、有意识地成为其盟友或无意中充当代理人的社会阶层进行跨国合作。另一方面,南方国家自身存在着经济困难、政府羸弱、实用主义理论和领导者因基本生存问题而对利弊作出的权衡、跟北方国家进行的经济交往、深度的国内分裂、动荡和冲突,产生这些的原因包括"民主化"所引发高度分裂的社会、多党制政治和为获得选举胜利而需要的神奇数字"50.1%得票多数"以及被迫寻求北方国家认可其有效性。

总体来说,单个发展中国家仍然是"制度的囚徒",不会优先考虑事关它们所有发展中国家的制度性和结构性问题。结果全球的南方国家没有像 20 世纪六七十年代那样在世界政治中发挥出杰出、引领性的作用,在对待北方国家及其全球目标时往往迷失方向。

异议之声出现。对新自由主义全球化及其对经济、社会、政治和文化的破坏(已经在南方国家和北方国家许多地方出现)的批判,以及对社会两极分化、不断扩大的贫困化和边缘化、大规模失业和存在的不安全感的关注、反对,正在引起人们的警觉,促使人们进行批判性思考,提出受欢迎的计划,开始接受替代性解决的方案、理论和观点。

人们会因此忍不住推测,尽管新自由主义仍然根深蒂固、顽强,但是其已经达到巅峰,一个新的时期即将来临。

(二) 对南方的挑战:重新崛起

南方委员会选择"对南方的挑战"作为其"报告"的标题。20 世纪 80 年代末该委员会在起草"报告"时所确认的各项挑战依然存在,并且还出现了新的问题。客观地说,今天的环境比南方委员会 1990 年发布该"报告"时更有利于南方国家将集体命运攥在自己手中。

单个发展中国家在经过多年被北方国家监管的约束后,其结果是喜忧参半,并且往往是消极的。现在许多发展中国家开始对治疗发展的药方及其实践效果进行质疑和否定。它们开始重新意识到对其国家发展和政策空间至关重要的是国际发展议程以及外部宏观经济环境,而这种环境现在被北方大国的单边政策、行动和诸如 WTO 谈判达成的国际协定、规则和体制所左右。

挑战全球霸权秩序。仍然把所有发展中国家(无论其大小和民族)捆绑在一起的共同绳索就是它们共同憎恶并希望改变北方国家所设定的、强加的和维持的大西洋世界霸权秩序。这一秩序发端于殖民和帝国主义时代,表现形式繁杂多样,到 21 世纪时获得制度化和结构化的扩张。它提出了发达国家自己的国家发展议程,该议程系依其政治利益和地缘政治目标而拟定,并受到跨国企业、公司和金融利益机构(事实上就是以国家企业为轴心)的影响和驱动。

这些国家议程集合了北方国家对南方国家的共同意见和战略,通过多维度的全球控制力量来推出并付诸实施,目前更多的是依靠优势地位、先进技术、现代制度、手段和方法,以及大量以通信、信息、知识、社会与经济理论、服务和安全情报系统为基础的全球网络进行。

发展中国家通过集体行动,能够成为一股推动制度性变革与进步、国际关系民主化的真正政治和经济力量。南方国家需要继续追求自身的发展目标、宗旨和所倡导的基本原则,这些在半个世纪以前就已制定好,并且在很大程度上仍然有效、在本质上没有发生变化。因而它需要对目前的霸权、地缘政治秩序及其意识形态、缺陷和谎言进行公开挑战。

正面挑战北方国家。南方国家挑战北方国家时,要指出后者有必要对其自身的国内政治、政策观点以及对外姿态进行结构性变革,这往往实质上是全球因果关系的链条。这种挑战的一个根本性方面就是赞成对发达国家所主导的、不切实际、落后于时代变化的国家理论学说进行变革,这些理论学说被它们推广至全球,并用于其单边行动。这方面挑战包括质疑那些阻碍多边性解决、危及国际社会共同目标的单边主张和组织化利益,而发达国家正是利用、依赖全球资源并无限度地攫取以满足其自身的运营和赚取"利润"。

这种理论学说尤其适用于所谓的"正义",不仅强有力地控制着大部分北方国家经济、社会的主要领域,而且还在军事、安全机构中占据主导地位。它根深蒂固、咄咄逼人、充满扩张主义,并且依赖强迫手段在全球推销其观点。它不仅习惯性地蔑视发展中国家,而且对联合国及其所代表的全球目标也疑虑重重、充满敌意。

在对北方国家直接挑战时,推倒主要发达国家的"特富龙"姿态——"我们能够做任何我们想做的事情,允许我们使用所有诡计和卑劣勾当,我们是不可挑战的、高于法律的"就显得十分重要。在对共同关心的事务伪善地和/或单方面行动,或者违反国际关系和国际法基本原则时,它们就将自己的观点和利益强加于国际社会,忽视或蔑视任何批评或反对意见。

战略上定位于南南合作和集体自力更生。十分重要的是不仅要认识到现有北方国家主宰的世界体制以及资本主义、殖民主义和帝国主义的反弹与可变性,而且还要认识到至今被证明难于、几乎不可能用某种主要、重大方式来改变这种制度的事实。考虑到这种情况以及有利于北方国家的世界秩序日益复杂的防御,南方国家同时也必须决心转向集体自力更生。

南方国家需要发展自己的南南合作架构、实践做法和计划——双边的、区域的、区域之间的和全球性的。这将会更好地影响它在南北关系以及联合国家庭中的地位,有助于超越现在根深蒂固的全球体系。值得一提的南南合作范例,就是非洲和中国已经开始建设的一条穿越非洲并连接东、西部海岸的铁路,这项重要基础设施将连接许多非洲国家,加快这片大陆期待已久地从人为殖民分裂遗毒中解脱出来。

(三)积极的国际合作时代即将来临

地球管理以及日益复杂的全球社会、政治、经济和生态系统,是国际社会面临的一个划时代、开拓性挑战。应对这一挑战所需要的能力、思想与知识、思想意识和资源都有了。但要将它们全部放在一起形成一项共同法案就需要一个新的启蒙时代,一个具有政治、社会、经济和文化特征的全球复兴。需要使早期提出的观念和政策(包括那些在联合国框架下多边参与实现的)恢复活力,同时还需要竭力克服被保守潮流所造成的破坏局面,而这种保守潮流晚近席卷地球,破坏了进步的政治、社会和经济思想观念,并将时钟拨回到了更早的那个时代。

国际社会面临的挑战使培植进步的价值观、目标并使之合法化变得十分必要:

- 世界社会是属于人民的,并且为人民服务的,而不是由富人、强权控制的跨国企业、金融财团、科技与军事跨国帝国组成的。
- 是一个平等的、共同参与的和合作的社会,因追求一系列共同目标而团结在一起。
- 是一个支持和平、重视合作和可持续发展的全球经济,而不是冲突、战争、破坏的起因。
- 促进一个现实的、进步的全球社会,反对那些已披上政治合法外衣并侵入公共空间、污染政治话语和气氛的宗教蒙昧主义、原教旨主义、政治右翼民粹主义、民族主义和新法西斯主义。它们已经严重影响到南方国家和北方国家,而且数量在稳步增长,特别是年轻人由于受到新自由主义学说和全球化影响,许多人陷入绝望,丧失斗志,尤其是当他们处于失业状态和存在不安全感时。
- 替代自私自利的、以自我为中心的获利方式,人类文明、经济和社会作为主要支柱,具有社会性目的,应作为一个关键目标;优先发展公共利益和公共福利;实现生存的体面标准和世界人口的生活质量。

将面向未来、人文主义的世界秩序变成一个现实,是南方国家尚未完成、正在演进的事业的一个组成部分,这是一项要实现政治、经济的完全独立和解放的事业。发展中国家需要团结起来,并结合北方国家的进步力量和声音(现在很弱了),定将变成一股强大的、有影响力的力量:

- 积极地进行全球变革,维护世界和平;
- 消除那些压迫世界大片领地、危及世界和平的顽固遗毒、新式新殖民主义和帝国主义;
- 实现国际关系民主化;

南方国家重整旗鼓与全球南北关系的重塑

- 加强联合国在本世纪及将来作为全球性组织,发挥引领人类的核心作用;
- 建立一个公正的世界政治、经济、社会和技术秩序,发展一个具有共同目标和相应社会、政治、经济理论的全球化替代性模式。

二、南方国家与全球未来的变革①

(一) 乡村教师及兔子战大象的寓言故事

当曼莫汉·辛格博士还是南方委员会秘书长时,他经常讲述一个他还是一个小男孩时从旁遮普乡村学校教师那里听到的故事。教师有一个仆人,他每年的同一天会向该教师写一封信。在信中,该仆人抱怨他的工作和生活条件,并要求给予大幅度的改善。老师也总是仔细阅读这封信,然后向仆人问道:"如果我对你的要求说'不',你会怎么办?"仆人回答道:"主人,我将会继续伺候您。"听到此时老师就会说:"那么我说'不'"。辛格博士这个寓言故事说明了南方国家的现状,以及在面对北方国家时单个发展中国家(不论大小)及其领导人都难于免受强迫。像该位乡村老师那样,北方国家虽然会礼貌地聆听,但却对发展中国家的需求和愿望置之不理,南方国家则继续"伺候"着。

朱利叶斯·K.尼雷尔在担任南方委员会主席期间,则更为乐观,专注于南方国家在世界舞台中的集体力量和未来。他常说南方国家没有成功的责任,但有站起来并去尝试的责任。1987年10月2日,他在南方委员会就职典礼讲话结尾时,讲述了一个自己家乡部落的寓言:"兔子,你要去哪里?我要去杀死大象。你能做到吗?好的,我会不断尝试的。"他说:"南方国家可以做需要做的事。南方国家必须永不放弃。"

南方委员会主要针对曼莫汉·辛格关于教师与其仆人之间乡村故事的商议已经过去了二十年,而朱利叶斯·K.尼雷尔的"兔子"却未能"不断努力地"挑战"大象"。

---

① 本节的标题系译者根据上下文的内容添加。

(二) 南方国家积聚实力,重塑全球秩序

南方国家今天有机会在世界舞台上发挥集体的影响力和政策引领的作用。它应该树立信心,重拾改变世界、领导和积极参与代表着4/5绝大多数人类的未来蓝图规划及自己将来地位、作用的政治意愿。

南方国家能够在塑造全球未来中发挥领导作用,21世纪可以成为南方国家实现全面解放的一个世纪。

在发展对话早期中吸取到的一个经验教训是,当它们面对承认的对手或伙伴,以及能够否定或给予它们所需东西或回报的国家时,发达国家就会听从、重视实力的对比。这一点在1973年欧佩克觉醒行动中就得到证明,那时,"77国集团"、欧佩克团结一致,看起来就在那短暂的一瞬间,南方国家舞动的谈判实力,比以往平常的集团政治与道德影响力,或事实上,比其所争论、渴望的技术实力来得更加可靠和实惠。

在世界事务中,实力似乎是拥有发言权和影响力的一个必要条件。南方国家正在上升至全球大国之列,特别是中国和印度。以自力更生的方式,这两个国家经过民族解放斗争、经济计划后取得了现在的成就,并建立了一个为人民服务的强大发展中国家。因为他们过去曾遭受殖民主义、帝国主义、外来势力的侵略,又拥有几千年的文化、历史沉淀,因而他们有帮助南方国家激起再次推动全球和平与合作、加强多边主义和联合国以及建立一个真正的公正、平等世界新秩序(一个新的经济、政治、金融、技术和信息秩序)的能力。

此外,这两个国家面临着满足自身庞大人口在健康、教育、食品、就业和可持续发展方面基本需求的巨大任务。他们在国内取得成功的同时,也能够在推动国际社会进入一个团结的、多边主义的、和平的积极时代方面贡献力量。中国和印度与巴西、俄罗斯、南非一道成立了金砖国家(BRICS),这是一个全新的、强大的跨大陆网络,可以为推动多中心的、多元化的和民主的世界秩序起到全球引领作用。

(三) 新型南方委员会的重要性

联合国开发计划署发布的题为《南方国家崛起》的"2013年度人类发展报告"中认识到并记载了这种作用。该"报告"呼吁"21世纪初期新型南方委员会的建立……有助于就南方国家的力量、多样化如何成

为一股全球发展团结的力量上带来新的愿景"。

要是这样的一个委员会能够建立起来,并且推动前任仍然有效、中肯的"报告"——《对南方的挑战》的话,它就可以为南方国家提供机会去继续完成使命,重新审视各项基本原则,在当代背景下重视结构性和关键政策的问题,以及用动态眼光剖析、充分了解世界制度及其结构、机理的发展变化。

在这些新的制度性议题中,需要特别重视先进科学技术的作用和北方国家私人角色不断增强的影响力。因为,跨国公司、大型金融机构常常为北方国家勾画、起草针对南方国家的文本,同时,它们越来越频繁地通过自我行动来影响全球发展议程、磋商及其谈判结果,以及单个发展中国家的国家发展政策与国内抉择。它们已经成为北方国家对付南方国家的一个强有力工具,同时还成为它们政府所支持和付诸实践的新自由全球化的主要推动力量。

所建议设立的委员会需要重新分析南方国家的现状、联合力量和发展中国家面临的问题。这样的反思和分析将帮助它们(单独地或集体地)理解、应对快速发展和变化的全球环境的挑战。该新委员会手头里将会有第一个南方委员会提出的有关更新南方国家发展平台的各种建议,着重将南南合作视为一项发展机会。在此情况下,就需要重新回顾那些指导、激发南南合作的典型范例,并将其视为制度变革的一种方式,这种变革不是简单地重复、模仿北方国家强加给发展中国家并付诸实践的重商主义、新自由主义做法和逻辑。

重要的是,该委员会在应对这些问题时还拥有南方中心二十多年的工作、机制建设经验。南方中心是南方国家在全球层面上依据经联合国正式批准、保管的国际条约而成立的第一个政府间组织。这是一项具有重要意义的实践,为以后努力建立一个重要的但目前仍然缺失的全球性南南组织奠定了坚实的基础。这样的南南组织是全球治理体系结构中一个至关重要的组成部分。对发展中国家来讲,建立这样的组织一直是个悬而未决的战略任务,与此同时,它们将来需要知识、经验丰富和设备齐全的机构、发言人和谈判代表,以便参加多边议程并与北方国家进行相互交流和磋商谈判。

最后,但并非可以忽视的是,该委员会可以回顾不结盟运动的基本原则和士气,以及它们在当代冷战主义、对抗、地缘政治争夺、新保守派与右翼民族分子等扩张主义环境中的相关性,适当时回顾20世纪初的分裂时期,那个年代诸多殖民列强索取、瓜分势力范围,患上了帝国主义"实力政治症"。

世界仍以单极、霸权的本质继续前行,现在发展中国家在诸如此类冲突中被迫,并且经常被绑架去"站队"、"参与"和"表忠心"。对于它们中的大多数来说,这是一个极其难受的处境,这些国家仍然对所享受的一点国家主权和尊严抱有幻想,记得两极世界"旧式"冷战时期所享受的政策空间,无论多么小,"不结盟空间"让它们可以呼吸到更自由的空气和维护尊严。

今天,"自由与不结盟的权利"应当成为一个基本状态,并成为国际社会和国际法所认可的一项集体人权,诸如针对其他国家的侵略和战争的行为应当被宣布和视为一项国际犯罪和反人类罪。

总之,新型南方委员会可以提供一个及时的、事实上尚待完成的机会,让南方国家又一次综合分析自己所处的境况及未来蓝图。该委员会可以给它提供政策、大量成果和动力以便在世界舞台上接受行使集体领导权的挑战。

不管南方国家是否将建立所提议的委员会,更重要的是,在全球舞台上面对上述问题、组织必要的力量和政治意愿仍有待观察。

(四) 北方国家主宰全球经济的新变化与南方国家反击的加强

至于北方的核心国家,它们不仅会像过去那样一如既往地打击来自南方国家及其集体行动的挑战,而且还会同时控制或收买单个发展中国家。它们为满足一己之利而大举压进,巩固自身优势地位,以及为实现自身目的而组织全球经济。这种不停歇的驱赶目前又出现在建立跨太平洋伙伴关系(TPP)和跨大西洋贸易与投资伙伴关系(TTIP)计划的例子中。这些"巨型条约"囊括40个国家之多。

它们试图用有利于美国、欧盟及其跨国公司的条款来设计出将来世界贸易的规则,并以双边自由贸易协定模式作为实施的捷径,抢占先机,绕开在WTO中面对众多关心发展问题的不同类别的发展中国家集团。这种战术令人回想起乌拉圭回合谈判时的场景,当时南方国家就被这样算计过。北方国家试图再次依据对其有利的条款来建立全球贸易体制规则,并为此不重视发展中国家共同的贸易与发展议题。

然而，北方国家在客观上不能再草率地排斥或继续忽视南方国家了。尼雷尔寓言中对制度进行挑战的"兔子"现在拥有了能够动员站立起来和大声说出来的方法，迫使制度保守的"大象"听到，并对其堡垒发起攻击。它能够挑战自私自利的思想意识形态和制度压迫，而这些都是北方国家在针对任何异议或者反对其统治世界体制的"战争"中所武断强加给南方国家的。

已经开始出现了南方国家不断加强挑战当前统治制度以及新政治意识的势头。在诸如金砖国家、繁荣的南南合作，以及拥有33个成员、约6亿人口的拉美与加勒比国家共同体（CELAC）等例子中都可以看到这一势头。建立CELAC的计划系由这样一个大陆上的民众运动发动起来的，即该大陆最初是南方发展平台的人才摇篮，也是晚近第一个遭受新自由主义全球化全面冲击和国内主权空间经历霸权干涉主义侵犯的地区。

同时，质疑、反抗和"反吹"的种子在世界范围内传播开来了，包括北方国家自身内部，比如，资本主义、殖民主义和帝国主义不光彩的阴暗面越来越多地暴露于公众视野。

现任罗马教皇弗朗西斯（Pope Francis），针对世界发展形势、危机和全球的制度性问题，包括社会（不）正义等，公开地、尖锐地发表了一个罕见的、全球都听得到的讲话，对国际社会，特别是南方国家影响很大。他的观点受到了多数人的热烈欢迎，但也引起了潮水般的批评，某些评论家通过给他贴上"社会主义者"标签来竭力消除、诋毁这一言论，好比要将他置于一个政治性逐出教会的气氛中。

未来将会告诉我们，教皇的态度是否真实、是否反映了他关心社会的公平正义和第三世界环境；或者只是为了提振低迷的人气，提升天主教的形象；或者仅是反映梵蒂冈对自第一届联合国贸发会议开始的国际发展议程的移情；或者，正如某些人所认为的那样，这只是北方国家地缘政治战略的一部分，根据指使而充当这样的角色，并且由教皇在东欧的波兰表演出来效果更佳，是一种依靠天主教及教皇来对抗"左倾"民众运动、拉丁美洲政府，以听起来带有神权解放味道的方式来击退"粉色浪潮"的策略而已；或者是上述所有的结合。

人们希望发展中国家能够再次出现具有全球立场的政治家和知名人士，即他们拥有超越国界和国家利益的视野和意识，拥护南方国家的共同事业并视为使命,关心全球性挑战和制度性问题,愿意像"不结盟运动"奠基人那样发出声音并付诸实践。

因此,在看到巴西总统时就令人振奋不已! 她是一位曾被资本主义、殖民主义和帝国主义在当地的代理人投进监狱的女性。她在联合国大会讲坛上,代表人类尖锐地批判超级大国所建立的全球数字监控制度。这些超级大国依靠其技术优势和先机,利用其控制的全球网络生命线,进行可以被称为"全球数字霸权"的部署,这是全球霸权的另外一项工具和支柱,它的施行获得了充当"私人"扩张的高科技公司的支持和政府的庇护。这是一件值得南方国家重视和监督的事情,同时也需要国际社会在联合国对此作出政策和实践反应。

倘若南方国家领导人能够投身于一个协商好的全球事业,该事业具有共同的目标、引起全球共鸣的思想观念以及能够凝聚南方国家、感化和教育南方人民的主题,倘若他们能够与北方国家中愿意参与全新、公正和公平的世界经济和政治秩序建设的人民、政治力量一道,联合起来,那么,人们就可以看到普雷维什、尼雷尔、萨拉姆及他们那一代其他人所共同开创的、坚信的和奋斗的南方国家全球计划,将会不断地获得力量与支持,并在未来繁荣昌盛。②

在这项事业中,关键目标应该是进行全球制度性的变革,引用普雷维什曾在 1964 年联合国贸发会议报告的话来说,"追求宏伟蓝图时要有意识地、特意地影响技术和经济力量",同时也要团结一致、不断改变现存制度并为抵制这一制度不懈努力。

这需要依靠南方国家来制定、推动自己的世界"宏伟计划"和蓝图,摆脱资本主义、殖民主义和帝国主义的魔法阵,以及跟屁虫角色和卑劣的地位。这是一场未结束的斗争,在为世界未来之奋斗以及塑造全球未来中,需要充满信心和坚定的信念!

---

② Two Comprehensive Studies by Vijay Prashad of the History of the Third World, i.e. the South, and Its Collective Struggle, Merit Reader's Attention: *The Darker Nations*, *A People's History of the Third World*, New York, New Press, 2008 and *The Poorer Nations*, *A Possible History of the Global South*, London, New York, Verso Press, 2012.

三、万隆精神发扬光大及金砖国家崛起的全球影响

(一) 发展中国家斗争的象征和培植

1955年的万隆会议标志着第三世界在全球政治舞台的出现和兴起。"万隆"不再仅仅是一所城市的称呼了,而成为了一个诠释南方之精神和理念的代名词,并且更成为发展中国家之崛起、争取政治与经济之独立、实现世界经济与政治秩序之民主、公正而抗争的一个象征。

将万隆会议60周年当作一个重要事件进行纪念是十分恰当的,需要通过这样高层级的集会来保持南方国家的意识、认同感和团结性。另外,越来越多的南方国家民众并不知晓历史的背景,以及他们国家为了共同事业并为之斗争的来龙去脉;而且许多人还受到有关轻视这种共同斗争,甚至否定南方国家存在观点的影响。在此背景下,举行这样的事件具有十分重要的意义。

会议固然很重要,但更需要的是保持南方之精神和思想朝气蓬勃。它们的培育需要不断地通过政治的和公共的话语权、国民的文化教育、基础教育、高等教育以及媒体宣传,所以现在和未来几代人都应知晓南方国家的目标、使命及历史重要性并使之内在化。

拉丁美洲国家没有出席1955年的万隆会议。它是一个亚非事件,这实际上是南方国家在世界舞台上的起航,首次向国际社会表达了联合政治的信息。因此,万隆的基本原则之后很快就体现在1961年贝尔格莱德通过的《不结盟运动宣言》里,因这次会议有部分拉美国家参加,所以这些原则就成为了全球南方国家的原则。

全球南方国家需要有一个共同的锚、象征和一面旗帜方能团结起来。其他任何地方或事件都未能像万隆这座城市那样,获得如此的光环和象征。该城市预示着南方政治的诞生,步入了世界政治舞台。

万隆,作为发展中国家开启其集体旅程的地方,应该被正式地宣布为全球南方的象征,其理念、团结精神和共同愿景将非洲、亚洲、拉丁美洲和加勒比地区的国家联系在一起。

(二) 南南会议的重要性及行动计划的革新

万隆会议60周年再次说明了南南重要会议让南方国家保持在世

界舞台中的存在具有重要的实践意义,使发展中国家的领导人在自主的、志同道合的、友好的环境中进行相互交流,表达自己的看法并倾听他方观点。

更重要的是,正如万隆60周年会议那样,这样的会议是一个作出政策和行动导向决定的好机会,尤其是有关各种南南合作形式的决策。这些会议能够作为一种源动力,成为南南合作的一股重要力量。

万隆60周年会议通过的《重振亚非新型战略伙伴关系宣言》是一个涉及区域内部和跨区域计划的例子。在区域层面更易于集中和具体化所达成共同的计划、承诺和行动。这方面在拉丁美洲和加勒比地区得到了充分的体现,这些地区开展了许多重要的区域性计划。

南南合作的加强要求这种合作成为一种持续的进程,召开经常性的、以行动为导向的南南会议,包括区域性的、跨区域性的,尤其是要遍及整个南方的会议。

(三) 机构及后续机制的重要性

为了促进亚非两个地区之间的合作,万隆60周年会议决定成立"亚非中心",该中心最有可能设在万隆。这是一个可喜的发展,就像南美洲国家联盟(UNASUR)在基多建立常设性总部以及非洲联盟在中国资助和承建下在亚的斯亚贝巴新设总部和会议中心那样。

缺乏强有力的支持性机构一直是南南合作的薄弱环节。亚的斯亚贝巴、万隆和基多或许表明这种情况正在发生变化,各项认真的、敬业的区域性努力将为南南合作进程提供必要的机构支持和基础性的组织活力。

在南方国家的机构建设和提升自我组织化进程中,另一个非常重要的、突破性发展就是"金砖国家新开发银行"(BRICS New Development Bank)的建立。

"金砖国家新开发银行"旨在为南方国家开发项目提供多样化的资金来源和投资活动,促进世界经济和金融领域的结构性和制度性变革,在帮助激励南南合作方面必将发挥重要作用,并促进全球经济治理的变革和实现民主化。

2014年5月,南方国家知名人士高级小组在阿尔及尔讨论未来南南合作的作用时提出了一个重要的观点。该小组呼吁"在发展中国家建立一个联合国南南合作专门机构"。这样的机构将在促进南南合作方面发挥战略作用,并使之在联合国机制中获得优先发展。

(四)北方国家对南南合作的直接与间接影响

北方国家诱导性歌颂一直对许多南方国家具有吸引力。几十年来北方国家竭力诋毁全球南方国家的团结,打击南南合作的积极性。

在每个发展中国家的生活和加强南方国家集体行动的努力中,一直挥之不去的影响因素就是北方国家的若隐若现存在及其在战略和地缘政治上厌恶任何南南合作的事情。有些曾经重要的"南方"声音和国家"已经逐渐发生变化了",被拉拢进了经合组织阵营,而另一些则变得沉默不语,或者在其本国国内的、地区的冲突和分裂中得到过北方国家的支助。

现任印度总理未参加万隆 60 周年会议是件引人注目的事情。由于印度现在是一个关键的发展中国家,也是背后推动 1955 年万隆会议的力量,一些观察者已经怀疑这种缺席是一种态度和政策变化的信号。

南南合作有可能在未来一段时间内,特别是在政治和制度变革领域将受到主要发展中国家政治右翼势力上台的影响。这同样适用于新兴主流精英日益增长的影响力,包括归国侨民,他们认同北方国家,而对全球南方国家的理念、起源、共同关切问题和目标缺乏同情感或者不感兴趣。

这是需要认识到的一种趋向。它提出了一个问题,即南南合作是否为了使其成为政治上的止痛剂,因而让发展中国家的政治右翼和北方国家感到更加惬意,或者仅仅作为一种商业主张将托付给市场,无需考虑蕴含于 1955 年万隆会议的精神、政治根源和制度变革激情。

(五)"火车头"在激励南南合作中的作用

南方委员会在 1990 年《对南方的挑战》的报告中特别强调了"火车头"的概念,即经济上强大的发展中国家能够推动和维持南南合作。这个概念已经有 25 年了,尤其随着金砖国家集团等主要发展中国家的崛起。

"火车头"在经济中扮演的角色是不言自明的。其潜在的政治作用也是相同的,甚至在某些方面意义更大。在 21 世纪里,中国在政治和经济方面的特性和分量将使其成为主要的推动力或者南南合作"火车头"。它是一个保持和继续珍惜其革命背景和传统,并坚持1955年万隆会议所阐述的基本原则和那些体现于全球南方国家平台的目标的国家。

中国不仅是一个对其自身发展、基本目标具有长远规划,而且同样对南南合作也具有远景规划的国家;它是一个根据自己本国国情进行政策规划、尊重自己作出的决定和承诺的国家,至关重要的是,它是一个在南方三大洲里已经拥有必要的财富、能力和资源去推动南南合作的国家;它也是一个在面对北方国家压力和反对时唯一能够坚定地坚守自己立场的发展中国家。

因此,中国良好地置身于推动并引领南南合作,有助于赋予其所需要的活力以及它理应需要的政治影响力和地缘政治重要性。这从它在上海发起设立"金砖国家新开发银行"中所发挥的引领作用就可以充分看出。

中国致力于促进和维持南南合作,它的基本政策鼓舞和方向完全体现于习近平主席在万隆60周年会议的声明中。

(六)南南合作面临的一项挑战:利用互联网鼓舞和恢复"南方声音"

早期南方的政治声音响亮而明确,例如1955年发展中国家领导人在万隆召开的首次会议、1961年在贝尔格莱德发起不结盟运动,以及属于国际经济新秩序的20世纪70年代联合国。今天这种声音既难于听到,也没有引起世界的反响。

这在全球化、相互连通的世界信息秩序中给全球南方国家构成一个重大障碍,而这种信息秩序仍将继续被北方国家所控制。北方国家正娴熟地、顽固地利用它来推进、维护在全球政治、知识、新闻媒体的霸权地位——本质上是英美霸权,以及支持和推动它的各个目标和地缘战略目标。

这种境况对南方国家带来了双重的挑战。在全球化的信息空间中,南方国家不仅需要保证自身的观点和蓝图拥有更多的存在感和曝光率,还需要重新启动国际信息新秩序(NIIO)议题,该议题在大约25年前因主要西方大国的强烈反对和施予压力,不能容忍任何相左的或异己的观点而被粗暴地从联合国议程中除去了。

因现在全球的联系表现于互联网中,新信息和通讯技术让这项使命以一种高效的方式变得切实可行,而在以往,例如在不结盟运动建立"不结盟国家通讯社联盟"(NANAP)时,这是一项不太可能的事情。

事实上,在互联网中一个多功能的南南新闻、信息、教育和知识门户网站是可行的。它可以提供和呈现各种新闻与评论、论坛、讲座、艺术与文化节目,甚至包括反殖民主义和解放斗争等过去事件的影像资料。通过展现来自南方、北方国家领导人、思想家和其他知名人士,以及他们从南方国家视角对相关议题和问题的观点,特别是对南南合作的关注,将有助于消除北方国家对南南合作和南方国家共识的惯常偏见和敌意。

这将对信息的传播、获取、交换以及信息与通讯领域的合作带来相当大的可能性。南方国家及其各民族的自我意识和相互熟悉程度将会因使用互联网得到发展和加强,甚至在偏远地区也可以访问互联网。重要的是,那些影响南方国家及其各民族并且自1955年万隆会议开始让发展中国家作为一个政治集体团结在一起的全球性议题,将通过各种计划和现场交流而得到宣扬、解读、阐述、清晰的说明,包括那些在联合国这一全球性舞台或者在世界粮农组织、世界卫生组织、世界贸易组织、国际货币基金组织等专业性机构代表南方国家出席会议的人士之间相互交流。

因可选择性信息和通信的诸多努力,包括"南方电视台"(TeleSur)、"半岛电视台"(Al Jazeera)、"今日俄罗斯"(Russia Today)和"中央电视台"(CCTV)等而积累了丰富的经验。为了南南合作、信息、知识和获得权力,这种经验可以用来掌控网络潜力,这是一项南方国家能够自己承担而不需寻求北方国家支持或同意的工程。

最终目标是利用互联网带来的潜力,促进不结盟运动在20世纪70年代首次提出的国际信息新秩序,与此同时,在分散化的并以区域的、次区域的和国家为节点的相互交织全球网络中用它作为一种逐步增加南方国家的联系手段。这样的网络在南方委员会就设想过,但那时缺乏足够的信息和通信技术。

这种给全球南方国家带来一种持续预见性并在互联网设定自己的网址,让每个人都可以进行访问的想法,需要一项能够引起世界关注的行动来发起。由于启动、建立和维持一个具有这种特性的全球性计划所必备的能力和资源主要出现在金砖国家中,因此,金砖国家、不结盟运动、77国集团的峰会可以提供这样一个历史性机遇,恰像1955年的万隆会议和1961年的贝尔格莱德会议那样。但是,这一次的重点将是南南合作——南方合作框架内的合作,以及关于多边全球性挑战。

这样一个统一的和象征性事件将是一个分水岭,参会国家代表一种经济、政治的力量和一种全球南方国家的新鲜声音,事实上,是一种能够通过自己的纲领和行动塑造、决定全球未来的声音。在国际关系中这将标志着一个新时代的开始,标志着一个集体自力更生的,继续为发展中国家的自由、解放而奋斗的重要时刻。

(编辑:倪小璐)

The South Resurrecting and Shaping of the Global Future

Branislav Gosovic

【Abstract】 "The international development agenda" is the core issue of the international economic order in the post-World War II period. In order to preserve and realize their own development interests, the Southern countries had a series of dynamic conflicts, dialogues and negotiations with the developed countries in the world arena like NAM, the Group of 77 and the UN in the 1960s and 1970s, and achieved certain positive results. However, the neo-liberal globalization reigned by the main Northern countries was consolidated and prevailed since 1980s, as thus "the international development agenda" was belittled and disparaged, the policy space of most developing countries has been restricted. The South also vacillated in solidarity due to the lack of common platform and efficient institution during this period, thus they were often outmanoeuvred by the North. Nevertheless, the South can play a leading role and provide global leadership in the evolution of a polycentric, pluralist, democratic world order in the 21st century as the main southern countries like BRICS are uprising. Therefore, the article pointes out it's very important to hold the regular, action-oriented regional, interregional and South-wide South-South conferences and assemblies as Bandung + 60; to focus on the establishment of the BRICS New Development Bank, the Asian-African centre and the specialized UN agency for South-South Cooperation; to play the locomotive role in energizing South-South cooperation by the main southern countries; and to invigorate and refresh the "voice of the South" by making full use of the Internet.

国际贸易法

欧盟反补贴中"一般"基础设施的判断逻辑[*]

■ 李仲平[**]

【内容摘要】 欧盟委员会根据成员政府资助是否授予接受者不公平的竞争优势来区分"一般"基础设施和"特定使用者"基础设施,并分别在使用者、所有者/管理者及所有者/管理者的股东三大层面上,形成判断竞争优势的公开使用原则、国家职责原则、公开招投标原则、私人投资者原则和低利润原则。此外,基于协调保护竞争与其他社会目标及克服市场失灵的现实需要,欧盟委员会豁免为促进某一经济活动或区域发展以及为一般经济利益提供服务的"特定使用者"基础设施。

引 言

《补贴与反补贴措施协定》(以下简称《SCM协定》)第1.1条在明

---

[*] 本文系2012年国家社科基金一般项目《WTO补贴规则与我国产业补贴政策的变革研究》(项目编号:12BFX139)的阶段性研究成果。

[**] 作者系上海财经大学法学院2011级博士研究生。

确规定"一般"基础设施不构成财政资助的同时,并未就"一般"基础设施的法律含义及判断标准作出说明,致使其已经成为国际补贴与反补贴理论与实践中亟待澄清的模糊概念之一。以美国对华反补贴为例。尽管中国政府和涉案企业(以下简称"中方")多次主张电力和土地使用权构成"一般"基础设施,却提不出相应的法律依据。而美国坚持将其界定为"货物"的理由也仅仅是基于过去的判例。尤其是,面对美国的这一裁决,中方再也没有提出任何抗辩,从而凸显出我国对"一般"基础设施研究相对不足的窘境。① 在此情形下,作为同是美国反补贴调查主要对象之一的欧盟,其在多年实践中形成的相关理论和实践则可提供有益的参考。② 本文以欧盟委员会相关裁决为素材,以其划分"一般"基础设施和"特定使用者"基础设施的"竞争优势"为主线,在介绍其法律含义、表现形式、比较基准和检测步骤的基础上,分别剖析欧盟在使用者、所有者/管理者及所有者/管理者的股东三大层面上判断"竞争优势"存在与否的一般原则,最后探究欧盟豁免"特定使用者"基础设施的例外与考虑因素,希望为我国相关理论与实践的完善起到抛砖引玉的作用。

一、竞争优势:欧盟界定"一般"基础设施的关键

欧盟实行市场经济体制。维护竞争的自由和公平是欧盟市场秩序的基本原则。为阻止对市场竞争造成扭曲,《欧共体条约》(以下简称《条约》)第87条第1款禁止成员政府向特定企业或产业提供财政资助。根据欧盟委员会的实践,在非歧视基础上向所有潜在使用者开放的基础设施构成"一般"基础设施。由于此类基础设施旨在使所有使

---

① 如美国对中国新充气工程轮胎反补贴案、编织袋反补贴案、石油工业用管材反补贴案、预应力混凝土钢绞线反补贴案、光栅反补贴案、镁碳砖反补贴案、钢轮反补贴案和晶体硅太阳能电池反补贴案。资料来源于: http://enforcement.trade.gov/frn/summary/prc/prc-fr.htm,2014年1月2日。
② 需要说明的是,在欧盟,非欧盟成员国政府提供的财政资助被称为"补贴",受《欧盟理事会2009年6月11日关于对来源于非欧洲共同体国家的补贴进口货物可采取的保护措施第597/2009号条例》的规制;而欧盟各成员国政府提供的财政资助则被称为"国家援助",由《欧共体条约》第87条第1款的竞争规则予以规制。二者尽管在措辞和规则上有所差异,但本质相同。因此,欧盟委员会在规范欧盟内部竞争秩序时形成的判断"一般"基础设施的理论与实践对反补贴同样具有参考价值。

用者平等获益从而不会破坏正常的市场竞争秩序,成员政府向其提供资助是被允许的。但是,如果政府资助的基础设施仅能被特定企业或产业使用,即为"特定使用者"基础设施。由于此类基础设施的使用者必然获得其竞争者在正常市场条件下无法享有的优势,致使给予此类基础设施的财政资助原则上受到禁止。由此,欧盟委员会关于"一般"基础设施和"特定使用者"基础设施的区分,不考虑政府提供资助的原因、目的或意图,而是仅仅关注政府提供资助的效果——是否选择性地授予特定使用者"竞争优势"。

(一)"竞争优势"的含义和形式

如果政府措施授予企业在正常市场条件下原本不会获得的好处或利益,即为"竞争优势"。③ 此处的"好处或利益"特指减轻企业自身通常应承担的成本④,或提高企业在市场条件下原本不可能获得的收入。⑤

"减轻企业自身通常应承担的成本"意指"内在于"企业经济活动的成本,包含遵守法律、法规和合同义务而引发的费用。⑥ 尤其是,此处的成本不包括由政府行为引起的"异常"成本减轻。换言之,"成本减轻"仅指减轻企业预算中假定的正常负担,这被视为其在正常市场条件下原本不会获得的经济优势。⑦

梳理欧盟委员会的实践,政府减轻企业正常成本的形式包括抵消企业的成本,如允许企业抵扣成本的收入超过正常市场条件下的费率⑧;放弃原本可得的收入,如免除股息⑨、税收⑩、销售或租赁货物、服务和其他财产所获得的费用、收入或租金⑪;直接给予客户或雇员资助。⑫ "提高企业在正常市场条件下原本不可能获得的收入"意指政府购买

---

③ See ECJ case C-39/94, SFEI, Judgment of 11.7.1996.
④ See Commission Decision 2004/125 on Berlin Development Funds.
⑤ See Commission Decision 2005/351 on Spanish Aid to Intermed Aerea.
⑥ supra note ④.
⑦ See Case T-157/01 Combus.
⑧ See Case C-64/98.
⑨ See Case T-228/99, West LB v. Commission.
⑩ See Case T-67/94, Ladbroke v. Commission.
⑪ Case C-70/85, van der Kooy v. Commission.
⑫ See Case C-5/01, Belgium v. Commission.

货物或服务的价格高于市场价格或购买数量旨在人为地刺激需求。[13]

(二) 衡量"竞争优势"的比较基准与检测步骤

优势这一概念意味着其判断肯定存在一个比较基准。欧盟委员会通常依次选择以下比较基准:

第一,正常市场条件下的成本或收入。市场由消费者认为可替代的商品组成。[14] 在一个企业生产的商品可被另一个企业所生产的商品替代时,竞争就出现了。通常而言,能进入一个既定市场并成功销售其商品的企业是那些拥有最低成本或价格的企业。没有扭曲的竞争意味着任何企业在市场上都可以没有任何障碍地销售其商品。市场本身因此提供了一个比较所有相关商品的机制并且创设了一个判断企业成本或价格高低与否的基准。

第二,不存在国家干预时的情形。当一些商品由于自身特点不可能由市场提供时,"正常市场条件下的成本或收入"可能并不存在。在此情形下,欧盟委员会通常选择"不存在国家干预时的情形"作为比较基准。[15] 需要说明的是,作为政策制定者的国家行为不同于作为私人投资者的国家行为。在后一种情形下,国家追求的是利润而不考虑其他公共问题。[16] 因此,企业收到的财政资助也就不可能享有在市场上原本不会获得的利益。由于并非每一种国家干预行为都会授予接受者"竞争优势",缺乏国家干预时的市场条件也就不可能在所有情形中都是合适的比较基准。

由此,判断"竞争优势"存在与否的决定性要素不是国家干预是否存在,而是通过该干预,企业是否摆脱市场约束。市场竞争施加的约束使得企业通常不会索要高于其竞争者的价格。在其他条件相同的情形下,成本或价格最低的企业将是最有效率的企业,通常也是占据优势地位的企业。这恰好是政府给予最有效率的企业的财政资助不应受到规制的原因所在。基于这一原理,欧盟委员会在实践中逐渐形成判断

---

[13] See Case T-14/96, BAI v. Commission.
[14] See Case C-27/76, United Brands. See also C-85/76 Hoffmann-La Roche.
[15] 此处的"干预",既指积极的行为,如提供补贴;也指消极的不行为,如不予征税。
[16] See C-303/88, Italy v. Commission. See also C 305/89, Italy v. Commission and C-278/92, Spain v. Commission.

"竞争优势"存在与否的"三步走"检测法：

第一步，国家干预是否减少企业成本或提高企业收益？如果答案是否定的，那么，"竞争优势"不存在；如果回答是肯定的，则继续追询。

第二步，成本是否异常地高并且该异常是由国家行为引起的？如果答案是肯定的并且政府提供的财政资助旨在补偿企业由国家行为引起的损害，那么"竞争优势"不存在；如果答案是否定的，则继续追询。

第三步，是否存在能以较低成本实施同一项目、或为较低收入而提供相同产品的其他企业？仅在答案是肯定的情形下，方能得出"竞争优势"存在的结论。

需要强调的是，此处的"竞争优势"存在与否，与政府资助是否使得接受者赚取收益或减少成本无关。相反，其关注的是，相同的收益或成本能否在正常市场竞争条件下被获得。试举一例予以说明。比如，存在两个互相竞争的企业，A 和 B。在 A 的成本低于 B 的情形下，A 较之于 B 更有效率。由于产能限制，A 不可能完全取代 B。结果是，A 和 B 虽然都在市场上销售产品，但 A 的利润率远高于 B。假定政府试图建设一个气象监测站，而 A 和 B 是拥有建设该网络技术能力的仅有企业。一般而言，A 的报价会低于 B，因为其成本比 B 低。倘若 B 的报价是成本加 10% 的利润率，A 能够提出更低的价格。而且，A 仍然可以获利并且利润超过 10%。

较之于其竞争者 B，政府项目使得 A 得以赚取较高利润。但是，由于这个利润是 A 在正常竞争条件下原本可以获得的市场回报，因此没有授予 A "竞争优势"。相反，如果 B 获得这个项目，并且能以较低价格销售商品。但是，这不是由于 B 的效率高，而是政府资助提高了其盈利性。由于 B 获得的利润是在正常市场条件下原本无法获得的，因而属于应受规制的"竞争优势"。

二、差异化识别：欧盟判断"一般"基础设施的原则

实践中，欧盟委员会分别在使用者、所有者/管理者、所有者/管理者的股东三个层面上，评估争议所涉措施是否构成"一般"基础设施。[17]

---

[17] See Commission Decision on Measures by Germany to Assist InfraLeuna Infrastruktur and Services GmbH, OJ 1999 L 260/1, pp. 11 – 15.

（一）使用者层面：公开使用原则

传统上，欧盟委员会认为，以平等和非歧视条件向所有使用者开放的基础设施构成"一般"基础设施，此即"一般"基础设施的公开使用原则。⑱ 本质上，该原则强调的是国家所资助的基础设施在使用上的非选择性。欧盟委员会在大量竞争政策报告⑲和行业通讯⑳中规定了这一原则。此外，欧盟委员会还在大量裁决中适用这一原则㉑，如"法国佛兰德港口案"㉒、"波兰罗兹市机场设施建设和购买案"㉓、"爱尔兰地区机场案"及"德里机场案"。㉔

与"一般"基础设施的非选择性相比，仅能为特定使用者使用的基础设施，如港口终点站的电缆、管道、码头和场地则构成"特定使用者"

---

⑱ See Christian Koenig and Andreas Haratsch, The Logic of Infrastructure Funding under EC State Aid Control, *European State Aid Law Quarterly*, Vol. 2004, 2004, pp. 393 – 398.

⑲ 比如，欧盟委员会在《第 XXVth 竞争政策报告》中称："原则上，只要进入和使用仍然是公开、普遍的，此类干预将不构成国家援助，而是通常被视为公共利益。只有那些旨在选择性地授予特定企业以优势的基础设施的资助，才构成国家援助"。See The XXVth Annual Report on Competition Policy 1995, point 175.

⑳ 比如，欧盟委员会在《"加强海洋港口的优质服务：欧洲交通的关键"通讯》中称："一般"基础设施是在非歧视基础上对于所有使用者开放的基础设施。如海上进入和维护设施（堤坝、防波堤、水闸和其他高水位保护措施，通航渠道，包括疏浚和破冰助航设备、灯光、浮标、灯塔、潮汐地区的浮船坡道）、口岸内公共地区的运输设施、通往全国交通网络的短链接线等。See COM (2001) 35 final of I February 2001, p. II.

㉑ 尤其是，在大量涉及道路基础设施的争议中，欧盟委员会通常适用这一原则。See Commission Decisions N 4 ~ 5/2008 Eiefsina Korinthos Patras Pirgos Tsakona Motorway; Commission Decisions N 566/2007 on Korinthos Tipoli Kalamata Motorway and Lefktro—Sparti Branch Project; Commission Decisions N 565/2007 Central Greece Motorway Project.

㉒ 欧盟委员会在 2003 年佛兰德港口案中明确表示："海上进入路线的政府资助……和其他海上基础设施，使得海事界作为一个整体获益，通常不会引发国家援助问题。就其本身而论，这些措施被视为国家在其职责框架内，为实现公共利益而计划并开发海上运输系统所引发的开支，通常不会使得特定企业获益。" See Commission Decisions N 520/2003 on Financial Support for Infrastructure Works in Flemish Potts.

㉓ 欧盟委员会在该案中认为："此类基础设施的某些部分，诸如机场消防站的建设、为机场消防队购买的设备和装置、为行李和乘客购买的 x 射线系统、机场的双重供电系统，基于安全原因是必须的，构成'一般'基础设施。"Commission Decision N 741/2006 on Aid for Infrastructure Construction and Purchase of Equipment Forth Airport in LODZ. See also Commission's Decision to Open the Investigation in Case C-30/2010 Alleged Infrastructure Aid to Propapier; Case C 237/04, Enirisorse; Case T-128/98, Airports de Paris.

㉔ 欧盟委员会在这两起案件中同样认为："争议所涉功能属于公共政策，与这些功能直接相关的基础设施的政府资助，不构成国家援助"。See Commission Decision N 353/2006 on Irish Regional Airport and Commission Decision N 21/2006 on the City of Derry Airport.

基础设施。如在"供应雅典国际机场航空燃料管道案"[25]、"从鹿特丹到德国鲁尔地区丙烯管道案"[26]和"巴伐利亚州乙烯管道案"[27]中,欧盟委员会基于争议所涉管道均有利于特定化学物质的制造者从而认定其构成"特定使用者"基础设施。

需要说明的是,根据公开使用原则判断"一般"基础设施应注意以下问题:第一,一些在法律上向所有使用者开放而事实上可能仅被特定企业使用的基础设施不构成"一般"基础设施。在"金伯利克拉克工业园案"中,欧盟委员会认为,尽管金伯利克拉克工业园在理论上向所有企业开放,但实际上该工业园是为确保金伯利克拉克企业的供水和污水处理需要而量身定做的。因此,争议所涉工业园不构成"一般"基础设施。[28]

第二,公开使用原则同样适用于接受政府资助的基础设施旨在实现私人投资者预期利益的情形。这方面的典型案例是"西班牙得拉(Terra Mitica)工业园案"。该案所涉得拉工业园是由私人投资建设的。西班牙巴伦市政府承担该工业园之外基础设施的建设,诸如进入工业园的道路、工业园与高速公路的链接道路等。欧盟委员会认为,由于此类基础设施是为了当地社区作为一个整体获益而建设的,因此构成"一般"基础设施。[29]

第三,当"特定使用者"基础设施通过第三方介入变成对于所有使用者开放的基础设施时,可被视为"一般"基础设施。[30] 这种情形通常出现于具有自然垄断性质的电力、自来水和天然气等的供应中。

---

[25] See Commission Decision N 527/2002 on Aviation fuel pipeline supplying Athens International Airport.

[26] See Commission Decision N 2005/170 on Propylene Pipeline from Rotterdam via Antwerp to the German Ruhr Area.

[27] See Commission Decision N 2007/385 on an Ethylene Pipeline in Bavaria.

[28] See Communication of the Commission, Kimberly Clark Industries, OJ 1994 C 170/8.

[29] See Commission Decision N 2003/227 on Various Measures and the State aid Invested by Spain in Tecra Mitic 5A, OJL 91, April 8, 2003.

[30] See Commission Decision N 889/2006 on Aid to Iberdrola for the Improvement of the Electrical Service.

(二)所有者/管理者层面:不同情形适用不同原则

1. 国家拥有并管理的基础设施

国家建造的公共道路或桥梁通常由国家拥有并管理。由于一般情形下私人投资者不会进行此类投资,致使其属于国家公共职责提供公共物品的范围。在此情形下,一国政府管辖范围内的所有使用者通常可以不受任何限制地使用该基础设施。就此而言,国家职责原则与公开使用原则在本质上是一致的,后者是前者逻辑上的必然延伸和结果。需要指出的是,尽管欧盟 1994 年《机场基础设施建设指导方针》[31]和 2010 年《国家援助铁路指导方针》[32]均规定这一原则,但其具体适用需要注意:

第一,在国家拥有并管理的基础设施的建设和融资交由私营公司实施的情形下,倘若后者拥有排他性的国家权力,国家职责原则同样适用。欧盟委员会在"爱尔兰国家照明委员会为基础设施投资提供国家保证案"中详细阐明这一观点。该案所涉 CIE 公司是一家爱尔兰政府全资拥有并受委托提供公共交通的国有公司。作为 CIE 公司的全资子公司,Irish Rail(爱尔兰铁路)公司是爱尔兰唯一提供铁路服务的企业。爱尔兰政府为 CIE 公司所借资本提供 800 万欧元的担保。欧盟委员会认为,CIE 公司和 Irish Rail 公司都有确保政府投资决策根据计划执行的责任。进而,绝大多数工作是根据欧盟的政府采购规则并通过招投标程序进行的。尤其,两家公司有执行铁路基础设施建设政策的排他性权力。因此,CIE 公司和 Irish Rail 公司是政府当局,铁路基础设施构成"一般"基础设施。

第二,欧盟初审法院在"瑞安航空公司诉委员会案"中的判决限制了欧盟委员会在"爱尔兰地区机场案"中裁决的有效性。该法院认为,"瓦伦地区当局和 BSCA 公司(被瓦伦地区当局控制的、负责比利时沙勒罗瓦机场运营的一家国有公司)以公共当局的身份实施管理权力构

---

[31] See Commission's Guidelines for the Application of Articles 87 and 88 of the EC Treaty and Article 6I1 of the EEA Agreement to State aid in the Aviation Sector, GJC 3 – 50, December 10, 1994.

[32] See Commission Staff Working Document-Guide to the Application of the European Union Rules on State Aid, Public Procurement and the Internal Market to Services of General Economic Interest, and in Particular to Social Services of General Interest, SEC(2010) 1545 final, p. 22.

成与机场基础设施管理相关的经济活动,致使机场基础设施不再构成"一般"基础设施。㉝

由此,该案偏离了机场基础设施属于国家承担的公共职责的传统观点,更多地关注机场基础设施的发展可能使得特定企业获益的事实。㉞ 换言之,在机场产业经历基础性组织变革的时代,机场的管理实体可能不再是根据政府意图使用资金的"单一目标工具"。相反,在政府允许私人资本进入机场建设和管理的情形下,欧盟初审法院的立场转变既反映了私人投资航空产业的利益刺激,也是对政府认可私人资本对航空产业所作贡献的积极回应。㉟

第三,欧盟委员会针对政府资助机场基础设施建设的立场已然转变。遵循欧盟初审法院在"瑞安航空公司诉委员会案"的判决,欧盟委员会在 2005 年《对机场和离开地区机场航空业启动援助的委员会融资通讯》中,明确放弃其在 1994 年《机场基础设施建设指导方针》的观点,借此意味着机场基础设施从此也可能构成"特定使用者"基础设施。㊱

2. 国家所有、但由私营企业建设或管理的基础设施

国家所有的基础设施,可能交由私营企业来管理和维护,如收费公路、铁路、海港和机场,而后者不得不向前者支付报酬或补偿。在基础设施期满被转移给国家时,报酬或补偿应与其剩余价值的贴现价值相当。由于确定赖以比较的市场基准非常困难,欧盟委员会通常认为,如果下列条件之一得以满足,则相关基础设施构成"一般"基础设施:

(1) 公开招投标原则。如果基础设施以市场条件出租并且运营者根据市场价格支付的费用反映该资产的实际价值,则后者通常不享有市场原本不会提供的优势,因为此处的运营者一般是通过招标程序进

㉝ See Case T-443/08, Freistaat Sachsen and Land Sachsen-Anhalt v. Commission.

㉞ See Christian Koenig, A New Sound Approach to EC State Aid Control of Airport Infrastructure Funding, *European State Aid Law Quarterly*, Vol. 2009, Issue 3, 2009, pp. 299 – 310.

㉟ See Commission Decision on Measures by Germany to Assist DHL and Leipzig Halle Airport, pp. 170 – 172.

㊱ "机场基础设施和设备(跑道、终端和控制塔)的建设,构成航空经营者实施经济活动的基础。此处的航空经营者,可能是资助基础设施的同一公共机关或政府当局。因此,该融资应该由经营者自己承担,除非此类融资被市场经济的投资者原则证明是合理的。" See GJC 312/1, December 9, 2005, para. 53(1) and section 4.1.

行公开竞争的结果。虽然公开竞争本身不能确保没有优势㊲,但竞争性程序本身会将政府补贴额度降至最小,从而排除了给予中标者的任何优势。㊳ 欧盟委员会在"比利时和荷兰火车路线建设案"㊴、"英国伦敦地铁案"㊵及"德国城市基础设施开发、商业、技术和孵化器中心建设案"㊶中多次适用这一原则。

需要说明的是,公开招投标原则并不否认中标者不能获得较之于特定产业平均利润率更多的利润。因为竞争性招投标程序本身仅仅是确保中标者赚取的利润不会超过次有效率的供给者所能赚取的利润而已。这个结果与正常市场竞争结果相似,而后者恰是欧盟选择"竞争优势"的比较基准时所秉持的基本理念。㊷

(2)私人投资者原则。在没有公开竞争的情形下,欧盟委员会通常考虑争议所涉资金是否原本能被私人投资者在正常市场中以类似条件被提供。㊸ 如果政府投资基础设施时不考虑未来的营利前景,则此类基础设施通常不构成"一般"基础设施。㊹ 如"德国慕尼黑机场终端2以及汉莎航空公司和机场案"㊺、"林德(Linde)诉欧盟委员会案"㊻。

㊲ See Commission Decision N 462/09 on Poland Aid for the Construction and Operation of the A2 Motorway.

㊳ 这一推论的经济学原理是:国家组织竞争性招标的目的,是将该基础设施的建设和运营,授予那些愿意接受最低补贴的企业。假定一个潜在投标人 A,要求的补贴数量为 SA,其竞争者 B 要求的补贴数量为 SB。如果 A 的成本小于 B,或 A 的利润大于 B,则 A 较之于 B 更有效率。如果 A 中标,那么肯定的是,其要求的补贴少于 B。换言之,因为在 A 和 B 之间存在竞争,A 不会赚到较之于其原本会赚到的利润较大的利润。在此重要的是,即使没有国家干预,政府拟议项目不可能建成,A 也不会换成一个更具盈利性的企业,并且不会获得与其竞争者相比的不公平优势。

㊴ See Commission Decision N 390/200 on Belgium De bouw van over slagfaciliteiten op de spoorlijn Lanaken Maastricht.

㊵ See Commission Decision N 264/2002 on United Kingdom London Underground Public Private Partnership.

㊶ See Commission Decision 2005/782 on German aid for the Development of Municipal Infrastructure and the Construction of Business, Technology and Incubator Centers.

㊷ See Commission Decision N 649/2001on United Kingdom Freight Facilities Grant; Case T-116/01, P&O European Ferries v. Commission; See Case C-126/0l on French Provide Subsidy for Firms to Collect and Dispose Free of Charge Animal Carcasses from Farmers and Slaughter Houses.

㊸ See Case C 40/85, Kingdom of Belgium v. Commission.

㊹ See Case C 303/88, Italy v. Commission.

㊺ See Commission Decision to Open the Investigation in State aid C 38/08 Measures in Favour of Munich Airport Interminal T2.

㊻ See Case T-98/00, Linde v. Commission.

需要注意的是,私人投资者原则的适用具有一定的局限性:

第一,私人投资者通常对大型、高成本的基础设施项目不感兴趣。㊼在此情形下,政府资助就变得不可或缺。此外,在短期投资的情形下,市场行为者已经具备参与的动力,政府提供资助就可能并不遵照市场经济投资者原则。㊽

第二,与全国性运营者相反,地区性机场、港口和铁路站通常很难盈利。在此情形下,政府资助此类基础设施旨在实施自己的交通政策。因而此类基础设施的建设成本似乎不得不由政府承担,虽然其通常由私人管理。㊾ 在此情形下,市场经济投资者原则似乎也没有意义。

3. 私人拥有并管理的基础设施

如果国家将所有权和运营权交给一个经由公开和非歧视程序选择出的私人企业,并且给予基础设施建设和维护的补贴代表市场价格试图实现的预期,则此类基础设施通常构成"一般"基础设施。当然,市场经济投资者和公开招投标原则同样适用于这种情形。

(三) 所有者和管理者的股东层面:低利润原则

在基础设施不是排他性地由国家拥有并运营时,公平市场竞争的维护要求基础设施的私人所有者/运营者负有不得谋利的义务,或者仅能获取最低限度的利润,或者应将既有利润再投资到基础设施的维护之中,此即基础设施所有者/管理者的股东的低利润原则。㊿

基础设施所有者/管理者的股东是否违反低利润原则,可从以下方面予以考察:第一,股东是否根据自己的特殊需要影响基础设施的规划。[51] 但是,这仅仅是一个可能要素。因为是规划结果而非阶段对是

㊼ See supra note ㊱, para. 192.
㊽ See Wendland, Bernhardvon, Public Funding for Research Infrastructures and EU State Aid Rules—Key Issues, Case Examples and State Aid Reform, *European State Aid Law Quarterly*, Vol. 2013, 2013, pp. 523 – 542.
㊾ See Commission Decisions N 45/2008 on Greece for Road Infrastructure Public Financing of the Motorway Project.
㊿ See Christian Koenig, *supra* note ㉞, pp. 7 – 18.
[51] See Christian Koenig, Wetzel, Julia, Relevance of EC State Aid Control for PPP Infrastructure Funding, *European Public Private Partnership Law Review*, Vol. 2007, 2007, pp. 5 – 11. See also Commission Decision of 25.11.1998 on Measures by Germany to Assist InfraLeuna Infrastructure and Service GmbH, OJ 1999 L 260/1 (14).

否存在"竞争优势"具有决定性作用。第二,给予基础设施所有者/管理者的股东的股息是否高于正常市场条件下的回报。第三,基础设施所有者/管理者的股东所拥有的股份价值是否高于市场条件下类似股份的价值。㊳ 第四,基础设施所有者/管理者的股东是否享有使用该基础设施的特权,比如较之于其他最终使用者支付的价格可能更低。㊴ 通过避免国家资助所刺激的利润渗漏到其他市场,低利润原则可以将其他市场交叉补贴的危险降至最小。㊵ 由此,从欧盟识别"一般基础设施"的角度而言,起决定性作用的不是企业是否能够获利,而是其是否作为一个服务提供者行事并与其他服务提供者相互竞争。㊶

三、原则之下的例外:"特定使用者"基础设施的豁免

虽然保护竞争是欧盟的重要目标,但这并非欧盟的唯一目标。加强经济和社会融合、促进研究和技术发展、保护就业和环境等也是欧盟试图实现的社会目标。加之现实的市场经济条件下总会存在市场失灵,欧盟遂在某些情形下豁免"特定使用者"基础设施。

(一)可以豁免的"特定使用者"基础设施

1. 与欧盟市场相协调的"特定使用者"基础设施

《条约》第 87 条第 3 款列举了与欧盟市场相协调的国家援助的五种类型。㊷ 欧盟委员会在近期实践中涉及较多的是资助宽带网络基础设施的情形。如在"英国坎布里亚案"中,虽然欧盟委员会认为英格兰西部经济发展署授予服务提供者以及坎布里亚企业竞争优势并扭曲了

㊳ Ibid.

㊴ Ibid.

㊵ See Commission Decision N 356/2002 on Network Rail of 17.07.2002.

㊶ See Christian Koenig, Scholz. Publication EC State Aid Law 2003, *European State Aid Law Quarterly*, Vol. 2004, Issue 2, 2004, pp. 355 – 362.

㊷ (a)为推动生活水平特别低的地区或者就业严重不足地区的经济发展而提供的国家援助;(b)为推动具有欧盟利益的重要规划的执行或者为弥补成员国经济生活中的严重混乱而提出的国家援助;(c)为推动某些经济活动或者某个经济区域的发展而提供的国家援助,且这种援助不会因对贸易条件产生有害影响而与一般市场利益相对立;(d)为推动文化与文化遗产保护而进行的国家援助,且这种援助对共同体的贸易条件和竞争的影响不会与一般市场条件相对立;(e)根据多数成员国的建议,欧盟理事会通过决议指定的其他种类的国家援助。

市场竞争,但由于其属于第 87 条第 3 款第 3 项旨在促进某些经济活动或某些经济地区发展的资助从而可以豁免。⑰ 随后,在"东米德兰兹宽带网络服务案"⑱及"苏格兰偏远和农村地区宽带案"⑲中,欧盟委员会作出了相同的裁决。

2. 得到特殊豁免的"特定使用者"基础设施

政府提供的任何资助原则上均与市场不相容。但由于其在特定条件下具备一定的合理性,《条约》第 86 条第 2 款遂特别规定:在与竞争原则不相抵触的情形下,为一般经济利益提供服务的企业免于承担法律强加的义务。⑳ 欧盟法院在"阿尔特马克案"中提出了符合该款豁免的"阿尔特马克标准":第一,受资助企业实际上已被委托提供公共服务;第二,政府确定补偿赖以考虑的要素必须以客观和透明的方式提前确立;第三,补偿不能超过提供公共服务义务所引发的必要成本;第四,如果承担公共服务义务的企业不是通过公共采购程序被挑选出来的,补偿程度必须根据一个运作良好的企业承担此类义务的成本、收入及利润基础上予以评估。㉑

由此,在私人提供公共服务义务时,为排除政府资助产生的可能优势,给予私人投资者的补偿必须限于投资者获得正常市场回报所必要的最低限度。㉒ 换言之,政府资助数额不得超过提供公共服务所引发的额外成本。政府仅能资助投资者提供此类服务的净成本意味着其对市场竞争的限制必须是最小幅度和最低水平的。欧盟委员会在"法国

---

⑰ See Commission Decision N282/2003 on United Kingdom for Cumbria Broadband Project Access—Advancing Communication for Cumbria and Enabling Sustainable Services.

⑱ See Commission Decision N199/2004 on United Kingdom Broadband Business Fund.

⑲ See Commission Decision N307/2004 on United Kingdom Broadband in Scotland-remote and Rural Areas.

⑳ 欧盟以国家援助对市场竞争产生的影响为基础的判断,加重了为社会公众提供经济利益服务的运营者的义务,遂允许国家资助此类服务并限制市场竞争。因为如果不限制竞争,政府向社会提供此类服务的任务就无法完成。通过承认向市场提供此类服务的运营者无法由市场自由选择而必须由政府指定,方可确保此类服务以民众支付得起的价格得以普遍、连续的供应。

㉑ See Bartosch, Andreas, Clarification or Confusion? How to Reconcile the ECJ's Rulings in Altmark and Chronopost, Publication EC State Aid Law 2003, *European State Aid Law Quarterly*, Vol. 2004, 2004, pp. 375–386.

㉒ See Commission Staff Working Paper, Guidelines on Criteria and Modalities of Implementation of Structural Funds in Support of Electronic Communications, SEC (2003) 895 of 28. 072003, p. 11.

比利牛斯案"中适用了这一标准。㊌

(二) 欧盟豁免"特定使用者"基础设施的考虑因素

1. 经济上的不可行性

为得到《条约》第 87 条第 3 款第 3 项的豁免,欧盟要求基础设施根本上不可能由市场提供。在"从鹿特丹到德国鲁尔地区丙烯管道案"中,欧盟委员会批准该项目的国家资助。原因是市场在盈利条件下根本不可能提供争议所涉基础设施。在"供给雅典国际机场的航空燃料管道案"中,欧盟委员会要求政府资助必须对于确保该项目的经济可行性而言是必要的。然而,在市场条件下,一个项目是否在经济上可行必须借助客观的成本基准来回答。根据欧盟法院所创设的"阿尔特马克标准",这个客观的成本基准通常是承担公共服务义务所引发的额外净成本。㊍

2. 公共利益性

除了具备经济上的不可行性,"特定使用者"基础设施要想得到豁免,还必须具备公共利益属性。㊎ 因为仅在政府提供的服务是国家对公众承担的公共职责时,对市场竞争造成的扭曲才属于可被接受或容忍的范围。欧盟委员会已经承认,基础设施的公共服务,诸如道路、港口、地下交通设施及管道运输设施原则上具备公共利益性。

3. 比例性

所谓比例性意指由国家资助所引发的竞争扭曲应与向基础设施提供资助的必要性相称。换言之,通过确保基础设施在非歧视基础上对于所有的潜在使用者是可以获得的,设置比例性要求可以将国家资助对市场可能造成的扭曲效果降至最低限度。㊏ 与之相比,过度补偿对于克服市场失灵没有必要,因而不符合比例性要求。根据欧盟委员会的实践,符合比例性的唯一方法是适用"阿尔特马克标准"中的额外净

㊌ See Commission Decision N 381/2004 on France Project of Telecommunication in Pyrenees-Atlantiques.

㊍ See Case C-280/00-Altmark Trans[2003] ECR1-7747, para. 92.

㊎ See Santamato, Westerhof, Is Funding of Infrastructure State Aid? Publication EC State Aid Law 2003, *European State Aid Law Quarterly*, Vol. 2004, 2004, pp. 645 – 648.

㊏ See Commission C 67/2003, C 68/2003, C 69/2003 on Propylene Pipeline from Rotterdam via Antwerp to the German Ruhr Area, Decision of 16.06.2004, point 58.

成本计算方法。

结　语

凡原则都有例外,例外是法律的常态。这在 WTO 体系中表现得尤为明显。复杂的例外虽然加大了理解难度,但却凸显了立法者的远见。因为例外是确保方向的规则,没有例外的规则容易失去方向;例外是在寻求共同利益的过程中对各自利益诉求的最高尊重,丧失捍卫自己利益权利的例外就失去了达成共识的可能;例外是利益协调与立场妥协的产物,没有例外就缺失了规避风险与损失的保障。但例外本身也是规则,例外也需要规范。只有在这个意义上的例外方才体现法律的精髓。因此,未来我国学界应特别加强对欧盟相关例外规则的研究,并在遵守《SCM 协定》文本的基础上提出有利于自身利益保护的"一般"基础设施判断标准。

(编辑:余贺伟)

The Judgment Logic of "General" Infrastructure in European Union's Countervailing Practice

Li Zhongping

【Abstract】 The European commission distinguishes between "general" infrastructure and "specific user" infrastructure according to whether the member government funding granted the recipient an unfair competitive advantage, and forms the principles of public use, national responsibility, public bidding, private investors and low profit respectively at the level of users, owner/manager and the shareholders of owner/manager to determine competitive advantage. In addition, because of the need to coordinate the goal of protecting competition with other social goals and to overcome market failure, the European Commission grants immunity to "specific user" infrastructure used for promoting specific economic activity or regional development and providing the general economic interests of service.

附 录

《国际经济法学刊》稿约

《国际经济法学刊》(以下简称《学刊》)是全国性的国际经济法专业优秀学术著述的汇辑。其宗旨是:立足我国改革开放与建立社会主义市场经济体制的实际,借鉴国外先进的立法经验和最新研究成果,深入研讨国际贸易、国际投资、国际金融、国际税收、国际知识产权、国际海事、国际经济组织和国际经济争端处理等领域的重要法律问题,推动我国国际经济法教学和科研的发展,并为我国积极参与国际经济法律实践以及我国涉外经济立法、决策和实务操作,提供法理依据或业务参考。

从2004年起,《学刊》每年出版一卷,每卷分为四期,每期约35万字。为此,特向全国同行征稿,并立稿约如下:

一、《学刊》为开放性的国际经济法学术园地,主要栏目包括:(1)国际经济法理论;(2)国际经济法专题研究;(3)世界贸易组织法专题研究;(4)典型国际经贸案例评析;(5)优秀国际经济法专业博士、硕士学位论文选登;(6)国外最新研究成果选译;(7)最新学术动态等。欢迎海内外学者、专家投稿。

二、来稿一般不超过2万字(含注释,计空格),确有较高理论价值的学术论文不受此限。

三、来稿的格式参见后附《〈国际经济法学刊〉书写技术规范(暂行)》。

四、来稿务请写明作者姓名、性别、身份证号码、通信地址、现工作单位、联系电话、传真号码、E-mail地址、学衔、业务职称等。《学刊》编辑部在收到来稿后三个月内将作出初步处理。届时作者如未收到用稿通知,可另行处理其稿件。来稿一律不退,请作者自留底稿。

五、《学刊》编辑部保留对来稿进行技术性加工处理的权利,但文责悉由作者自负。来稿一经决定采用,即酌付稿酬。作者不得将同一稿件另投他处。《学刊》对所刊发文章依法享有版权。

六、凡向《学刊》编辑部投稿,即视为接受本稿约。投稿时务必附电子稿(软盘或以 E-mail 传送)。

七、为适应我国信息化建设,扩大《学刊》及作者知识信息交流渠道,本《学刊》已被《中国学术期刊网络出版总库》及 CNKI 系列数据库收录,其作者文章著作权使用费与《学刊》稿酬一次性给付。CNKI 免费提供作者文章引用统计分析资料。如作者不同意文章被收录,请在来稿时声明,本《学刊》将作适当处理。

地址:361005 厦门大学国际经济法研究所
网址:http://www.cjiel.com
电话:0592-2181983
传真:0592-2183152
E-mail:cjiel@xmu.edu.cn;ieli@xmu.edu.cn

《国际经济法学刊》编辑部

《国际经济法学刊》书写技术规范

为了统一《国际经济法学刊》来稿格式,特制订本规范。

一、书写格式

1. 来稿由题目、作者姓名(并以脚注标明作者单位、职称、学位等)、内容摘要(200字以内)、正文及英文题目、英文姓名、英文内容摘要构成(按顺序)。

2. 来稿正文各层次标示顺序按一、(一)、1、(1)、①、A、a等编排。

二、注释

1. 注释采用页下连续计码制:全文连续计数,如:①、②、……㉚、㉛……。注释码一般位于逗号之前,句号之后(紧随注释词的例外)。

2. 引用中文著作、辞书、汇编等的注释格式为:

(1)曾华群著:《国际经济法导论》,法律出版社1997年版,第1~2页。

(2)陈安主编:《MIGA与中国:多边投资担保机构述评》,福建人民出版社1995年版,第211、215、219页。(注意:非连续页码的注释法)

(3)姚梅镇著:《国际投资法》,武汉大学出版社1989年修订版,第×页。(不是初版的著作应注明"修订版"或"第2版"等)。

(4)中国对外贸易经济合作部编:《国际投资条约汇编》,警官教育出版社1998年版,第8页。

(5)前后连续引用同一本著作者,用"同上,第×页";如引文页码也相同,用"同上"即可。

(6)非连续引用同一本著作者,用"陈安主编,注⊗引书,第1页。"

3. 引用中文译著的注释格式为:

(1) 劳特派特修订:《奥本海国际法》上卷第一分册,王铁崖、陈体强译,商务印书馆1981年版,第×页。

(2) 联合国跨国公司与投资公司:《1995年世界投资报告》,储祥银等译,对外经济贸易大学出版社1996年版,第×页。

4. 引用中文论文的注释格式为:

(1) 陈安:《中国涉外仲裁监督机制评析》,载于《中国社会科学》1995年第4期,第×页。

(2) 白桂梅:《自决与分离》,载于《中国国际法年刊》1996年卷,法律出版社1997年版,第51页。

(3) 徐崇利:《美国不方便法院原则的建立与发展》,载于董立坤主编:《国际法走向现代化》,上海社会科学院出版社1990年版,第×页。

(4) 前后连续引用同一篇文章者,用"同上,第×页";如引文页码也相同,用"同上"即可。

(5) 非连续引用同一篇文章者,用"白桂梅,注⊗引文,第×页。"

5. 引用中译论文的注释格式为:

〔日〕樱井雅夫:《欧美关于"国际经济法"概念的学说》(蔡美珍译),载于《外国法学译丛》1987年第3期,第13~20页。

6. 引用外文著作等注释格式为:

(1) I. Seidl-Hohenveldern, *International Economic Law*, 2nd ed., Martinus Nijhoff, 1992, p.125. (注意:书名为斜体)

(2) Chia-Jui Cheng (ed.), *Clive M. Schmittoff's Select Essays on International Trade Law*, Kluwer, 1998, pp.138-190. (注意:编著应以"(ed.)"标出;外文注释的页码连接号为"-")。

(3) 前后连续引用同一本著作者,用"*Ibid.*, p.3.";如引文页码也相同,用"*Ibid.*"即可(注意:"*Ibid.*"为斜体)。

(4) 非连续引用同一本著作者,用"I. Seidl-Hohenveldern, *supra* note ⊗, pp.5, 7, 10."(注意:"*supra*"为斜体;非连续页码用","号隔开)。

7. 引用外文论文的注释格式为:

(1) M. Paiy, Investment Incentives and the Multilateral Agreement

on Investment, *Journal of World Trade*, Vol. 32, 1998, pp. 291 – 298. (注意:报刊名为斜体)

(2) D. F. Cavers, A Critique of Choice-of-Law Problem, in R. Fentiman (ed.), *Conflict of Laws*, New York University Press, 1996, p.69. (注意:载于论文集中的论文应标明"(ed.)")。

(3) 前后连续引用同一篇文章者,用"*Ibid.*, p.8";如引文页码也相同,用"*Ibid.*"即可。

(4) 非连续引用同一篇文章者,用"M. Paiy, *supra* note ⊗, p.5."

(5) EC Horizontal Merger Guidelines, 2005, para.88. (注意:引用的论文、工作报告或规范性文件没有页码,但标明段落时,可采此注释法)

8. 引用网上资料的注释格式为:

(1) P. Ford, A Pact to Guide Global Investing Promised Jobs-But at What Cost, at http://www.csmonitor.Com/durable/1998/02/25/intl.6.htm., Feb. 26, 1998. (此处标明的日期为引用者上网查询的日期)。

(2) 于永达:《国内外反补贴问题分析》,at http://www.cacs.gov.cn/text.asp?texttype=1&id=1611&power,2002年7月10日。

9. 引用报纸的注释格式为:

(1) 赵琳:《练好本领 保家卫国》,载于《厦门日报》1999年7月29日第2版。

(2) 《韩国遭强台风袭击》(新华社汉城7月28日电),载于《厦门日报》1999年7月29日第8版。

10. 引用法条的注释格式为:

《中华人民共和国民法通则》第12条第1款。(注意:条文用阿拉伯数字表示;所有法律文件均应加书名号)。

三、简称

如名称过长,可在括号内注明"(以下简称×××)"。

四、数字

1. 年、月、日、分数、百分数、比例、带计量单位的数字、年龄、年度、注码、图号、参考书目的版次、卷次、页码等,均用阿拉伯数字。万以下表示数量的数字,直接用阿拉伯数字写出,如8650等;大的数字以万或亿为单位,如2万、10亿等。

2. 年份要用全称,不要省略。

3. 年代起讫、年度起讫均用"～"表示,如1937～1945年、1980～1981财政年度。

《国际经济法学刊》编辑部编订